兩岸投資與產業合作研究

張厚明 著

崧燁文化

目錄

作者簡介

導言

第一篇 大陸赴臺投資

第一章 大陸赴臺投資的背景、意義與原則

第一節 大陸赴臺投資的背景

第二節 大陸赴臺投資的意義

第三節 大陸赴臺投資的原則

第二章 臺灣投資環境分析

第一節 臺灣經濟發展情況

第二節 臺灣經濟發展定位

第三節 軟硬體基礎設施

第四節 科技創新研發

第五節 投資風險

第三章 大陸赴臺投資的現狀

第一節 大陸赴臺投資歷史回顧

第二節 臺灣對陸資開放的內容

第三節 大陸赴臺投資情況分析

第四章 大陸赴臺投資的方式與路徑

第一節 大陸企業赴臺投資方式概述

第二節 大陸赴臺投資的路徑：案例剖析

第五章 大陸赴臺投資的重點領域

第一節 汽車工業

第二節 機械工業

第三節 電子工業

第四節 紡織工業

第五節 電信服務業

第六節 橡膠製品工業

第七節 食品工業

第六章 大陸赴臺投資的機遇與挑戰

第一節 大陸赴臺投資的機遇

第二節 大陸赴臺投資面臨的挑戰

第七章 對策建議

第一節 國家層面的對策建議

第二節 行業主管部門層面的對策建議

第三節 企業層面的對策建議

第二篇 臺商投資大陸

第八章 臺商投資大陸的背景

第一節 當前臺商投資大陸的必要性分析

第二節 大陸吸引臺商投資的優勢分析

第九章 臺商投資大陸的歷史與現狀

第一節 臺商投資大陸的歷史

第二節 臺商投資大陸的現狀

第十章 臺商投資大陸的特點及存在的問題

第一節 臺商投資大陸產業的特點

第二節 臺商投資大陸存在的問題

第十一章 臺商投資大陸的影響

第一節 對大陸經濟的影響

第二節 對臺灣經濟的影響

第三篇 兩岸產業合作

第十二章 兩岸產業分工與合作的理論基礎
　　第一節 國際直接投資理論
　　第二節 國際產業分工理論

第十三章 臺灣重點產業和中小企業發展情況分析
　　第一節 臺灣工業發展總體情況分析
　　第二節 臺灣重點產業發展歷程與成功經驗
　　第三節 當前臺灣產業發展特點分析
　　第四節 臺灣中小企業發展情況分析

第十四章 兩岸產業分工合作的發展歷史和現狀
　　第一節 兩岸產業分工合作的發展演進
　　第二節 兩岸產業合作的效應分析
　　第三節 兩岸產業合作的分工機制與合作模式

第十五章 ECFA 與兩岸產業合作
　　第一節 ECFA 簡介
　　第二節 ECFA 對兩岸產業合作的影響
　　第三節 ECFA 未來發展趨勢

第十六章 未來兩岸產業合作的發展
　　第一節 兩岸產業合作的機遇與挑戰
　　第二節 兩岸產業合作的重點領域

第十七章 促進兩岸產業合作的政策措施建議
　　第一節 主要政策建議
　　第二節 其他措施建議

參考文獻
後記

作者簡介

　　張厚明，男，安徽長豐人，經濟學博士，高級經濟師。現就職於中國電子訊息產業發展研究院工業經濟研究所，主要從事產業經濟、臺港澳經濟研究。已在《經濟學家》、《亞太經濟》、《宏觀經濟管理》、《中國經濟時報》等中國核心報紙和期刊上公開發表論文40餘篇，撰寫研究報告50餘部。

導言

[1] 1979年1月1日，中國人大常委會發表《告臺灣同胞書》，提出「和平統一」的對臺政策，並發出「三通四流」（通郵、通航、通商和探親旅遊、學術交流、文化交流、體育交流）的倡議。1983年6月26日鄧小平進一步闡述了「一國兩制」的偉大構想，在大陸「和平統一」政策的作用下，兩岸對立的氣氛有所緩和，兩岸局勢從對峙時期進入和平共存與相互競爭的時期。兩岸產業合作就發端於這一時期。此後，大陸於1988年7月6日頒布《關於鼓勵臺灣同胞投資的規定》，1994年3月5日通過《臺灣同胞投資保護法》，1999年12月5日頒布《臺灣同胞投資保護法細則》，等等。這些法律和政策為臺灣企業與大陸開展經貿合作提供了關稅、知識產權等方面的保障。[2]

與大陸方面一貫地積極推進兩岸經貿交流與合作相反，臺灣在1980、90年代則是不斷地採取一系列消極的政策，阻礙兩岸的經貿往來與產業合作。例如，1985年7月臺灣頒布「不接觸、不鼓勵、不限制」的「三不政策」等。受到上述政策的影響，早期臺商投資大陸表現為隱蔽、零星、分散等特徵，其數量和規模均有限。伴隨著1987年臺灣解除「戒嚴法」和開放臺灣居民赴大陸探親等政策的實施，以及1991年臺灣終止「動員戡亂時期」，並准許臺商間接赴大陸投資，臺灣的資金和技術隨著人員的流動開始大量進入大陸，從而在1992—1993年形成了臺灣居民赴大陸投資設廠的熱潮。1996年10月21日，李登輝提出「戒急用忍」，並推行「西進暫緩，推動南向，臺灣優先」的政策，重新規範並限制臺灣大企業赴大陸投資。

進入21世紀，隨著2000年民進黨的執政，陳水扁奉行「臺獨」政策，兩岸關係一度陷入危機之中。2008年，國民黨重新在臺灣執掌政權，兩岸多年「政冷經熱」的局面被打破。海峽兩岸關係協會與海峽交流基金會恢復協商，在短時

間之內兩岸透過「兩會」協商取得多項有關兩岸經貿合作的共識。2009年6月，臺灣放開了大陸企業赴臺投資的門檻。2010年6月29日，海協會會長陳雲林與海基會董事長江丙坤在重慶簽署了《海峽兩岸經濟合作框架協議》。協議中提出將逐步減少或消除關稅和非關稅壁壘，就貨物貿易協議問題展開磋商，成立「兩岸經濟合作委員會」，建議加強兩岸多領域的合作。2011年1月6日，兩岸「經濟合作委員會」正式成立。2012年8月9日，海協會會長陳雲林和海基會董事長江丙坤在臺北簽署了《海峽兩岸投資保護和促進協議》。

受以上諸多利好因素的共同推動，近年來，大陸與臺灣的投資與產業合作取得了巨大的成績。從2000年起，大陸就已經超越美國成為臺灣最大的貿易夥伴、最大的出口市場、最大的貿易順差來源地和臺商最大、最青睞的投資地區，臺灣則成為大陸第七大貿易夥伴、第四大進口市場。從兩岸貿易方面看，2012年臺灣對大陸出口占臺灣總出口的比例、臺灣自大陸進口占臺灣總進口的比例、臺灣對大陸進出口貿易總額占臺灣進出口貿易總額的比例，分別達到26.8%、15.1%、21.3%；同期大陸對臺灣出口占大陸總出口的比例、大陸自臺灣進口占大陸總進口的比例、大陸對臺灣進出口貿易總額占大陸進出口貿易總額的比例分別為 1.8%、7.3%、4.4%；1992年到2012年12月，臺灣對大陸的貿易順差累計達2855.7億美元，臺灣對大陸的貿易依存度日益加深。[3]

從投資方面來看，據國家商務部統計，截至2012年12月底，大陸累計批准臺資項目88001個，實際利用臺資570.5億美元。按實際使用外資統計，臺資在大陸累計吸收境外投資中占4.5%。[4] 如果將大量轉經第三地的投資考慮在內，臺資占大陸累計吸收外資的實際比重將會更高。因臺商對大陸投資而形成的兩岸產業分工合作關係，已成為國際資本轉移和國際產業分工的一個成功範例。另外，從大陸企業赴臺投資方面看，據臺灣「經濟部投資審議委員會」統計，2012年全年核准陸資赴臺投資件數為138 件，較前一年增加35.29%；投（增）資金額約3.28億美元，較前一年增加650.11%。從2009年6月30日開放陸資赴臺投資，至2012年12月，累計核准陸資赴臺投資件數為342件，累計投資金額約5.04億美元。[5] 儘管大陸企業赴臺投資的規模和臺商投資大陸相比仍然較小，但從最新的數據來看，其增長速度還是非常快的，未來發展空間巨大。

在臺灣與大陸30多年的經濟合作與交流中，兩岸產業分工與合作的方式也隨著產業發展的不同階段與中國內外環境的變化而變遷。總的來看，兩岸經濟合作關係從1980年代開始起步，90年代日益興盛，至21世紀初期形成相當規模。從發展進程看，從第一波以輕紡為代表的勞動力密集型產業，到第二波以石化為代表的資本密集型產業，再到第三波以電子為代表的技術密集型產業，已先後出現三次熱潮。[6] 當前，大陸正處於工業化階段的轉型時期，投資環境與政策發生了較大變化。一方面，大陸調整利用外資的政策，頒布規範引進外資的文件，更加重視吸引資金的質量。同時，大陸實施的新的《勞動合約法》和「兩稅合一」的制度，使外商包括臺商的企業所得稅率由15%提升至25%。隨著大陸工資、用地及能源價格不斷攀升，臺商的生產成本大幅提高。另一方面，由於國際競爭的加劇，製造業企業的產品價格大幅下降，利潤攤薄，成本競爭趨勢更加明顯。此外，始發於2008年的國際金融危機及其衍生的歐美國家的主權債務危機對世界經濟以及對兩岸經濟的衝擊至今仍未完全散去。為了擴大島內需求和提高投資率，避免產業過度「空心化」，臺灣近年來採取各項積極鼓勵政策，吸引臺資回流投資臺灣。上述諸多因素均對新時期的兩岸投資與產業合作構成巨大挑戰。

在經濟全球化和區域經濟一體化深入推進的大背景下，隨著2008年以來海峽兩岸關係出現重大積極變化，兩岸經貿呈現出大交流、大合作、大融合的良好趨勢，兩岸產業分工合作面臨著十分難得的歷史機遇，有望迎來一個加速升級的新階段。但是，我們也要看到，當前兩岸的投資與產業合作也面臨著諸多問題和挑戰。在新的歷史時期，正確看待和分析海峽兩岸間的投資和產業合作，不僅對研究兩岸經貿關係的發展前景具有重要理論價值，而且對把握兩岸產業發展趨勢，進一步規劃和發展兩岸產業分工合作，促進兩岸相互投資及經濟互惠互利發展，具有重大的理論和實踐意義，進而對加速兩岸產業融合，進一步擴大兩岸相互投資，從而有效遏制島內分裂勢力。

本書的主要內容從結構上看，共分成三篇十六章來展開論述。

第一篇是「大陸赴臺投資」，包括第一章至第七章。臺灣於2009年5月12日

通過「大陸地區人民來臺投資許可辦法」及「大陸地區來臺投資設立分公司辦事處許可辦法」，對陸資企業的定義、投資領域、投資形式作出規定，並於2009年6月30日正式對外公布。這標幟著封閉了數十年之久的大陸對臺灣投資的大門正式開啟，兩岸關係也同時進入歷史最好時期。本書首先對大陸赴臺投資的背景、意義和原則、臺灣的投資環境以及大陸企業赴臺投資的現狀進行了詳細闡述和分析，在此基礎上圍繞大陸企業赴臺投資的方式與路徑、投資的重點領域、赴臺投資的機遇與挑戰等展開論述，最後從國家、行業主管部門和企業這三個層面分別提出對策建議，供有關方面參考。

第二篇是「臺商投資大陸」，包括第八章至第十一章。臺商投資大陸數十年來，在促進臺灣經濟增長、帶動臺灣產業結構升級和提升臺灣企業國際競爭力的同時，也為大陸帶來了充沛的資金、先進的生產管理技術和眾多的就業機會，並推動了大陸進出口貿易的快速發展和商品結構的優化，加快了大陸產業結構的升級。儘管臺商投資大陸成就斐然，但在新的歷史時期，臺商投資大陸也存在著一些突出的矛盾和問題需要兩岸攜手解決。本書首先分析了臺商投資大陸的背景，並對臺商投資大陸的歷史與現狀進行了全面論述。然後深刻剖析了臺商投資大陸的特點與存在的問題，最後對臺商投資大陸對兩岸的影響分別進行了研究和探討。

第三篇是「兩岸產業合作」，包括第十二章至第十七章。兩岸經濟合作是在全球化的大背景下展開的。同屬於一個中國是兩岸經貿關係發展的基礎，在市場機制與大陸單方面市場開放因素的推動下，兩岸經貿合作透過「民間、單向、間接」的方式，突破臺灣的相關政策限制，從原先的分散、零星狀態發展到密不可分的經濟互動，進而迫使臺灣方面正視兩岸經貿交流交往的現實及對臺灣經濟的正面影響，以默認既成事實的方式應對兩岸經濟合作的新情勢，從而使兩岸之間形成了在「一個中國」框架下、市場開放基礎上，雙向的密切互動的經濟關係。本書以國際直接投資理論和國際產業分工理論為指導，以臺灣重點產業和中小企業發展情況為鋪墊，重點論述了兩岸產業分工合作的發展演進、合作效應以及兩岸產業合作的分工機制和模式。結合兩岸簽署ECFA協議這一焦點事件，本書著重圍繞「ECFA與兩岸產業合作」展開論述和探討。最後在展望和明確未來兩岸

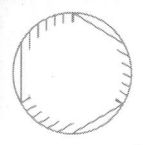

產業合作方向的基礎上，有針對性地提出了若干政策措施建議。

　　本書的特點表現在以下四個方面：第一，採用歷史分析法、實證分析法等系統地對大陸赴臺投資進行了全面客觀的分析和論述，由於臺灣開放大陸企業赴臺投資的時間並不久，因此，在學術界與此選題相關的圖書等出版物還並不多見。第二，本書對近期兩岸的投資與產業合作的闡述中採用了大量一手的調研資料和兩岸官方以及有關研究機構公布的最新的數據和材料，並就有關專題以專欄形式進行介紹和闡述，具有一定的資料參考價值。第三，本書中既有對兩岸相互投資和產業合作的發展演進歷史、現狀及發展趨勢的一般描述，也有關於當前ECFA等焦點問題的討論與聚焦。第四，關於當前和今後如何進一步促進兩岸相互投資和加強產業合作，本書結合當前世界經濟和兩岸發展中出現的新情況、新問題，提出了一些建設性的建議。

　　注　釋

　　[1].參見中共中央文獻研究室編：《十一屆三中全會以來黨的歷次全國代表大會中央全會重要文件選編》（上），北京：中央文獻出版社1997年版，第19頁。

　　[2].參見林毅夫，易秋霖：《海峽兩岸經濟發展與經貿合作趨勢》，《國際貿易問題》，2006年第2期，第12頁。

　　[3].參見臺灣「行政院大陸委員會」網站。

　　[4].參見國家商務部臺港澳司網站。

　　[5].參見臺灣「經濟部投資審議委員會」網站。

　　[6].參見李非《海峽兩岸經濟關係通論》，廈門：鷺江出版社，2008年版，第10頁。

第一篇 大陸赴臺投資

第一章 大陸赴臺投資的背景、意義與原則

第一節 大陸赴臺投資的背景

　　隨著經濟全球化的深入與兩岸經貿關係對臺灣經濟發展的貢獻與日俱增，臺灣在1991年開放臺資投資大陸後，時隔18年，於2009年6月30日正式宣布開放大陸資金赴臺投資。

　　長期以來，由於臺灣的限制，兩岸投資呈現出只有臺商到大陸投資，而大陸企業不能赴臺投資的單向格局。2001年「入世」前，臺灣相關部門就「循序開放陸資來臺」達成共識，但進展緩慢；2002年1月，臺灣「陸委會」宣布分階段開放大陸企業赴臺從事服務業投資清單，並比照 WTO 其他會員處理；2002年8月，臺灣「內政部」公布「大陸地區人民在臺灣取得設定或移轉不動產物權許可辦法」，正式開放大陸企業到島內投資房地產，但因為過多的限制性規定，進展緩慢；2003年，臺灣「經濟部」開始研究「大陸地區人民來臺投資許可辦法」，臺灣「陸委會」也制定了「大陸地區人民來臺從事商務活動之規劃方向」，但均無實質性進展；2008年，臺灣政治局勢發生了重大變化，馬英九表示將採取「原則開放、例外限制」的方式開放大陸資金赴臺投資不動產與生產事業，並鼓勵陸資參與「愛臺12建設」；2009年4月底，第三次「江陳會談」達成關於大陸企業赴臺投資原則性共識後，臺灣於2009年5月12日通過「大陸地區人民來臺投資許可辦法」及「大陸地區來臺投資設立分公司辦事處許可辦法」，對陸資企業的定義、投資領域、投資形式作出規定，並於2009年6月30日正式對外

公布。

大陸方面則一直是兩岸雙向投資的積極推動者。2008年4月18日，溫家寶總理在博鰲亞洲論壇召開期間公開表示要推動大陸企業赴臺投資。2008年12月15日，國家發展和改革委員會與國務院臺灣事務辦公室聯合公布了《關於大陸企業赴臺灣投資項目管理有關規定的通知》，規定了大陸企業赴臺投資的審批程序。同年12月31日，胡錦濤在紀念《告臺灣同胞書》發表30 週年座談會的講話中明確表示，鼓勵和支持有條件的大陸企業到臺灣投資興業。

在2009年5月17日的首屆海峽論壇大會上，中共中央臺辦、國臺辦主任王毅宣布了包括「推動大陸企業赴臺投資、擴大對臺產品採購、推動協商建立兩岸經濟合作機制」等八項惠臺新政策。同日，商務部、國臺辦正式發布了《關於大陸企業赴臺灣投資或設立非企業法人有關事項的通知》，明確了大陸企業赴臺灣投資的辦理程序。

第二節 大陸赴臺投資的意義

1. 有利於推動兩岸經濟大合作

自臺灣1990年代開放對大陸地區投資，20餘年以來，兩岸已基本實現經濟關係的正常化。20年來，兩岸在世界經濟格局中的地位發生了巨大的變化。中國大陸的經濟實力顯著增長，經濟規模已由1978年的世界第十增長為2010年的世界第二。截止到2009年底，大陸的經濟規模約是臺灣的15倍，累計對外直接投資已近臺灣的4倍，外匯儲備餘額是臺灣的8倍。大陸企業已具備較強的對外投資實力，開放大陸企業赴臺投資，不僅符合大陸企業「走出去」的發展需求，而且有利於推動兩岸經濟大合作，更好地實現資源優化配置。

2. 有利於為兩岸企業帶來新的發展空間

開放大陸企業赴臺投資，將為兩岸企業合作帶來更多的機遇和發展空間，能更好地結合雙方優勢，實現雙方在更廣泛領域的優勢互補、互利雙贏。臺灣擁有天然的地理優勢，企業具有一定經濟實力，並擁有成熟的管理經驗以及優秀的管

理人才和技術；大陸企業的資金、勞動力、市場優勢明顯，而且投資臺灣對大陸企業來說，既可以強化合作，又可以分享利潤，從而更好地掌握全球商機，為兩岸企業帶來更廣闊的發展空間。

3.有利於促進臺灣經濟良性健康發展

近10多年來，由於臺灣島內政治社會經濟環境的不利衝擊，以及曾經的李登輝、陳水扁當局奉行「對抗性」的兩岸關係政策，造成臺灣島內投資環境惡化，投資人看淡臺灣經濟的發展前景，不僅島內原有資本與產業不斷外移，而且島外資本也不願意在島內投資，使得臺灣經濟發展的資本嚴重不足，制約了島內技術與產業的創新與升級，從而造成臺灣島內產業空洞化，經濟停滯不前。在此形勢下，開放陸資入臺，不僅可以直接吸引部分陸資入島投資，提升兩岸經貿關係發展對臺灣經濟發展的貢獻度，而且將便利於島內企業的全球化運作，有效提升海內外投資人對島內經濟發展環境與投資環境的信心，刺激島內外資本投資臺灣，從而促進臺灣技術與產業的創新與升級，最終促進臺灣經濟的良性健康發展。

4.有利於臺灣經濟全球化戰略目標的實現

臺灣經濟的全球化戰略目標旨在「以臺灣為核心整合全球與大陸市場商機」。包括利用臺灣地理優勢推動東北亞及東南亞「雙黃金航圈」計劃並推動「雙營運中心」（即臺商在臺灣設立全球營運總部，外商在臺灣設立亞太營運總部）計劃；利用臺灣科技產業基礎及經營大陸市場優勢，構建高科技產業之「雙黃金三角」（即以臺灣為中心的「矽谷—臺灣—上海」以及「東京—臺灣—上海」這兩個三角），提升臺灣在全球高科技發展中的關鍵角色，最終實現臺灣經濟發展的「全球連結新藍圖」。臺灣經濟的發展與競爭力的提升在相當程度上依賴於其經濟開放性，特別是全球化運作。陸資赴臺將加快包括資本在內的兩岸生產要素的正常流動，顯然有助於臺灣「全球連結新藍圖」戰略目標的實現。

第三節 大陸赴臺投資的原則

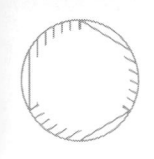

1.一個中國原則

一個中國原則是處理兩岸關係所必須遵循的首要原則。只有在承認和明確這個前提的基礎上,才能夠尋找正確的解決問題的方式和途徑。涉臺事務是中國國內的特殊事務。陸資入臺作為一個主權國家內的經濟活動,其性質是中國主體與臺灣單獨關稅區之間的經濟合作關係,其目的在於促進兩岸區域經濟一體化,為和平統一創造和奠定堅實的經濟基礎。陸資入臺雖然有其特殊的國際因素,但卻無法抹殺它作為一國國內投資關係的實質。

在陸資入臺的實踐過程中,應始終堅持一個中國原則。首先,應將其作為大陸制定鼓勵陸資入臺的法律、法規、政策等規範性文件的指導方針;其次,應將其作為處理各種具體促進陸資入臺法律事務的首要原則,同時在促進陸資入臺具體操作細節中也應該遵守一個中國原則。

2.互利雙贏

互利雙贏原則是指在相互尊重對方經濟利益的前提下,平等對待和協商處理兩岸貿易的有關事宜。

在促進陸資入臺的具體操作過程中,大陸地區一方面要注意把握政策尺度,避免在利益上作無原則的優惠和退讓;另一方面又要在關鍵問題上把握好分寸,不過分糾纏於利益上的細枝末節。只有在此過程中凸顯互利雙贏原則,才有可能使臺灣各方面尤其是普通民眾解除政治上的戒備心理,最大程度地獲取他們的支持。

第二章 臺灣投資環境分析

第一節 臺灣經濟發展情況

1.相關重要經濟指標

臺灣位於亞洲大陸東南沿海、太平洋西岸，介於日本和菲律賓之間，正居於東亞島弧的中央位置，西鄰世界經濟增長重心與全球第二大經濟體——中國大陸，北連全球第三大經濟體——日本，東邊為全球最大經濟體——美國，南接東盟10國及印度，是亞太地區海運、空運交通要道，地理位置優越。人口約2300萬人，總面積約為36000平方公里。臺灣雖然土地面積狹小，但蘊藏的自然資源十分豐富。

自1980年代中後期以來，臺灣以資訊、電子產業為導向的高科技社會興起。隨著全球資訊、電子科技帶動的技術變革的深入推進，其所產生的產業形態已徹底改變了臺灣以往的經濟體制。同時，臺灣目前為世界貿易組織、亞太經濟合作會議和亞洲開發銀行等國際組織會員，與全球超過140個國家有頻繁的經貿往來與交流。

根據世界經濟論壇（WEF）發布的2012年「全球競爭力評比」，共有144個國家和地區參評，新加坡、日本、臺灣、韓國及中國大陸排名分別為第2、10、13、19及29，臺灣在亞洲地區位居第四，僅次於新加坡、香港及日本，在144個國家和地區中臺灣居第13，全球及亞太地區的排名都與去年相同。臺灣的競爭力分數連續3年進步，2012年臺灣競爭力得分5.28，繼2010年進步0.1分、2011年進步0.05分後，再進步0.02分，是6年來最佳分數。在144個受評國家和地區中，臺灣排名繼2010年以來維持在全球第13名，臺灣排名仍能保持在全球前10%之內，顯示臺灣競爭力在全球經濟復甦趨緩下仍然堅實（詳見表2-1）。

表2-1 世界經濟論壇（WEF）2012年「全球競爭力」排名

國家和地區	2012年	2011年	2010年	2009年	2008年	2011-2012變動
瑞士	1	1	1	1	2	0
新加坡	2	2	3	3	5	0
芬蘭	3	4	7	6	6	+1
瑞典	4	3	2	4	4	−1
荷蘭	5	7	8	10	8	+2
德國	6	6	5	7	7	0
美國	7	5	4	2	1	−2
英國	8	10	12	13	12	+2
香港	9	11	11	11	11	+2
日本	10	9	6	8	9	−1
台灣	13	13	13	12	17	0
韓國	19	24	22	19	13	+5
中國大陸	29	26	27	29	30	−3
泰國	38	39	38	36	34	+1
印度	59	56	51	49	50	−3

註：2012年參評國家和地區數目為144個（2008年至2011年分別為134、133、139、142個）。

資料來源：世界經濟論壇

　　世界經濟論壇的評比標的有「基本需要、效率增強、創新與成熟因素」三大方向，三大項指標臺灣皆遙遙領先於大陸[1]。2012年臺灣排名在全球前10名的細項數目為26項（如表2-3所示），較去年增加5項。再觀察細項指標26項，其中有10項居前五名，包括：產業集聚、當地市場競爭度、通貨膨脹率、金融業能提供低廉服務費的競爭力、瘧疾發生率等。其餘16項中，政府行政法規累贅程度（10名，進步20名）與開創新事業需要的行政程序（8名，進步26名）的排名都大幅躍升，顯示臺灣長期推動提升行政效能、法規鬆綁、增加企業經商便利度的努力已獲初步成效。

表2-2 世界經濟論壇（WEF）2012年臺灣「全球競爭力」各項排名

指標	2012年	2011年	2010年	2009年	2008年	2007年	2006年	2011-2012 變動
全球競爭力指數	13 (5.28)	13 (5.26)	13 (5.21)	12 (5.20)	17 (5.22)	14 (5.25)	13 (5.35)	0
1.基本需要	17	15	19	18	20	19	19	-2
(1)體制	26	31	35	38	40	37	30	+5
(2)基礎建設	17	20	16	16	19	20	21	+3
(3)總體經濟環境	28	22	20	25	18	26	22	-6
(4)健康與初等教育	15	11	11	15	20	6	8	-4
2.效率增強	12	16	16	17	18	17	15	+4
(1)高等教育與訓練	9	10	11	13	13	4	5	+1
(2)商品市場效率	8	11	15	14	14	17	14	+3
(3)勞動市場效率	22	33	34	24	21	22	16	+11
(4)金融市場效率	19	24	35	54	58	58	47	+5
(5)技術準備度	24	24	20	18	15	15	13	0
(6)市場規模	17	16	17	17	16	16	167	-1
3.創新與成熟因素	14	10	7	8	10	10	7	-4
(1)企業成熟度	13	13	13	13	14	14	13	0
(2)創新	14	9	7	6	9	9	6	-5

註：1.（ ）內為評比分數。

2.WEF自2006年開始正式以「全球競爭力指標」取代過去的「增長競爭力指標」，這兩個指標的內涵有所不同，難以進行比較。

3.2012年參評國家和地區數為144個（2006至2011年分別為125、131、134、133、139、142個）。

4.2010年以後，WEF 將中項「金融市場成熟度」改為「金融市場發展」，「總體經濟的穩定」改為「總體經濟環境」，這兩個項目下的細項略有變動。

表2-3 臺灣WEF競爭力排名前10名的細項指標數目

	2012 年	2011 年	2010 年	2009 年	2008 年	2007 年	2006 年
第一名	5	8	5	3	2	1	1
前十名	26	21	24	20	16	15	15

資料來源：臺灣「行政院經濟建設委員會」統計。

另外，根據瑞士洛桑國際管理學院（IMD）的「世界競爭力報告」，在59個受評比的國家和地區中，臺灣總排名第7。在亞太國家和地區中，臺灣僅次於新加坡、香港，排名第3。分析臺灣總體競爭力排名，臺灣2012年在「經濟表現」上由第8名下降至第13名，「政府效能」由第10名上升至第5名，「企業效能」由第3名下降至第4名，「基礎建設」由第16名上升至第12名，這些都是臺灣總體競爭力提升的表現。此外，據IMD「2012年世界競爭力年報」對企業家精神指標項目所進行的問卷調查，在滿分為10分的情況下，臺灣的得分為7.67，在全球排名第一，較上年進步3名，且為歷年最佳表現，這顯示臺灣企業面對金融海嘯衝擊，在彈性靈活的應變能力上表現優異。臺灣在公平交易法規效率、重視社會凝聚力、對外開放程度、設立事業便利度、財政結構健全、企業經理人年金制度、公司稅率、不打擊個人工作意願等項目上，進步幅度相當顯著。

2008年以來的全球金融海嘯重創各地，臺灣經濟相對其他新興經濟體而言較為健全，且具有長期投資價值。臺灣銀行系統的流動資金較充裕，經常帳戶保持盈餘，外債與平均債務額度低，這些因素都使臺灣經濟體經得起金融海嘯的洗禮。2010年4月，臺灣外匯儲備高達3575億美元，世界排名第四。與之相比，韓國及菲律賓的外債占GDP比重接近40%，臺灣外債比重在25%以下，顯得相對安全。而臺灣的本土銀行與外國銀行在臺分行於2011年放款占存款的比率為80.21%，與超過130%的韓國相比具有更充裕的存款，本土銀行逾放比0.43%，低於合理上限2%，截至2011年9月底資本充足率為11.71%，高於合理下限8%，顯示對外支付能力良好。臺灣因擁有巨大的經常帳盈餘，可吸收資金外流的衝擊，有助降低信心危機的風險。

目前來看，由於全球經濟增長乏力，島內消費不振，這將持續影響臺灣的出

口與民間消費表現，根據臺灣「行政院主計總處」2012年11月預測，2012年經濟增長1.13%，2013年則為3.15%。具體來看，經濟指標表現方面，2012年10月工業生產增加4.56%；商業營業額12199億元，減少0.7%；外銷訂單金額383.8億美元，增加3.2%；出口值265.3億美元，減少1.9%，進口值232.7億美元，減少1.8%，貿易順差32.6億美元；批發價格指數（WPI）下跌3.64%，消費者物價指數（CPI）上漲2.36%；失業率4.33%。

就未來經濟發展看，受全球經濟走緩影響，國際貿易增長減弱，擠壓了臺灣出口增長空間，加上消費信心低迷，導致出口及消費表現均不如預期；國際油價繼續維持高價位波動，近期氣候穩定，蔬菜價格顯著回落，且消費低迷等因素共同影響，臺灣「行政院主計處」預測2013年臺灣經濟增長3.15%，世界銀行預測2013年臺灣經濟增長3.9%，其他機構關於臺灣2013年經濟增長率的具體預測值詳見表2-5。

表2-4 2010—2012年臺灣經濟相關重要指標

		2010年	2011年	2012年 1月	2月	3月	4月	5月	6月	7月	8月	9月	10月	1至當月	全年預估
經濟成長	經濟增長率(%)	10.76	4.07	第1季 0.59			第2季 -0.12			第3季 0.98			第4季 2.97		1.13
	民間投資增長率(%)	29.76	-1.26	第1季 -9.10			第2季 -5.71			第3季 2.01			第4季 9.09		-1.35
	民間消費增長率(%)	3.96	3.13	第1季 1.92			第2季 1.61			第3季 0.89			第4季 0.14		1.13
產業	工業生產指數年增率(%)	26.93	5.03	-16.75	8.35	-3.43	-1.78	-0.21	-2.23	0.13	1.89	3.00	4.56	-0.93	
	製造業生產指數年增率(%)	28.60	5.12	-17.18	8.18	-3.95	-2.02	-0.37	-2.40	0.18	3.08	4.50	-1.11		
	商業營業額(億元)	136675	142685	11259	11063	11897	11459	12048	12008	12212	11973	12155	12199	118191	
	年增率(%)	9.6	4.4	-7.3	6.4	-0.9	-2.4	2.6	-1.1	-1.0	-1.2	-0.8	-0.7	-0.8	
	綜合商品零售業營業額(億元)	9170	9786	978	761	770	822	838	809	866	888	809	959	8499	
	年增率(%)	7.1	6.7	10.7	-2.7	8.6	6.0	7.5	9.0	7.6	7.0	2.8	1.8	5.8	
對外貿易	出口(億美元)	2746.4	3083	210.8	234.0	263.4	255.4	261.0	243.6	248.5	246.9	271.7	265.3	2501.3	
	年增率(%)	16.7	12.3	-16.8	10.3	-3.2	-6.4	-4.3	-11.6	-4.2	10.4	-1.9	-3.7		-2.16
	進口(億美元)	2514.0	2816.1	206.6	205.7	239.9	248.6	238.3	217.7	239.4	213.8	230.9	232.7	2272.6	
	年增率(%)	16.7	12.1	-11.9	1.3	-5.8	2.1	-10.5	-8.4	-3.2	-7.6	1.3	-1.8	-4.7	-2.79
	外銷訂單(億美元)	4067.2	4361.3	314.8	339.5	383.7	360.9	364.7	363.8	359.4	361.5	376.6	383.8	3608.9	
	年增率(%)	26.1	7.2	-8.6	17.6	-1.6	-3.5	-3.0	-2.6	-4.4	-1.5	1.9	3.2	-0.6	
物價	消費者物價指數年增率(%)	0.96	1.42	2.36	0.24	1.26	1.44	1.74	1.77	2.46	3.43	2.96	2.36	2.00	1.93
	批發價格指數年增率(%)	5.45	4.32	4.37	1.83	-0.22	-0.56	-0.37	-1.87	-1.56	-0.90	-2.3	-3.64	-0.60	-1.02
金融	貨幣供給額M2年增率(%)	4.6	5.79	5.22	4.92	5.05	4.72	4.40	4.19	3.80	3.69	3.96	3.29	4.32	
就業	就業人數(萬人)	1049.3	1070.9	1080.8	1079.0	1080.6	1081.8	1083.4	1085.4	1088.3	1090.1	1087.8	1089.7	1084.7	
	失業人數(萬人)	57.7	49.1	47.2	47.9	47.0	46.3	46.6	47.7	49.0	50.2	49.1	49.3	48.0	
	失業率(%)	5.21	4.39	4.18	4.25	4.17	4.10	4.12	4.21	4.31	4.40	4.32	4.33	4.24	

資料來源：臺灣「行政院主計處」、臺灣「經濟部」和「中央銀行」

表2-5 各主要機構對臺灣2013年經濟增長率預測　　　單位：%

預測機構	2013（f）
ADB（2012.4）	3.8
IMF（2012.10）	3.9
Global Insight（2012.11）	3.3
「行政院主計總處」（2012.11）	3.15
台灣經濟研究院（2012.11）	3.42
「中華經濟研究院」（2012.10）	3.59
「中央研究院」（2012.7）	—

註：f表示預估值。

資料來源：臺灣「行政院主計處」。

2.產業結構

自1949年以來，臺灣產業結構的變化主要呈現出以下四個發展趨勢：

（1）農林漁牧比重逐年降低，2011年僅占地區生產總值的1.75%

1952年，臺灣第一產業淨產值比重為35.9%，第二產業的比重為18.0%，第三產業比重達46.1%，第三產業比重已遠遠超出第一產業，是第二產業（18%）的2.6倍。從1952年至2011年，臺灣農林漁牧業的比重逐年降低。截至2009年，第一產業的比重僅占GDP的1.75%，第二產業的比重為29.49%，第三產業的比重為68.76%。詳見下圖2-1。

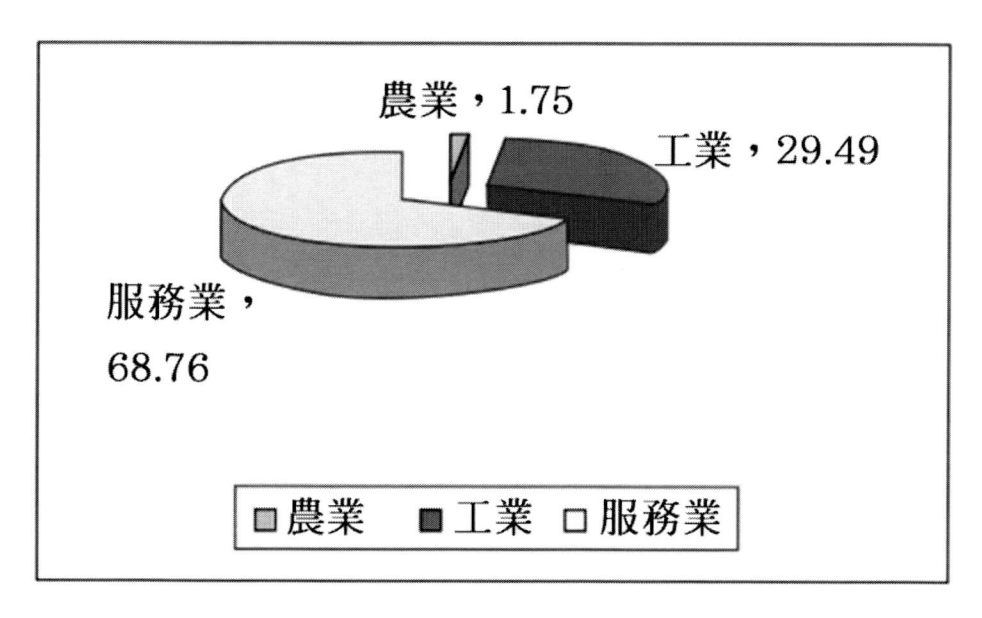

圖2-1 2011年臺灣三次產業占GDP的比重　　單位：%

資料來源：根據臺灣「行政院主計處」「國民所得統計」相關數據繪製。

（2）1960年至1980年代，經濟以工業為發展重心

1960年代初期，由於臺灣市場狹小，進口替代工業的產品市場已趨飽和，若繼續發展將導致經濟後勁乏力。臺灣抓住當時國際分工變化的機遇，利用低廉

工資的國際比較利益，大力發展加工出口工業帶動經濟發展，並陸續修正或制定旨在促進出口的政策與措施，如進行外匯貿易的改革、實施「獎勵投資條例」、鼓勵民間儲蓄、對外銷廠商實行稅收和融資的優惠、設立出口加工區和保稅倉庫等。這個時期外資對臺灣工業化和出口擴張起了重要作用，民間企業從進口替代轉向出口產業，成為經濟增長的主力。臺灣企業從日本進口生產資料，向美國出口工業品，形成了生產依賴日本、市場依賴美國的三角貿易關係。臺灣工業得到了高速發展。1963—1973年，工業年均增長率高達18.3%，其中製造業的年均增長率達20.1%，工業產值在臺灣GDP中的比重由1960年的26.9%提高到1973年的43.8%；出口貿易額中工業製品的比重由1960年的32.3%增至1973年的84.6%。至此，臺灣工業建立起了一個以出口加工區為依託，以輕紡、家電等加工工業為核心的產業支柱，由此帶動了經濟的發展。

（3）服務業比重不斷提高，1990年代起進入以服務業為主的經濟結構

臺灣經濟向服務產業主導邁進始於1980年代初，至1980年代末初步完成轉型，正式進入服務經濟時代。就產業結構指標變化而言，1981年服務業產值在GDP中的比重首次超過工業產值的比重，達到50%，表明臺灣經濟在1980年代處於產業結構從工業主導向服務業主導轉變的過渡期。從1990年代初期起，服務業在經濟結構中的優勢地位明顯加強，1990年三次產業比重結構為4.04%：38.39%：57.58%，處於中等發達地區向發達地區轉變的過程。此後，服務業比重不斷上升，並逐步拉大與工業在 GDP 中所占比重的差距，並於 2001年達到70.53%，到2007年達到71%，而工業在GDP中的比重降為27.5%，其產業結構已經達到發達國家和地區的水平。2005年島內農業產業同比下降2.85%，只占島內GDP的1.80%；工業增長3.11%，占GDP的24.64%；服務業增長3.48%，占GDP的73.56%。可見，服務業增長率最高，比重最大，其主導地位進一步強化。

（4）產業結構朝高端化、知識化、低碳化轉型

目前，臺灣逐漸朝知識密集的高新技術產業發展，研發創新成為產業發展主要驅動力量，產業結構朝高端化、知識化、低碳化轉型。詳見下表2-6。

表2-6 臺灣產業發展趨勢

潛力產業	汽車電子、電動車輛、文創(設計)、軟體顯示、先進醫療器材、智能機器人、4G
中堅產業	數位內容、食品、先進電子材料、紡織、通訊、訊息服務、生物科技
主力產業	智能生活、醫療照護、基本金屬、流通服務、機器設備、石化、運輸工具、半導體、平面顯示、綠色能源

資料來源：臺灣「行政院經濟建設委員會」。

綜上所述，經過幾十年的發展演進，臺灣產業結構升級已經取得顯著的成效，表現最為明顯的是第三產業蓬勃發展，出口導向產品結構進一步優化，資本密集型和技術密集型產業發展迅速。

3.產業基礎

臺灣除了具有靈活彈性的企業、完善的基礎建設以及適合先進科技研發的產業環境外，目前更是世界最密集的產業聚集區域，產業發展基礎雄厚。臺灣科技產業競爭力主要依賴優異的高科技基礎建設與研發人才聚集，已成為全球高科技產品的供應基地。WEF的「2012—2013年全球競爭力報告」評選，臺灣的產業集群發展排名世界第一。近年來由於當局有效推動了產業集群的發展與形成，充分發揮創新效益，臺灣產業發展陸續得到了國際機構的肯定。

臺灣在電子、資訊等特定產業，已具有全球布局的經驗與上下游整合的基礎，可有效運用較少的時間與資源，達到全球資源的整合。臺灣高科技產業的技術長期與國際密切接軌，以OEM／ODM作為全球品牌廠商的合作夥伴，近年來隨著海外投資增加，訂單海外生產比率日益提高，海外生產中以大陸為最主要的代工地區。根據臺灣工業技術研究院統計，目前臺灣有20多項科技產品在全球排名前三名，甚至有些產品在全球市場占有率超過一半以上，在國際生產供應鏈上，處於關鍵地位。美國《商業週刊》2010年評選出世界科技廠商100強，亞洲公司表現亮眼，包括臺灣、日本、韓國、中國大陸、印度、新加坡在內，共有39家企業入榜，展現亞洲企業的強悍實力。臺灣共有8家入選，名列第四，只占亞洲國家和地區入榜數的四成，略遜於日本與中國大陸。另外，2011年英國經

濟學人諮詢中心（EIU）針對全球66個國家和地區的高科技產業競爭力進行調查，臺灣位居第13名。[2]

第二節 臺灣經濟發展定位

1.全球創新中心

知識經濟和全球化時代，創意的國際流動（international flow of ideas）是強化一個國家或地區創新能力的關鍵要素。創業家精神是反映企業創意、創業、創新和價值創造的核心指標，也是決定一個國家或地區經濟活力與競爭力的關鍵要素。經濟學家熊彼特（Joseph Alois Schumpeter）曾指出，創造性破壞是一個國家或地區長期經濟發展最重要的驅動力。而企業家精神就是持續引發企業追求創造性破壞的關鍵要素。

臺灣創新研發活力旺盛，產業集聚全球第一，是優異的創新研發基地及創業樂園。所謂的全球創新中心，一是要從高科技產品供應鏈的製造中心走向創新中心；二是要將科技創新政策納為經濟政策最優先、不可或缺的部分，以科技與產品創新作為提升生產力、競爭力的主軸。目前，臺灣正致力於營建產業創新基礎環境，透過建構「六大產業」創新走廊，並加強科學研究及技術人力培育，從而為把臺灣建設成為研發創新中心奠定堅實基礎。此外，臺灣產業目前正由高效率生產製造（供應鏈）轉型為生活應用創新（產品／系統／服務），而製造服務業將成為發展重點，涵蓋前端的研發服務業及後端的金融、運輸服務業等。服務業積極發展並導入創新機制，包括「製造服務化」與「服務工作外包」，尤其醫療照護新商機、替代能源優勢將逐漸顯現，對開拓中國大陸市場，具有極佳的機會。

臺灣近年來創新能力的大幅提升，主要表現在以下幾個方面：

首先，根據瑞士洛桑國際管理學院（IMD）「2012年世界競爭力年報」對創業家精神項目進行問卷調查，臺灣的評分為7.67（滿分10），全球排名第一，較2011年進步3名，為歷年來最佳表現。顯示島內企業面對金融海嘯的衝擊，在彈

性靈活的應變能力方面表現優異。臺灣具有「知識密集型產業」發展優勢，島內科學與技術潛力正快速增長，並扮演起主導臺灣經濟轉型的關鍵角色。

其次，根據經濟學人諮詢中心（EIU）公布的2009—2013年全球創新指標，臺灣排名全球第六，僅次於日本、瑞士、芬蘭、德國及美國，為新型工業經濟體第一名。

再次，經濟合作與發展組織（OECD）2012年11月4日發布的《2012 網路經濟展望》（Internet Economy Outlook 2012）報告指出：ICT產業的研發支出占GDP比重超過1%的僅有芬蘭、臺灣、以色列和韓國，該報告同時指出，研發投資顯示了一個國家或地區的創新能力，企業的研發投資金額對經濟增長率有很大的影響。顯示出臺灣在國際創新研發資源鏈條上屬重要角色，這有助於把臺灣打造成為亞洲知識的樞紐，進而成為「全球創新走廊」。

第四，從2010年發明型專利核准件數上來看，臺灣為8243件，排名次於美國、日本、德國與韓國，為全球第五名。若就相對規模來評比，臺灣每百萬人口在美國發明型專利的件數353件，超越美國與日本，位居全球第一名。臺灣的研發強度處於較高且快速增長的位置，在全球具有相對競爭優勢。2010年臺灣發明型專利強度，是位居全球第五名，僅次於美、日、德、韓。另以美國專利商標局（USPTO）的指標衡量，臺灣在電子、資訊、通訊、光電領域的專利量平均名次為全球第四名，臺灣在此領域的優勢技術為「半導體」以及「電力設備、工程與電能技術」，均排名第三。

最後，臺灣在世界多項發明設計大獎中屢傳佳績：2012年日內瓦國際發明展臺灣一舉拿下45金、52銀、25銅及8項特別獎，所得金牌數量為歷年最高，獲獎率高達97.6%，也是全球第一，而榮獲8個特別獎更打破大會40年來的紀錄，並創下臺灣參展20多年來的新高紀錄。2012年德國慕尼黑IF工藝設計大獎獲3件金獎。2012年德國Red Dot設計獎，全球有兩百六十三件獲獎，其中46件作品奪得最佳獎「best of the best」，臺灣就占了6件。以上情況表明，發明、設計與創新等活動在臺灣社會十分活躍。[3]

2.亞太經貿樞紐

亞太經貿樞紐是指亞太地區跨國企業營運管理、產業集資、金融服務、倉儲運轉的平臺。

臺灣位居亞太地理樞紐，到西太平洋主要七大城市的平均最短飛行時間僅約2.55小時。從臺灣最大的國際港高雄港到海外五大主要港口（香港、馬尼拉、上海、東京、新加坡）的海運平均航行時間約為53小時。兩岸直航後，臺北位居亞太雙黃金航線中央，可向北連接東京與首爾，西連上海，南接香港、新加坡及東南亞國際協會各成員國首都。臺灣位居亞洲經濟重要戰略地位，成為歐、美、日及亞太新興市場的連接樞紐與產業策略的重要橋梁，也是跨國企業在亞太地區營運總部的首選。

根據世界經濟論壇（WEF）定義，將一個國家或地區的發展過程——人均GDP由低至高分為「要素驅動（Factor-Driven）」、「效率驅動（Efficiency-Driven）」以及「創新驅動（Innovation-Driven）」三個階段，而其中「創新」是競爭力的核心價值。臺灣人均地區生產總值於2011年底已突破2萬美金（約為20122美元）。另一方面，2011年臺灣服務業就業人數占全體就業人數的58.6%，而服務業生產淨值占地區生產總值比重更已達68.7%，顯示臺灣正如同其他發達國家和地區一樣，服務業已成為創造產業價值的發展主力。

臺灣緊鄰中國大陸市場，占有地理與華語文化的優勢，同時對新事物和新科技的接受度高，可成為全球華人市場產品研發及測試中心。臺灣企業本身不但是眾多世界級大廠的第一級供應商，更具備在次系統上的開發能力，再加上臺商與國際品牌間緊密的夥伴關係，可在研發創新方面與其建立聯盟關係。其次，臺商在大陸享有語言、文化優勢，也將有助於跨國企業在中國大陸進行投資生產。臺灣產業透過與國際市場的連接，突顯出其成為亞洲市場或大中國市場的「開發測驗平臺」（test-bed），以利於臺灣未來進軍東亞新興市場。此外，外商可運用結合臺灣「世界第一級」零件供應商的能力，在臺灣設立市場開發與研發中心。具體而言，臺灣可以把2300萬人作為一個生活實驗室，以此發展各類創新商品與服務。廠商可同時整合資訊、通訊與服務領域專業知識，結合臺灣的優勢在本地進行創新實驗，進而將成功經驗複製為跨境服務，以臺灣為基地創造出各類商

品與服務，推銷並開拓全球華人市場。

自2008年5月海峽兩岸兩會恢復聯繫之後，已經簽署了多項協議，兩岸兩會的協商制度化已邁入常態化的階段。另外，2010年6月29日兩岸正式簽署經濟合作框架協議（ECFA），同年9月12日生效，自2011年1月1日起貨品貿易和服務貿易早期收穫計劃全面實施，清單內貨品開始降稅或免稅，惠及兩岸民眾。ECFA不僅是兩岸市場開放與推動經濟合作的基礎，更是未來檢驗兩岸關係重要的試金石，有助於臺灣持續扮演全球跨國企業運籌大陸市場門戶的角色，也有利於島內企業全球布局。

當前，全球經濟重心正由西方轉向東方，市場重心也將從成熟市場轉向新興發展中市場。高盛證券分析了勞動力增長、資本存量與技術增長三項指標，推算GDP增長率所挑出的「新鑽11國」，[4] 亞洲國家占了7席，顯示亞太區域成為全球經濟重心趨勢。以中國、印度為中心的亞太地區，以其強勁的經濟發展速度成為世界新的經濟驅動力。而臺灣在地理距離與文化層面，具有緊鄰世界增長中心的優勢。憑藉此優勢，臺商布局中國大陸設立海外生產基地，擁有模組化及量產能力，同時擁有多項關鍵技術，是支撐東亞成為全球最大製造業生產基地的重要力量。據臺灣「經濟部」統計，累計至2011年底止，臺商赴大陸投資有575件，金額131億美金，超越同期臺灣對外投資總額約2倍。另外，WTO指出，中國大陸已成為臺灣的「出口平臺」，也就是由日、臺、美三角貿易轉向日本、中國大陸、臺灣、美國四角貿易，基於此種因比較利益而自然形成的國際分工，臺灣正不斷維持本身的競爭優勢。

目前，臺灣正積極促進兩岸經貿正常化，解除不必要的管制，進而充分鏈接於國際價值鏈，達成臺灣、外商與大陸三贏的局面。對臺灣與外商而言，兩岸產業合作後，臺灣產業將充分整合於大中華經濟圈，創造新投資商機，而臺商更可成為跨國企業經營亞太地區最佳夥伴。兩岸貿易正常化後，島內外廠商可充分運用臺灣潛在的比較優勢，更可透過「平臺」的角色，與跨國企業建立合作夥伴關係，深化兩岸產業布局，提升全球市場競爭力。

3.臺商和外商運營總部

臺商和外商運營總部是指為臺灣企業和外部企業提供布局全球時在資金、人才、技術和營運管理等方面必要的支持，幫助企業發展壯大。臺商累積豐富的生產經驗，妥善運用亞太地區的生產資源與市場，以加速達成量產規模及商業化，是跨國企業最佳的策略聯盟基地及亞太營運總部，即全力將臺灣打造為臺商在臺設立全球運營總部、外商在臺設立亞太運營總部的「雙運營總部」，並以此為契機，在臺灣大力發展總部經濟。

自2011年年底以來，在歐債危機的衝擊下，臺灣經濟下行壓力不斷增大，面臨「保1」的嚴峻挑戰。為應對不利的經濟形勢，馬英九當局於2012年10月頒布了「經濟動能推升方案」，制定了一攬子刺激經濟的政策措施，其中就包括「促進投資建設」等政策舉措。馬當局希望透過推動臺商回流，擴大民間投資，為臺灣經濟不斷注入新的活力。

馬英九上臺後島內經濟社會環境不斷改善，為其加強推動臺商回流創造了良好的客觀條件。民進黨執政時期就曾頒布租稅優惠等政策吸引臺商回流，但成效並不理想，一個重要原因在於民進黨大力推動「臺獨」分裂活動，兩岸關係動盪不安，導致臺灣經濟長期低迷，嚴重影響臺商返臺投資的意願。2008年以後，尤其是2010年6月兩岸簽訂了具有重要里程碑意義的兩岸經濟合作框架協議（ECFA）以後，島內社會經濟環境獲極大改善，不僅使臺灣在多個國際機構投資環境評比中名次大幅躍升，也使諸多大陸臺商出於重新布局兩岸市場的考慮不斷擴大返臺投資的規模。2011年臺商。返臺投資規模達469億元（新臺幣，下同），是2007年的3倍以上，預計2012年還將突破500億元[5]馬當局認為應抓住島內社會經濟環境不斷改善的有利契機，因勢利導，制定更積極的政策推動臺商回流，以產生「鮭魚返鄉」的效果。

為吸引臺商回流設立營運總部，臺灣自2010年5月28起將營所稅由25%調降至17%，並保留營運總部的租稅減免，另外，臺灣正在建立臺商經貿特區，給予區內廠商租稅優惠、人力及貨物流動便利，並協助與大陸地區建構完整分工體系，鼓勵從事高附加值的生產及品牌推廣。

未來，臺灣將從「雙航圈」發展到「雙總部」。2007年3月20日，馬英九就

首度提出臺灣經濟發展藍圖,表示其將調整赴大陸投資的管制政策,實行「原則開放,例外管制」;同時憑藉兩岸直航推動「雙黃金航圈」,帶動「雙營運總部」。「雙黃金航圈」包括北航圈、南航圈,北航圈向北連接上海虹橋機場、東京羽田機場、首爾金浦機場,南航圈向南連接香港和新加坡。「雙營運總部」指透過「雙航圈」的建立,以及臺商赴大陸投資的新辦法,實現臺商在臺設立全球運營總部,外商在臺設立亞太運營總部。[6]

第三節 軟硬體基礎設施

1.優質的人力資源

優質的人力資源是臺灣產業發展的最佳後盾。臺灣優質的人力資源主要表現在以下幾個方面:(1)臺灣人口素質優秀。據臺灣「行政院主計處」統計,高等教育人力素質方面,2011年平均15歲以上人口的教育程度,以大專及以上者最多,占37.9%。臺灣2012年約有1134萬勞動人口,占總人口約49.3%。每年有32萬專科或大學以上畢業生,可以充分滿足企業對高級人才的需求;(2)臺灣勞工薪資比香港、日本、韓國和新加坡低。(3)臺灣擁有成熟的管理經驗以及大量與國際接軌的管理人才。

根據世界經濟論壇(WEF)於2012年9月5日所發布「全球競爭力排名」,臺灣因研發人力充足的優勢在全世界排名第13。根據臺灣「科學委員會」《2011年科技動態調查報告》,每千名就業人口中之研究人員數呈現穩定增長,均高於韓國、英國、美國等國家。臺灣每千名就業人口中的研究人員數,僅次於芬蘭,並與日本同為每年10.6人,略高於美國的每年9.6人。研究人員總數近年來增長顯著,年平均增長率為8.3%。

此外,從科技產出方面來看,臺灣SCI論文發表篇數從2003年的13128篇,逐年增長至2010年的23715篇,年平均增長率約為7.7%。EI論文發表篇數則由2003年的8011篇增長至2010年的20302篇,年平均增長率約為7.8%。至2010年,SCI與EI論文篇數國際排名分別為第16與第9。全球ESI論文及被引用次數排

名前1%的學校，2012年臺灣有50所高校進榜，比2011年增加9所學校。

最後，臺灣近年來持續推動國際科技合作，鼓勵學術界進行科學研究人員互訪、共同舉辦學術研討會，以及共同合作研究計劃等，並在亞太、歐洲及美洲等地區設有駐外科技組，培養了臺灣廣大科技人員的國際觀，開闊了他們的國際視野。

2.交通資訊基礎設施完善

交通基礎設施方面，臺灣位居亞太海空交通運輸的樞紐，是世界經濟增長中心。臺北向北連接東京、首爾、上海；向南連接香港、新加坡及東協各國的首都，形成「雙黃金航圈」，島內共有18個航空站，其中包括臺北、桃園、高雄三個國際航空站。由於臺灣四面環海，港口很多，國際商港則有七個，依業務量排序分別為高雄港、基隆港、臺中港、花蓮港、安平港、蘇澳港與臺北港，具備完整的國際交通與運輸能力。另外，臺灣境內主要長途交通涵蓋客運、鐵路、公路及島內機場，特別是具有完整的環島鐵路網，高速鐵路也於2005年開始運營，大幅縮短了臺灣南北的往來時間；島內機場則有臺北、臺中、花蓮、臺東、嘉義、臺南、屏東和離島的金門、馬祖等地。

图2-2 臺灣2003—2010年科技產出情況

資料來源：臺灣「行政院經濟建設委員會」。

　　從資訊通訊設施方面看，臺灣網路資訊中心公布2012年「臺灣寬頻網路使用調查」報告顯示，截至2012年5月27日，臺灣上網人口約有1753萬，上網率達75.44%，較2011年增長3.4個百分點；臺灣12歲以上曾經上網人口達1594萬，上網率達77.25%，其中曾經使用寬頻網路人數為1530萬人，占曾經上網人口的97.16%，顯示寬頻已經是臺灣上網民眾的主要上網方式。世界十項以上的通訊產品市場占有率世界第一，顯示臺灣資訊方面具有高度的科技應用普及能力。

　　世界經濟論壇（WEF）發布「2012年網路就緒指數（Network Readiness Index，NRI）」排行，臺灣排名全球第11名。此次共有142個國家和地區參評。WEF網路就緒指數是全球最具代表性的國家資訊競爭力評比指數。臺灣在2012年WEF競爭力排名中進步最多項目為：三大類別中的「效率增強」（第12名）進步4名，中項「勞動市場效率」（第22名）進步11名，「金融市場發展」（第19

名）進步5名。

根據最新國際電信聯盟（ITU）的《2011年資訊社會度量》（Measuring the Information Society 2011）的報告，在光纖到戶（FTTH／B）與網路普及率項目上，臺灣為第五名。臺灣網路普及率高，有七成的家庭使用互聯網（71.7%）、八成的家庭擁有電腦（79.3%）、九成聯網家庭採用2Mbps以上寬頻上網。

從水電等服務費用方面看，相對於其他國家和地區，臺灣供應優質且廉價的水電與電信服務，無論在石油及天然氣費用、環境保護費用、交通運輸費上均提供較優惠的費率（根據美國能源署〔IEA〕《Electricity Information（2011 Edition）》及馬來西亞TNB電力公司2011年統計資料）。另外在亞洲工業新興國家和地區中，除韓國外，日本、新加坡、中國香港等的平均單位水價均高於臺灣；歐洲國家的平均單位水價幾乎為臺灣的3.8至9.1倍左右，參見下表2-7。

表2-7 臺灣與其他國家和地區水價比較

排名	國家或地區	水價(新台幣元/m³)
1	德國(柏林)	98.85（3）
2	比利時	95.79（3）
3	英國(倫敦)	77.83（3）
4	丹麥	73.76（3）
5	法國(巴黎)	65.55（3）
6	奧地利	62.03（3）
7	荷蘭(阿姆斯特丹)	60.23（3）
8	澳洲(坎培拉)	59.60（3）
9	日本(東京)	49.1－115.4（2）
10	義大利	51.82（3）
11	西班牙(馬德里)	42.95
12	瑞典	42.04
13	芬蘭(赫爾辛基)	41.77

續表

排名	國家或地區	水價(新台幣元/m³)
14	新加坡	33.8－45.1（2）
15	加拿大(渥太華)	33.56（3）
6	南非	33.50（3）
17	美國(華盛頓)	24.33（3）
18	香港	17－36（2）
19	台灣	10.84（1）
20	韓國(首爾)	8.7（2）

資料來源：（1）臺灣自來水公司2007年度審定決算數。（2）臺灣「行政院經濟建設委員會」，穩定物價執行成效彙整，2008年2月。（3）各國水價依據臺灣「行政院主計處」統計資訊網2007年度價格排名，並採用2007年度平均匯率1美元＝32.84新臺幣計算。

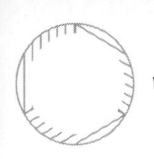

此外，2009年11月，臺灣行政院通過了「愛臺12 建設總體計劃」，「愛臺12項建設」由「行政院經濟建設委員會」會同相關部門進行整體規劃及推動。[7]預計自2009年至2016年，優先推動12項基礎建設，包括：交通運輸、產業發展、城鄉發展及環境保育等。該計劃總經費需求約為新臺幣3.99兆元，包括財政預算約新臺幣2.79兆元，約占總經費需求的70%，以及民間投資約新臺幣1.20兆元，約占30%。臺灣行政院已成立全球招商聯合服務中心。未來5年有約新臺幣4兆元投資將投入公共建設，其中約1/3開放讓民間廠商投資，以便於建立更良好的基礎設施，提升島內投資經濟效益。

3.完善的法規和知識產權保護

臺灣對外商投資的法律保障相當完備，外商在臺灣境內的投資受到外商投資條例的保障。其次，在法治教育的推廣下，臺灣人民及企業擁有良好法治觀念，行為的可預期性及穩定性很高，社會秩序良好。就商業環境而言，臺灣企業的會計制度，將逐步採用國際會計準則（IFRS），加上兩岸政策進一步鬆綁，整體投資環境已與國際接軌。

從完善的勞工保障制度方面看，臺灣具備完善的勞工保障制度，以「勞動基準法」為主要勞動法規，規範僱主關於勞動條件的最低義務，包括最低工資、工作時間、假日與資遣費等。臺灣的勞資關係良好，很少產生糾紛。依據臺灣《勞動基準法》，設有「勞資會議」等促進勞資合作與提高工作效率的協商機制，由勞資雙方分派代表，自願共同參與勞資會議磋商，其目的在於改善勞動條件、籌劃勞工福利，以及提高工作效率，進而促進勞資合作關係。就現行的法令規定而言，臺灣勞工的社會安全保障制度，包括勞工保險、勞動基準法、就業保險與性別工作平等法等。在勞工保險的部分，以保費分攤結構來看，臺灣對有一定僱主的勞工補助10%，無一定僱主勞工及自營作業者補助40%。勞保含有生育、傷病、失能、老年及死亡等給付項目，同時對被保險人提供幫助解決困難的貸款措施。此外，勞基法除針對工時、休假、基本工資等勞動條件有所規定外，並賦予僱主提高退休金責任。

從知識產權保護方面看，知識產權是國際經濟競爭利器，也是衡量一國或地區現代化程度的重要指標，國際知名競爭力評比機構所列國力評比項目，無不以各國或地區研發環境、創新能力、獲準專利數等相關知識產權項目作為國家競爭力的評比指標；世界各國如日本「知識財產戰略大綱」、中國「知識產權戰略」、美國「21世紀戰略計劃」、韓國「強化海外知識財產保護機制」等，均積極將知識產權政策定位為國家戰略。臺灣對保護知識產權向來極為重視，並致力於營造更優質的知識產權制度與環境，保護發明與創作人的心血以鼓勵創新研發。例如，法制層面，臺灣參照先進國家經驗並結合臺灣社會實際，已大幅度修正專利法、商標法及著作權法，使得臺灣法制更為健全，並與世界接軌；執行層面，臺灣在建設電子化環境、強化審查品質與效能，加強人才培育、強化教育宣導及協助創新發明等方面均取得顯著成效；稽查層面，臺灣已成立保護知識產權警察大隊，並研究制定「貫徹保護知識產權行動計劃」，透過跨部門統籌協調推動各項知識產權保護工作，也已經獲得國際社會高度肯定；司法層面，臺灣已完成「智慧財產法院組織法」及「智慧財產案件審理法」的制定，且智慧財產法院已於2008年7月正式展開運作，這將使臺灣智慧財產案件的審判制度更趨於專業化。近年來臺灣各項主動積極保護知識產權的政策與措施，已獲豐碩成果，2009年臺灣順利從美國特別301[8]的「觀察名單」上除名，臺灣在保護知識產權上的進展及執法工作獲得進一步肯定。

4.金融市場發達

當前，全球化的趨勢促使產業必須全球布局，世界各國和各地區的資本市場出於提升競爭力的考慮，爭相打開門戶，臺灣也是其中快速開放的區域之一。臺灣憑藉其發達的金融市場，擬打造亞太地區的籌資中心。

臺灣發達的金融市場表現在以下幾個方面：

資本市場高度國際化。臺灣股市在全球資本市場中具有以下幾個特色：第一，臺股市值占GDP比重高，2011年底市值占GDP的133.72%，顯示臺灣證券市場發展的成熟度較高及臺股具有較高投資價值。第二，2011年底臺股市場本益比為15.76，成交值周轉率為119.87%，顯示臺灣證券市場交易量較大，臺灣股

市具有較強吸引力。第三，外資持股市值比重達31%以上，成交比重約20%，代表臺灣資本市場正持續邁向國際化。

完善和發達的證券市場。截至2011年12月底，臺灣上市公司數目約為790家，在亞洲四小龍之中，優於新加坡，且上市公司市值占GDP比重達163.76.%，與發達國家相近，上市公司市值達23066億美元，證券市場成交值達2632億美元，且成交值周轉率達11.41%。臺灣證券交易所的交易股票基金等交易對象種類繁多，包含普通股到認購權證、封閉型單位信託基金、ETF、債務證券等。此外，臺灣匯率穩定，資金成本與利率水準相對低於其他亞洲國家和地區，而在臺灣掛牌上市成本約為新臺幣1千萬元，遠低於香港、新加坡，這有助於吸引外來資金投資臺灣資本市場。

開放健全的投資環境。一般而言，除了來自於中國大陸的投資資金，或基於島內安全考慮而對投資進行管制的產業外，臺灣對於外商投資的產業並無任何限制。在少數情況下，適用法可能會限制外籍人士在某特定產業的公司持股比例，例如郵政、電信、運輸業，以符合臺灣在經濟、社會或文化上的利益需求。大部分的發達國家或地區皆有類似的保護政策，臺灣政策符合FTSE[9]發達市場經濟地區標準。

臺灣整體社會的資金流動性充裕。臺灣2011年儲蓄率達29.77%，「超額儲蓄率」為9.60%。2011年，金融及保險業、不動產業產值占GDP比重15.09%，顯示臺灣金融市場發展日趨成熟；同時，臺灣對外持有的國際投資資產總額達8778億美元，創下歷史新高，且臺灣銀行存款總額達新臺幣27.1兆元。[10]

5.經濟自由度高

作為WTO、APEC等國際組織的成員之一，臺灣具有高度的經濟自由，遵循國際規則，對財產權擁有完善的保護制度。根據美國傳統基金會（Heritage Foundation）與華爾街日報（Wall Street Journal）共同發布的《2012年經濟自由度指數》（2012 Index of Economic Freedom），臺灣在全球179個經濟體中的排名由上一次的第25名，提升至第18名，進步7名。這是11年來的最高排名。臺灣在亞太地區排名第5，僅次於香港、新加坡、澳大利亞和新西蘭。臺灣在東亞國

家和地區中排名第3 ，優於日本（第22名）、韓國（第30名）。該報告說明，臺灣排名的提升歸因於堅持結構性改革以及經商環境的對外開放。並指出臺灣法治發展相當好，私人部門經營靈活，市場開放已制度化，中小企業頗具競爭力。近年來臺灣將公司稅下調至17%以及取消公司設立最低資本條件等政策，改善了島內的經商效率。

此外，在《2012年經濟自由度指數》總計10項的評價指標中，臺灣有6項均較去年有所提升，分別是「免於貪腐」、「公共支出」、「財政自由度」、「企業自由度」、「勞工自由度」以及「貨幣自由度」。此6項指標得分較去年增加，表示自由度持續提升，主要歸功於：維持低度通貨膨脹率、簡化公司設立程序、降低進出口限制與持續開放服務業以及下調營利事業所得稅。其中「公共支出」是臺灣10項評比表現最佳的指標，達到了92.3 分；主要是得力於臺灣推動公有事業民營化、鬆綁法規，以及公共支出僅占地區生產總值的16%，公共債務則約為GDP的39%左右。

表2-8 2012年全球經濟自由度指數排名亞太地區前10名

排名	國家或地區	總分	變化
1	香港	89.7	-0.3
2	新加坡	86.1	-1.0
3	澳大利亞	82.6	0
4	紐西蘭	82.1	0.1
5	日本	72.9	0.1
6	澳門	72.5	0.5
7	台灣	70.4	0.9
8	韓國	69.9	1.8
9	馬來西亞	64.8	0.2
10	泰國	64.1	1.1

資料來源：臺灣「經濟部」。

6.優惠的投資政策

陸資赴臺投資可享政策優惠，主要包括提供土地優惠、資金協助、租稅優惠、研發輔助等。詳見表2-9 所示。此外，值得強調的是，從稅收優惠政策方面看，臺灣的稅負比較低，人民租稅負擔率不到14%，較日韓及大部分歐美先進國家低。美國《福布斯》雜誌（Forbes）公布2009年全球稅負痛苦指數，臺灣排名倒數第八，為低稅負地區，在亞洲僅次於香港，排名第二。近年臺灣以「低稅簡政」啟動賦稅改革，自2010年起，營利事業所得稅稅率由20%下調為17%，可與香港並列為亞洲最低稅率的地區。臺灣已與多國簽署避免雙重課稅協定，截至2011年1月1日，臺灣已與20個國家簽訂全面性租稅協議，另有14 個海空運互免所得稅協定。[11]

表2-9 陸資赴臺投資優惠措施一覽

提供建廠土地及優惠措施	工業區土地789優惠出售方案(2008.10.1-2010.12.31)
	延長並擴大006688措施
	協助利用毗連非都市土地擴大投資
	推動工業區更新及強化工業支持基礎設施
工業區土地優惠及更新	推動工業區更新及強化工業支持基礎設施
	推動工業區土地市價優化優惠方案
加強創新研發	主導性新產品開發輔導計劃
	協助傳統產業技術開發計劃CITD
	協助服務業研究發展輔導計劃
	小型企業創新研發計劃
	業界開發產業技術計劃
	促進產業研究發展貸款計劃
充裕產業專業人才	推動訂定產業人才智能基準，輔助或輔導產業人才培訓機構
	啟動產業人力扎根計劃，培育產業所需技術人力
	兼顧培育與延攬，引導產業人才培訓做法轉型
提供租稅優惠	提供研究發展、人才培訓、國際物流配銷中心及營運總部等租稅優惠

資料來源：臺灣「經濟部」。

第四節 科技創新研發

1.多項科技產品排名世界前列

臺灣科技業享譽全球，作為全球科技產業重鎮，多項科技產品排名全球前列。臺灣科技業與製造業具競爭優勢，是全球第二大資訊硬體生產區。半導體、光電、資訊、通訊等產品全球市場占率超過70%，晶圓代工業產值占全球67.4%，與下游的封測業，皆位列全球第一。臺灣占全球產值21.5%的IC設計業與高比重的TFT-LCD 產值均居世界第二，PC 產品產值居全球第三位。臺灣科技產品遍布全球。

臺灣創新研發能力旺盛，擁有高優質產品與服務，得以發展國際品牌，如HTC、華碩、宏碁等知名大廠，同時運用中國大陸的生產資源互補有無，迅速達

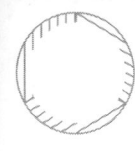

成量產規模,是優異的創新研發基地。

表2-10 臺灣科技產品世界排名情況

全球排名	科技產品
1	晶圓代工、IC封裝、IC測試、Mask ROM、可攜式導航產品(Portable Navigation Device；PND)、電解銅箔、光碟片、電動代步車與電動輪椅
2	IC設計、DRAM、OLED面板、WLAN、IC載板、TPE、發光二極管、玻纖布、主機板(含系統出貨)、TFT-LCD面板、ABS
3	印刷電路板、聚酯絲、PTA、Notebook PC、PU合成皮、尼龍纖維

註:以上產品產地均在臺灣,不包含臺商在海外生產。

資料來源:臺灣「經濟部」技術處ITIS計劃。

2.數目眾多的企業研發中心

臺灣擁有數目眾多的企業研發中心,具有豐沛的創新研發能力。臺灣企業在島內各市縣範圍內共設有116個研發中心,如表2-11所示。另據統計,外商在臺灣共設有43個研發中心。

表2-11 臺灣企業研發中心數量概況

縣/市	數目
台北市	24家
北縣	17家
桃園縣市	15家
新竹縣市	29家
苗栗縣	1家
台中縣市	4家
彰化縣	4家
雲林縣市	1家
台南縣市	11家
高雄市	2家
高雄縣	4家

資料來源：臺灣「經濟部」。

第五節 投資風險

臺灣投資風險較低，具有投資環境上的優勢。美國商業環境風險評估公司（Business Environment Risk Intelligence；簡稱BERI）2012年8月發布的最新「投資環境風險評估報告」指出，臺灣的投資環境評比（Profit Opportunity Recommendation；POR）總分為72分，排名全球第4；在列入評比的全球50個主要國家和地區中，僅次於新加坡、瑞士及挪威，在亞洲地區排名第2。

從投資環境看，臺灣的投資環境在此次評比中列為1B等級，BERI對投資人的建議是保持投資承諾，並表示臺灣將積極對外簽署更多的自由貿易協定，而兩岸關係在未來幾年仍然處於穩健的水準；展望2013年臺灣評分將上升為73分，排名全球第3；2017年再升至75分，排名上升為全球第3。

從營運風險看，臺灣營運風險指標排名全球第2（上次第1名），僅次於新加坡。BERI表示，近年來臺灣競爭力正逐漸提升，排名全球最具競爭力國家和地

區第7,另在物流表現指數也處於上升趨勢。BERI預測,臺灣企業營運風險低,2013年排名全球第1,2017年排名全球第2。

從政治風險看,臺灣政治風險指標項目則排名全球第7(上次第7名);次於新加坡、瑞士、奧地利、挪威、澳大利亞及芬蘭;在亞洲地區排名第2。BERI表示,臺灣政治風險較低。在解除6年來對於萊劑美牛進口禁令下,[12] 近期可望與美國恢復「臺美貿易暨投資架構協議」(TIFA)商談。而與中國大陸的關係,短期內將保持密切。BERI預測,2013年及2017年臺灣政治風險均排名全球第7。

從匯兌風險看,臺灣匯兌風險指標項目排名全球第4(上次為第4名);次於瑞士、荷蘭及新加坡;在亞洲地區排名第2。BERI 表示臺灣匯兌風險指標在2012年存在一些壓力,但極為短暫。並預測2013年臺灣匯兌風險排名全球第4;2017年排名全球第3。

此外,在全球化的時代,各國都在努力吸引外來投資;在國際投資者的關注之下,世界銀行的經商容易度評比,已經成為全球各國重視的指標。2012年世界銀行於10月23日公布了「2013年全球經商環境報告」(Doing Business 2013)最新評比結果,在185個受調查國家和地區中,臺灣經商容易度(Ease of Doing Business)排名第16 ,較去年進步9名,超越加拿大、德國及日本等國,再創臺灣歷年最佳成績。針對2012年世界銀行發布的評比指標中,臺灣具有優勢的指標依次為「電力取得」(排名第6)、「申請建築許可」(第9)、「破產處理」(第15)、「開辦企業」(第16)、「投資人保護」(第32)等5項指標。

第三章 大陸赴臺投資的現狀

第一節 大陸赴臺投資歷史回顧

1.對臺投資的禁止階段

從1979年到2001年間,臺灣嚴格禁止大陸企業直接投資臺灣,兩岸投資出現了嚴重失衡的現象。該期間受臺灣「三不政策」的影響,兩岸的許多民間經貿交往均被嚴格限制與禁止。當時臺灣不但嚴格禁止大陸資金進入臺灣,而且明確規定兩岸經貿往來只能經香港等第三地間接進行,但大陸對臺資的流入則採取較為開放的姿態,所以這一時期兩岸間的投資主要呈現間接、單向、不對等的局面。

2.對臺投資的鬆綁階段

2001年到2008年間,臺灣開始為大陸企業的入島投資鬆綁,逐步開放陸資入島投資。2001年8月12日,臺灣初步確定三階段循序開放陸資來臺的方向與原則。2002年2月13日,臺灣「經濟部」取消了兩岸貿易的買方或賣方須經第三地間接進行的限制,開放兩岸商人直接交易。2002年8月8日,臺灣「內政部」規定自2002年8月10日起,有條件開放陸資來臺投資不動產。雖然這一時期是兩岸相互投資的冰釋期,但臺灣對大陸企業入島投資的限制仍然較多,致使大陸企業入島投資的計劃最終沒有真正實現。

3.對臺投資的真正實施階段

2008年至今,臺灣正式放開大陸企業的入島投資,大陸對臺投資進入了真正實施階段。此階段的主要標誌為:第一,2008年5月臺灣提出了歡迎大陸企業到臺灣投資的「愛臺12　建議」。第二,2008年7月13日,臺灣正式開放大陸合格境內投資者 QDII 投資臺灣證券及期貨市場。據臺灣證券交易所資料,到2010年10月底,大陸QDII在臺登記的有6個,提出額度申請的有5個,已匯入資金投資的有4個,其中有兩個申請匯入資金已接近單一 QDII 匯入上限8000萬美元。第三,2009年6月30日,臺灣「經濟部」依據「兩岸人民關係條例」擬定了「大陸地區人民來臺投資許可辦法」、「大陸地區的營利事業在臺設立分公司或辦事處許可辦法」,並自同日起生效實施並正式受理陸資來臺投資或設立辦事處的申請案件。第四,2009年11月6日,兩岸正式簽署了《海峽兩岸金融合作監管備忘錄》(MOU),標幟著作為兩岸經濟交流核心部分的兩岸金融交流進入實質性

合作階段。第五，2010年兩岸簽署的《海峽兩岸經濟合作框架協議》（ECFA），標幟著兩岸經貿關係以及和平發展進程取得了重大的歷史性突破。[13] 第六，2011年1月6日，兩岸經濟合作委員會正式成立。第七，2012年8月9日，海協會會長陳雲林和海基會董事長江丙坤在臺北簽署了《海峽兩岸投資保護和促進協議》。

表3-1 1979—2010年臺灣對大陸企業赴臺投資的政策演變情況

階段	政策演變	大陸企業對台投資的階段描述
1979—2001 禁止階段	嚴格禁止：第三地限制	間接投資
2001—2008 鬆綁階段	2001.8 三階段循序開放 2002.1 開放58類服務業項目 2002.2 取消第三地限制 2002.8 有條件開放對不動產的投資	沒有真正實現直接對台投資

續表

階段	政策演變	大陸企業對台投資的階段描述
2008至今 真正實施階段	2008.5 鼓勵大陸企業赴台投資 2008.6 分階段實施人民幣在台兌換業務 2008.7 開放QDII投資台股 2009.6 正式受理陸資來台投資或設立辦事處的申請條件 2009.11 簽署MOU備忘錄 2010.6 簽署ECFA協議 2011.1 兩岸經濟合作委員會正式成立 2012.8 《海峽兩岸投資保護和促進協議》正式簽屬	對台投資逐漸增長

資料來源：根據中國臺灣網有關資料整理。

第二節 臺灣對陸資開放的內容

1.關於陸資的界定

按照臺灣「兩岸人民關係條例」，不管是大陸民眾設立的大陸企業，或臺商、外商依大陸法律成立的大陸外資企業，統稱「陸資公司」。按照2009年6月30日公布實施的「大陸地區人民來臺投資許可辦法」及「大陸地區之營利事業在臺設立分公司或辦事處許可辦法」，除來自大陸的企業外，經第三地赴臺投資的外國公司，只要含陸資比例達30%，或陸資對公司具有實質控制力者，都視為陸資進行管理，必要時主管機關可以要求陸資企業申報資金來源。依目前規定，所謂「具有實質控制力」，是指陸資股權即使未達30%，但在該企業董事會具有董監事過半人事權、經營權及財務掌控能力的外資，也視為陸資。實收資本額超過新臺幣8000萬元的陸資投資事業，有接受檢查的義務，須每年向主管機關申報財務報表。

2.第一階段開放內容[14]

為開放陸資赴臺投資，臺灣「經濟部」依據「兩岸人民關係條例」擬訂了「大陸地區人民來臺投資許可辦法」、「大陸地區的營利事業在臺設立分公司或辦事處許可辦法」，自2009年6月30日起生效實施，並自同日起，正式受理陸資來臺投資或設立辦事處的申請案件。上述文件主要內容包括[15]：

一、採取事前許可制：大陸地區人民、法人、團體、其他機構或來自第三地區投資的公司，須事先取得「經濟部」許可後，才能來臺設立子公司、分公司、獨資或合夥事業。大陸地區的營利事業，也須事先取得「經濟部」許可後，才能在臺灣設立分公司或辦事處（設立辦事處需向「經濟部商業司」申請許可）。

二、設定嚴謹的管理門檻：為避免陸資經由第三地投資事業來臺投資，規避「大陸地區人民來臺投資許可辦法」的適用，許可辦法也設定了管理門檻，對於大陸地區的人民、法人、團體或其他機構，直接或間接持有第三地區公司股份或出資額逾30%，或其對該第三地區公司具有控制能力[16]，也視為陸資，應適用該許可辦法的規定。

三、證券投資超過一定比率視同直接投資：大陸企業投資上市、上櫃及興櫃公司的股票，如果單次或累計投資股份在10%以上者，視為直接投資，應依「大陸地區人民來臺投資許可辦法」辦理。

四、制定防禦條款：投資人如為大陸地區軍方投資或具有軍事目的的企業，主管機關應限制其來臺投資。此外，陸資來臺投資在經濟上如具有獨占、寡占或壟斷性地位，在政治、社會、文化上具有敏感性或影響地區安全，或對島內經濟發展或金融穩定有不利影響，臺灣應禁止其投資。

五、建立後續查核機制：為了加強對資金透過第三地公司來臺投資的查核，必要時，主管機關應要求投資人申報資金來源或其他相關事項。另外，針對實收資本額新臺幣8000萬元以上的陸資投資事業，明確要求其應每年向主管機關申報財務報表，以及接受相應檢查。

臺灣「經濟部」以「先緊後寬」、「循序漸進」、「先有成果再行擴大」為開放原則，並採用正面表列方式明定開放陸資來臺投資的項目。第一階段共開放192個項目，自2009年6月30日起生效。第一階段開放的項目均以島內發展成熟的產業為主，分別為製造業64項、服務業117項、公共建設11項。

（1）製造業部分

製造業部分共開放64項，占臺灣行業標準分類—製造業細類212項的30%。主要包括紡織業、橡塑料製品製造業、電腦、電子產品及光學製品製造業、汽車及零組件製造業等。主要考慮以下因素：一是「僑外投資負面表列-禁止及限制僑外人投資業別項目」、「在大陸地區從事投資或技術合作禁止類製造業產品項目」（晶圓、TFT-LCD等）暫不開放；二是配合兩岸產業合作，納入搭橋項目的重點產業項目（汽車等）；三是上下游產業鏈完整，在國際市場上具有競爭力並具有製造及管理能力的產業（如紡織業、橡膠製品製造業、塑料製品製造業等）。

（2）服務業部分

服務業部分共開放117項，占臺灣行業標準分類-服務業細類326項的36%。

主要包括批發業、零售業、住宿服務業、餐飲業、數據處理及資訊服務業等。需注意的是，第二類電信業設有不得持股超過五成以上的限制；其餘項目多為生活日用品的批發零售業以及對應直航開放的海運及空運業。此類開放主要考慮以下因素：一是有助於商業活動及營銷渠道的服務業，且從業者具有相應能力（批發業、零售業）優先開放；二是配合兩岸已簽署的相關協議，開放大陸籍人員來臺設立船舶運送業、民用航空運輸業的分公司或辦事處。三是凡涉及學歷認證、專業證照（律師、會計師），或需考慮從業人員相應能力的服務業（營造及相關工程服務業）暫緩開放。

（3）公共建設（非承攬）部分

公共建設（非承攬）部分共開放11項，占臺灣「促進民間參與公共建設法」中公共建設次類別分類81項的14%。僅開放以民間參與公共建設的方式進行投資，但對於公共工程，其承攬部分暫不開放。即陸資僅能投資公共建設，不能承包工程。同時，「民用航空站及設施」僅開放投資航空站陸側（指「人活動的區域」，航站大廈、候機樓、行李轉盤等）及非涉及管制區。民用航空站及港埠的開放，陸資持股不得高於五成。港埠投資設有10—25億元的投資金額下限。

3.第二階段開放內容

（1）製造業部分

本次製造業部分開放25項，累計開放89項，占臺灣行業標準分類—製造業細類212項的42%。包括：

第一，染料及顏料製造、清潔用品製造、金屬模具製造、金屬結構製造、金屬建築組件製造、金屬熱處理、金屬表面處理、電池製造、風力發電設備製造、產業用機械設備維修及安裝等10項，無限制條件。

第二，肥料製造、冶金機械製造、其他金屬加工用機械設備製造、木工機械設備製造、化工機械設備製造業、橡膠及塑料加工用機械設備製造、未分類其他專用機械設備製造、原動機製造、汙染防治設備製造、其他通用機械設備製造等10項，開放陸資得參股投資現有事業，持股比率不得超過20%；合資新設事業，

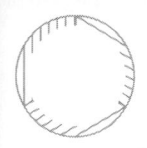

陸資持股比率須低於50%；對該投資事業不得具有控制能力。

第三，為確保臺灣關鍵技術產業的發展優勢及掌握主動權，策略性引進陸資，投資人得參股投資或合資新設集成電路製造業、半導體封裝及測試業、液晶面板及其零組件製造業、金屬切削工具機製造業、電子及半導體生產用機械設備製造業等5項。陸資參股投資現有事業，持股比率不得超過10%；合資新設事業，陸資持股比率須低於50%；對該投資事業不得具有控制能力。此外，陸資投資前述業別項目，應提出產業合作策略，並經項目審查通過。

（2）服務業部分

本次服務業部分開放8項，累計開放138項，占臺灣行業標準分類—服務業細類326項的42%。主要係配合公共建設開放項目的服務業項目，包括其他陸上運輸業（限觀光用空中纜車運輸服務）、停車場業、遊樂園及主題樂園（非屬森林遊樂區）等3項，無限制條件；另陸資投資港埠經營有關的服務業包括港埠業、其他水上運輸輔助業、其他運輸輔助業、普通倉儲業、冷凍冷藏倉儲業等5項，除限依「促進民間參與公共建設法」投資公共建設案的營運區域及業務範圍外，其持股比率須低於50%；對該投資事業不得具有控制能力。

（3）公共建設部分

本次公共建設部分開放9項，累計開放20項，占促參法公共建設次類別分類83項的24%。包括民用航空站與其設施的維修棚廠、交通建設的停車場、環境污染防治設施的5項、污水下水道、重大商業設施的國際會議中心等，其中針對民用航空站與其設施的維修棚廠，除軍民合用機場不開放外，其持股比率須低於50%。

4.第三階段開放內容

（1）製造業部分

本次製造業部分新增開放115項，若算上以往開放的89項，製造業已累計開放204項，開放幅度達97%。本次開放項目，計有33項分別依據產業發展規模及其對應的能力，制定了不同的限制條件：

第一，限投資現有事業且持股比率不得超過50%：包括食品製造業（17項）、非酒精飲料製造業、紙漿紙及紙製品製造業（5項）、化學製品製造業、原料藥藥品製造業（非屬中藥原料製造者）、生物藥品製造業、鋼鐵冶煉業、金屬手工具製造業、螺絲螺帽及鉚釘製造業、機車製造業、機車零件製造業等31項。

第二，限制不得具有控制能力，並應提出產業合作策略並經過項目審查：新增開放發光二極管製造業、太陽能電池製造業等2項，投資前述事業不得具有控制能力，且須由項目小組審查產業合作策略，陸資投資人對項目進行審查時應承諾陸資股東不得擔任或指派其所投資事業的經理人、擔任董事的人數不得超過其他股東擔任的總人數，以及不得於股東大會前徵求委託書等限制條件。

第三，另有7項與僑外投資項目訂有相同的限制條件。至於其餘75項，無限制條件。

第四，同時，為滿足臺灣從業人員全球布局及策略聯盟實務運作需求，針對前一階段已開放的集成電路製造業、半導體封裝及測試業、液晶面板及其組件製造業、金屬切削工具製造業、電子及半導體生產用機械設備製造業等5項的限制條件進行調整，即陸資投資前述產業不得具有控制能力，且須由項目小組審查產業合作策略，陸資投資人於項目審查時應承諾陸資股東不得擔任或指派其所投資事業的經理人、擔任董事的人數不得超過其他股東擔任的總人數，以及不得於股東大會前徵求委託書等限制條件，以確保臺灣關鍵技術產業的發展優勢與掌握主動權。

總體來看，與前二階段的開放相比，第三階段的開放步伐明顯加大，但較之於僑、外資入臺投資依然設定不平等的歧視性限制條件，兩岸投資正常化尚有較長的路要走。

（2）服務業部分

第一，本次新增開放23項，若算上以往開放的138項，服務業已累計開放161項，開放幅度達51%。

第二，本次開放項目，主要以「經濟部」主管及與公共建設相關的服務業為主，總計有8項依業別特性定有不同的限制條件：

①大眾捷運運輸系統業、其他陸上運輸輔助業，限依「促進民間參與公共建設法」投資公共建設案的營運區域及業務範圍，並經目的事業主管機關項目審查，對投資事業不得具有控制能力。

②創業投資公司，對投資事業及其轉投資公司不得具有控制能力。

③廣告業，不開放一般廣告，僅開放戶外廣告及其他廣告。

④未分類其他專業科學及技術服務業，僅開放能源技術服務業。

⑤其他機器設備租賃業，不開放電信設備、醫療機械設備及電力設備。

⑥清潔服務業，限建築物清潔服務。

⑦汽車維修業，限依「促進民間參與公共建設法」投資公共建設案「國道服務區」的營運區域及業務範圍，或投資汽車製造業、汽車批發業所附帶經營。

第三，其餘15項，則無限制條件。

（3）公共建設（非承攬）部分

第一，本次新增開放23項，若算上以往開放的20項，公共建設（非承攬）總計開放43項，開放幅度達51%。

第二，本次開放項目，總計有14項附帶限制條件：

①公路，限國道服務區；大型物流中心，限採用合資且對投資事業不得具有控制能力；轉運站、車站、調度站等，限公路客運；依法核准設置的殯葬設施，限殯儀館及火化場。

②其他經主管機關認定的社會福利設施，採用個案認定；市區快速道路，大眾捷運系統，輕軌運輸系統，橋梁及隧道，其他經主管機關認定的社會福利設施，公立文化機構及其設施，依法指定的古蹟，登錄的歷史建築及其設施，其他經過目的事業主管機關認定的文化、教育機構及其設施等，均定有持股比例等限制條件，且對該投資事業不得具有控制能力。

第三,其餘9項,則無限制條件。

第四,前述開放的公共建設(非承攬)項目,均應先依「促進民間參與公共建設法」及其相關規定辦理。[17]

專欄3-1 大陸資本赴臺投資審查作業流程圖

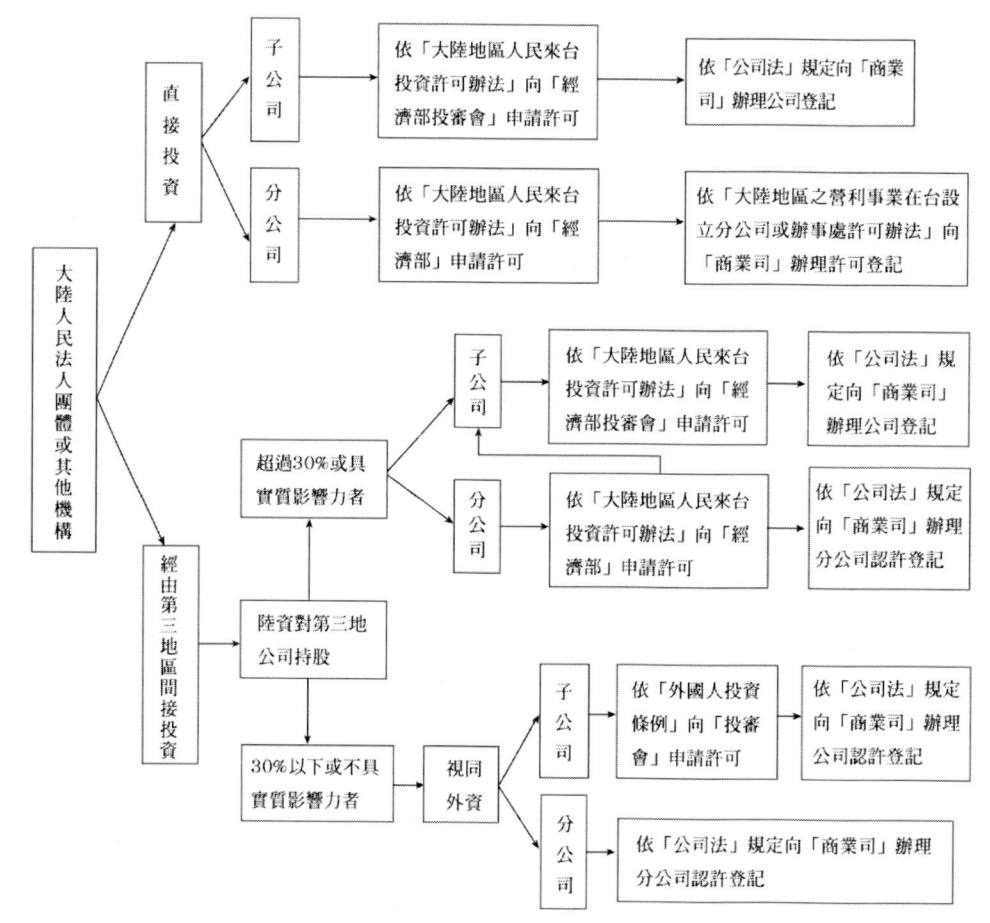

```
大陸人民法人團體或其他機構
├─ 直接投資
│   ├─ 子公司 → 依「大陸地區人民來台投資許可辦法」向「經濟部投審會」申請許可 → 依「公司法」規定向「商業司」辦理公司登記
│   └─ 分公司 → 依「大陸地區人民來台投資許可辦法」向「經濟部」申請許可 → 依「大陸地區之營利事業在台設立分公司或辦事處許可辦法」向「商業司」辦理許可登記
└─ 經由第三地區間接投資 → 陸資對第三地公司持股
    ├─ 超過30%或具實質影響力者
    │   ├─ 子公司 → 依「大陸地區人民來台投資許可辦法」向「經濟部投審會」申請許可 → 依「公司法」規定向「商業司」辦理公司登記
    │   └─ 分公司 → 依「大陸地區人民來台投資許可辦法」向「經濟部」申請許可 → 依「公司法」規定向「商業司」辦理分公司認許登記
    └─ 30%以下或不具實質影響力者 → 視同外資
        ├─ 子公司 → 依「外國人投資條例」向「投審會」申請許可 → 依「公司法」規定向「商業司」辦理公司認許登記
        └─ 分公司 → 依「公司法」規定向「商業司」辦理分公司認許登記
```

註：大陸的營利事業在臺灣設立辦事處應依據「大陸地區之營利事業在臺設立分公司或辦事處許可辦法」提出申請。

第三節 大陸赴臺投資情況分析

1.投資規模

在開放陸資入臺投資問題上，臺灣一開始就以保守主義的開放思維為指導，確定了「先緊後鬆、循序漸進、先有成果，再行擴大」的陸資開放原則。這種保

守主義的開放思維與開放原則，貫穿於臺灣開放陸資入臺投資政策的方方面面，從根本上制約了陸資入臺投資的意願與規模。據臺灣「經濟部」統計，2012年1—11月核准陸資來臺投資件數為126件，較上年同期增加28.57%；投（增）資金額計1.75億美元，較上年同期增加309.61%。其中11月份重大投資案件有香港商聯滔電子有限公司申請以約新臺幣4.56億元等值的外幣投資臺灣島內上櫃公司宣德科技股份有限公司，持股比例25.20%，從事電線及電纜製造、有線通訊機械器材製造等業務。自2009年6月30日開放陸資來臺投資以來，累計核准陸資來臺投資件數為330件，核准投（增）資金額計3.51億美元。三個階段開放陸資來臺投資合計408項，總的開放幅度達66.78%（如表3-2、圖3-1、表3-3所示）。

表3-2 第一、二、三階段開放陸資來臺投資業別項數統計

	第一階段開放項數	第二階段開放項數	第三階段開放項數	合計（分類總項數）	開放比例
製造業	64	25	115	204（211）	96.68%
服務業	130	8	23	161（316）	50.95%
公共建設	11	9	23	43（84）	51.19%
合計	205	42	161	408（611）	66.78%

註：製造業及服務業項數於第一、二階段發布時，是採取臺灣行業標準分類第8次修訂版，第3階段則改為採取臺灣行業標準分類第9次修訂版。

資料來源：臺灣「經濟部投資審議委員會」。

兩岸投資與產業合作研究

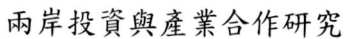

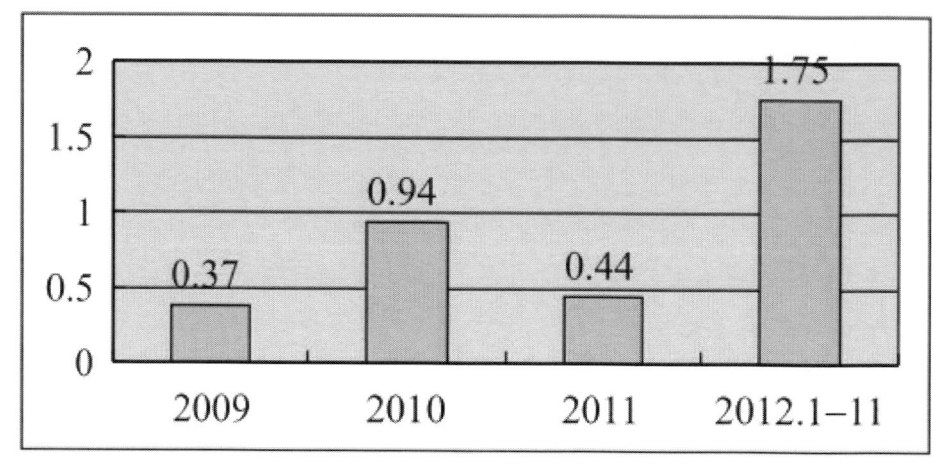

圖3-1 大陸赴臺投資趨勢　　單位：億美元

資料來源：根據臺灣「經濟部投資審議委員會」公布數據繪製。

表3-3 2009年6月30日至2012年1—11月大陸赴臺投資概況

年（月）	數量(件)	金額(億美元)
2009 年	23	0.37
2010 年	79	0.94
2011 年	102	0.44

續表

年（月）	數量(件)	金額(億美元)
2012年1-11月	116	1.57
1月	13	0.97
2月	12	0.06
3月	8	0.02
4月	9	0.01
5月	9	0.11
6月	12	0.06
7月	17	0.11
8月	10	0.02
9月	9	0.04
10月	17	0.17
11月	10	0.19
2009年以來	330	3.51

資料來源：臺灣「經濟部投資審議委員會」。

2.投資結構

據臺灣「經濟部」統計，大陸企業赴臺投資的投資行業主要集中於勞動密集型、資源消耗型的傳統產業，但這些產業在臺灣內部發展相對飽和，成本高，利潤低，市場競爭激烈。真正的臺灣優勢產業，如金融服務業、專業服務業以及高科技等產業，大陸企業均難以涉及。臺灣「經濟部」公布的數據顯示：近兩年僑商對臺灣投資中，金融保險與金融控股業約占外商在臺投資總額的40%；電子零組件與電腦配件、電子產品約占9.2%。但這些對非大陸資本開放的投資領域卻以危害臺灣經濟安全或衝擊島內本土產業為由而拒絕對大陸資本開放。臺灣對大陸資本的歧視以及限制是造成大陸對臺投資結構較低、行業分布不均衡的主要原因。

此外，依投資金額統計，2009年6月30日至2012年1—11月，大陸赴臺投資前3名為：銀行業，占26.07%；批發及零售業占投資金額次之，占21.33%；電腦、電子產品及光學製品製造業，占16.17%。

根據投資件數統計，2009年6月30日至2012年1—11月，投資臺灣的陸資中，排名前3位的是：批發及零售業占54.55%、資訊軟體服務業占7.27%，電子零組件製造業占6.36%。如圖3-3所示。

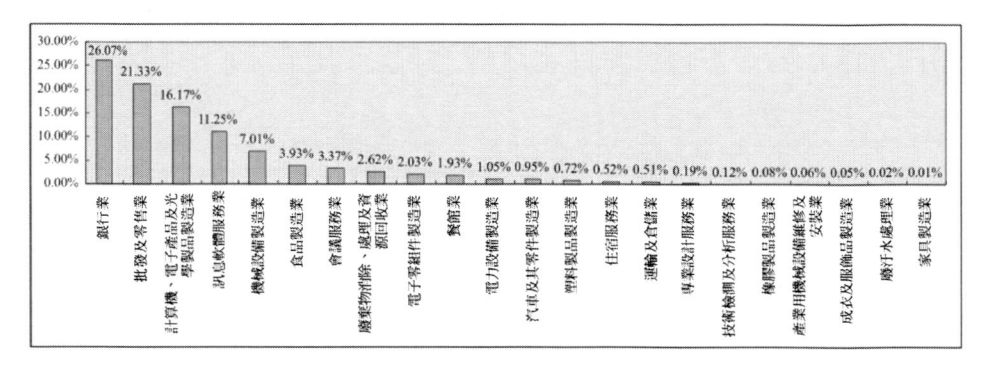

圖3-2 2009年6月30日至2012年1—11月陸資赴臺投資結構——依投資金額統計

資料來源：根據臺灣「經濟部投資審議委員會」公布數據整理繪製。

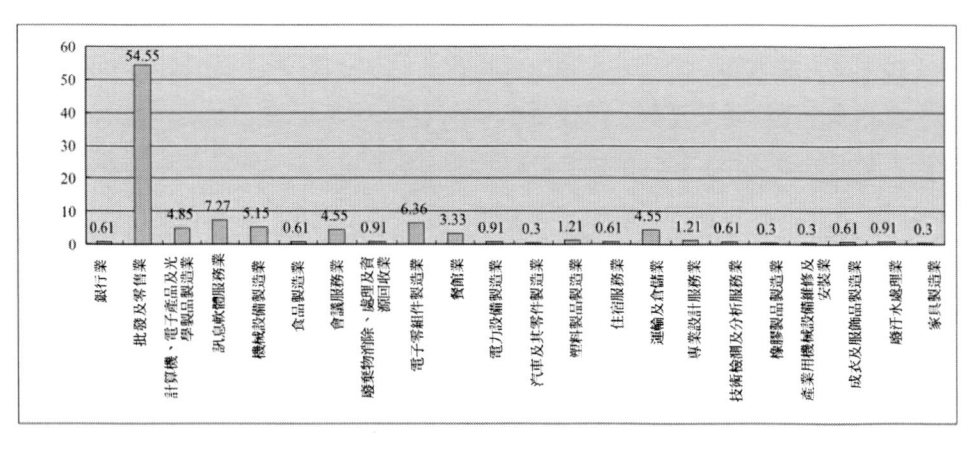

圖3-3 2009年6月30日至2012年1—11月陸資赴臺投資結構——依投資件數統計

資料來源：根據臺灣「經濟部投資審議委員會」公布數據整理繪製。

第四章 大陸赴臺投資的方式與路徑

第一節 大陸企業赴臺投資方式概述

一般來說，國（區）際投資的方式主要包括直接投資和間接投資兩種。前者是指一國（或地區）居民以一定生產要素投入到另一國（或地區）並相應獲得當地企業經營管理權的投資活動，其主要形式包括：創建新企業（如獨資企業或合資企業）、設立子公司或分公司、利潤再投資、非股權參與式投資、BOT投資、建立國際戰略聯盟、設立辦事處等，後者則是指投資者透過在國際證券市場上購買外國企業或者政府發行的債券、股票所進行的投資活動，亦即證券投資，其主要形式為：債券投資、股票投資、基金投資等。鑒於臺灣市場的特殊性和兩岸關係的複雜性，預估大陸企業赴臺投資會選取一些風險性較小、方便易行的投資方式。以下幾種是可能性較大的投資模式選擇：

一是設立子公司或分公司。作為一種直接投資方式，子公司是指一定數額的股份被另一公司控制或依照協議被另一公司實際控制、支配的公司。子公司具有獨立法人資格，擁有自己所有的財產，自己的公司名稱、章程和董事會，以自己的名義開展經營活動、從事各類民事活動，獨立承擔公司行為所帶來的一切後果和責任。但涉及公司利益的重大決策或重大人事安排，仍要由母公司決定。分公司是指在業務、資金、人事等方面受本公司管轄而不具有法人資格的分支機構。分公司屬於分支機構，在法律上、經濟上沒有獨立性，僅僅是總公司的附屬機構。分公司沒有自己的名稱、章程，沒有自己的財產，並以總公司的資產對分公司的債務承擔法律責任。

二是合資或合作經營模式。投資者赴另一國家或地區創辦新企業，是目前最為普遍的國（區）際直接投資模式。受到政策、政治與社會環境的影響，大陸企業很難以獨資的形式投資島內。相形之下，以合資或合作的形式投資臺灣則是比較安全可行的投資方式。

三是收購或兼併模式。主要是透過直接購買現有的投資地企業，或是購買企

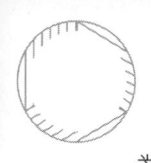

業一定比例的股票,以取得對該企業全部或部分資產所有權的投資行為。這種投資模式由於手續簡單,投資成本較低而經濟效益較高,將會成為大陸企業投資臺灣的重要模式之一。未來大陸企業可以透過兩種渠道,實現對臺灣企業的收購兼併:首先是透過收購國際跨國公司及其在臺業務的方式,實現間接進入島內投資的目的,如聯想集團收購IBM公司,就實現了這種投資;其次是直接收購兼併島內企業,實現對臺直接投資。

四是非股權參與式投資模式。這種投資模式正成為當代國(區)際資本流動的一個主要形式。其特點在於無須資本注入,是一種合約投資,技術含量高,投資風險性較小。對於大陸企業來說,這種投資模式是赴臺投資的理想模式。因為其操作比較簡單,所受限制比較少,大陸企業不須進入島內,不必直接經營,就可以和島內企業進行合作,達到投資目的。目前,在陸資入島投資個案中,青島啤酒在臺投資就是採取此種模式。由於這種投資方式風險相對較小,且簡便易行,未來許多大陸企業選擇此種投資模式的可能性很高。

五是證券投資模式。對於企業投資者來說,拓展新市場是其對外投資的重要因素,因而前三種投資模式就成為其常用的對外投資方式。然而,對於非企業投資者來說,證券投資模式則是更加方便易行的投資方式。臺灣早已開放外資投資臺灣股市,累計投資金額高達1400億美元,占臺灣股市總值的36%左右。目前,臺灣正著手擬定開放大陸居民投資臺灣股市、基金等政策規劃,已開放大陸合格境內投資者(QDⅡ)投資臺灣證券及期貨市場。預計未來這一模式的投資會有較大的發展,將成為大陸廣大的非企業投資者投資臺灣的主要方式。[18]

此外,大陸企業赴臺投資,還應著重考慮以下幾點:

一是採取集群式入島投資。該模式是以大陸固有的「塊狀經濟」為基礎,創造「走出去」的整體競爭優勢。集群式對臺投資的重要載體就是在臺灣的一些典型區域興建大陸工業園區。工業園區的建立,可為大陸企業實現集群式對臺灣投資搭建一個良好的資訊提供與運營服務平臺。事實上,這方面的投資,大陸一些民營企業已經在其他海外地區進行了嘗試,如大陸的華立集團與泰國安美德集團在泰國東部海岸創立的泰中羅勇工業園,康奈集團牽線建設的俄羅斯烏蘇里斯克

遠東康吉工業園等。這些經驗，均可為大陸企業對臺灣投資提供借鑑。

二是在臺灣開展境外生產加工。大陸企業在臺灣投資興建生產加工企業，可實現資源在全球範圍內的有效配置和原產地的多樣化，減輕大陸的資源和環境壓力，轉移大陸傳統優勢產業的過剩產能，促進產業結構的升級和優化。這方面的行動，大陸企業同樣已經在其他國家和地區進行了嘗試，例如，大陸的寧波海天機械公司已在土耳其、加拿大、墨西哥等多個國家設立了境外加工企業，已成為亞洲舉足輕重的塑料機械生產商。

三是投資臺灣建立東南亞營銷新網路。根據規劃，到2012年，浙江要在臺灣等境外建設50個優勢行業的地區營銷總部，重點扶持100家龍頭企業建設營銷網路。可藉此平臺扶持優秀的大陸企業透過投資臺灣，設立營銷起點，從而構建東南亞甚至整個海外銷售新網路，推廣自主品牌，從而占領價值鏈的高端環節；另外，也可以透過併購臺灣知名品牌及其銷售網路，利用已有的成熟銷售網路，迅速打開臺灣市場以及東南亞市場。

四是在臺設立研發機構。為積極利用臺灣的技術、人才和資金等方面的諸多優勢，大陸企業可以在臺灣設立研發機構，從而服務於臺灣市場，反哺大陸市場，面向全球市場需求，提升大陸企業的國際競爭實力。此外，投資於臺灣的研發機構，不僅可以利用臺灣本地的技術和人才，還可以提升大陸傳統製造行業的創新能力。這一方面，大陸的企業已經進行了一些嘗試，並取得了良好的回報。在海外設立研發機構的大陸企業主要還是少數行業龍頭企業，如大陸的康奈集團、奧康集團、吉利集團等，主要方式是併購海外企業或其技術部門，新建獨立研發機構和設立合資境外研發機構等。[19]

第二節 大陸赴臺投資的路徑：案例剖析

（一）直接投資

1.設立辦事處模式——三一重工股份有限公司

企業簡介：三一重工股份有限公司是三一集團的核心企業，於2003年7月上

市。三一集團主業是以「工程」為主題的機械裝備製造業，目前已全面進入工程機械製造領域。主導產品為建築機械、路面機械、挖掘機械、樁工機械、起重機械、非開挖施工設備、港口機械、風電設備等全系列產品。其中混凝土機械、樁工機械、履帶起重機為大陸第一品牌，混凝土泵車全面取代進口，大陸市場占有率達57%，為大陸首位，且連續多年產銷量居全球第一。2011年三一集團實現了銷售收入約800億元，淨利潤超過100億元，同比增長50%-60%。

三一集團是全球工程機械製造商50強、全球最大的混凝土機械製造商，建有上海、北京、瀋陽、崑山、長沙等五大產業園。在全球，三一集團建有30個海外子公司，業務覆蓋達150個國家，產品出口到110多個國家和地區。目前，三一集團已在印度、美國、德國、巴西相繼投資建設工程機械研發製造基地。

路徑：就地開設辦事處。

效果：是對臺貿易窗口，有助於深入挖掘臺灣島內專業資源，深入當地交流，掌握赴臺的相關政策，方便開拓市場，並藉此更好地開展公司與臺灣合作企業的業務經營，尋找新的合作夥伴。

表4-1 三一重工股份有限公司赴臺投資方式

審批時間	2009年12月29日
大陸投資主體	三一重工股份有限公司
投資形式	設立辦事處
投資總額	無
註冊資本	無
台開放類型	製造業
備註	總公司派駐6人

資料來源：根據相關網站資料整理。

2.設立分公司模式——崑山聯德精密機械有限公司

企業簡介：聯德精密機械成立於2003年5月，是一家從事精密金屬模具和五金沖壓件生產的企業，主要客戶為電子、通訊、電腦及終端產品行業的外資企業。主要產品為各類精密冷沖模具、精密高速沖壓（筆記本散熱模組）、新型電子元器件、汽車零配件。公司在2003年10月13號通過了ISO9001：2000質量管理體系認證。臺灣HTC、宏達、華碩等多家知名電子企業是其重要客戶。

表4-2 崑山聯德精密機械有限公司赴臺投資方式

審批時間	2009年12年29日
大陸投資主體	昆山聯德精密機械有限公司
投資形式	設立子公司
投資總額	40萬美元
註冊資本	30萬美元
台開放類型	製造業
備註	在台名稱爲龍大昌精密工業有限公司

資料來源：根據相關網站資料整理。

路徑：在臺灣臺北縣投資辦廠，設立全資子公司——龍大昌精密機械有限公司。

效果：該項目為2009年6月30日臺灣對大陸企業赴島投資開放以來蘇州市首個完成大陸部分審批手續，獲得批准證書的項目。將在臺灣從事相關市場調研，並與臺灣知名企業聯合設計、研發電子通訊類產品的關鍵部件。崑山聯德還將以龍大昌為基地開展各類產品的售後服務。

（二）間接投資

1.直接併購臺灣企業模式——福建財茂集團

企業簡介：財茂集團是一家集進出口貿易、服裝生產、品牌經營的大型外向型集團企業，在福建童裝產業居龍頭地位，旗下擁有　　　TOPBI（淘帝）童裝、

STILLO（史帝歐）嬰童裝等自創品牌，在大陸擁有150家連鎖店。歷經20年的艱苦創業，集團擁有一套集自主品牌研發、設計、生產、銷售為一體的完善的經營管理體系。銷售遍及美國、加拿大、日本、澳大利亞、阿根廷、巴西、南非、中東等80多個國家和地區。集團擁有職工6500多人，旗下10家控股子公司，大陸外1700多家連鎖店和多達數百家的夥伴工廠。集團連續五年入選中國民營百強出口企業、中國企業資訊化500強、產品質量信用500強，年銷售額超過46億元人民幣，年出口額超過5億美元，年創利稅2.25億元人民幣。2007—2011年的出口額分別為：1億美元、1.5億美元、2億美元、3億美元、5億美元。

路徑：財茂集團收購臺灣志偉實業51%的股權，還得到了22條尼龍絲生產線，及生產製造尼龍絲6和尼龍絲66所需的所有技術與數據。

效果：這是臺灣開放陸資一週年後的最大一筆投資，也是首宗陸資企業赴臺併購案。無論在投資金額，還是投資模式上，都顯示了兩岸經貿合作的深化。收購將財茂集團的產業鏈繼續延伸到童裝的高端面料領域，有助於財茂集團掌握服裝面料生產核心技術，提升國際市場價格競爭力。此外，福建財茂集團2010年就打算投資500萬美元在臺灣設立分公司，並以「10＋1」的方式進入臺灣10大百貨公司開設淘帝專櫃，以及設立1家淘帝旗艦店，未來3年內在島內拓展100家淘帝專賣店。2012年4月，國家發改委正式核准了福建財茂集團有限公司在臺灣投資建設TOPBI（淘帝）品牌童裝營銷中心項目。[20]

表4-3 福建財茂集團赴臺投資方式

審批時間	2010年6月
大陸投資主體	福建財茂集團
投資形式	斥資6000萬美元收購股權
投資總額	6000萬
註冊資本	無
台開放類型	服裝
備註	獲得國家發改委核准

資料來源：根據相關網站資料整理。

2.間接併購臺灣企業模式——福建新大陸電腦股份有限公司

企業簡介：新大陸科技成立於1999年，年營業額20億元人民幣，旗下新大陸電腦公司在境內的深圳證券交易所上市，成立於1994年，主要致力於電腦外部設備的研究發展、行業應用軟體開發與系統集成服務。目前，公司主力產品為二維條碼的辨識硬體製造，擁有亞洲地區獨有的二維條形碼核心技術，業務橫跨移動通訊、數位高速公路、電子政務、金融、保險、稅務等多個領域，成為大陸領先的行業資訊化整體解決方案提供商。並與中國移動通信集團公司合作，在境內推動二維條形碼的商務應用。公司先後在美國、日本、荷蘭以及東南亞等地投資設立境外子公司，形成了以資本、技術、市場為紐帶的具有戰略管控能力和輻射效應的全球營銷管理架構。

路徑：新大陸電腦股份有限公司出資28萬歐元收購荷蘭史利得公司在臺獨資設立的帝普科技公司58%股份。收購後，帝普科技更名為「臺灣新大陸股份有限公司」，主要從事電子產品、電子材料批發與零售、資料處理服務和國際貿易。

效果：臺灣的經濟比大陸的經濟起步早，其產業化能力、科技創新能力，特別是供應鏈的管理以及知識產權管理等方面，比大陸更有經驗，透過臺灣這個平臺，新大陸可以彌補自己的短板。新大陸可以透過投資臺灣讓更多國際客戶瞭解「新大陸」品牌，同時增強企業的科技創新能力。透過臺灣這個市場，新大陸還把原來在大陸比較成功的或者比較好的一些商業模式應用推廣到臺灣，並透過臺灣走向全球。

表4-4 福建新大陸電腦股份有限公司赴臺投資方式

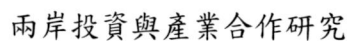

審批時間	2009年7月24日
大陸投資主體	福建新大陸電腦股份有限公司
投資形式	收購58%股權並設立子公司
投資總額	28萬歐元(約合40.5萬美元)
註冊資本	無
台開放類型	製造業
備註	收購荷蘭史利得公司在台灣獨資設立的帝普科技有限公司58%股份並設立台灣新大陸股份有限公司

資料來源：根據相關網站資料整理。

3. 借道併購臺灣企業模式——中國移動公司

企業簡介：中國移動通信集團公司（簡稱「中國移動」）於2000年4月20日成立，註冊資本3千億元人民幣，資產規模超過萬億元人民幣，擁有全球第一的網路和客戶規模。中國移動全資擁有中國移動（香港）集團有限公司，由其控股的中國移動有限公司在大陸31個省（自治區、直轄市）和香港特別行政區設立全資子公司，並在香港和紐約上市。2011年列《財富》雜誌世界500強87位，品牌價值位列全球電信品牌前列，成為全球最具創新力企業50強。中國移動主要經營移動話音、數據、IP電話和多媒體業務，並具有電腦互聯網國際聯網單位經營權和國際出入口局業務經營權。除提供基本話音業務外，還提供傳真、數據、IP電話等多種增值業務，擁有「全球通」、「神州行」、「動感地帶」等著名客戶品牌。

目前，中國移動的基站總數超過90萬個，客戶總數接近6.5億戶。中國移動連續七年在國務院國有資產監督管理委員會考核中獲得最高級別——A級，並獲該機構授予的「業績優秀企業」稱號。連續四年進入《金融時報》全球最強勢品牌排名。上市公司連續四年入選道瓊斯可持續發展指數，是中國大陸唯一入選的企業。同時，中國移動積極投身社會公益事業，連續三年榮獲慈善領域最高政府獎「中華慈善獎」。此外，中國移動是聯合國全球契約（Global Compact）正式

成員，認可並努力遵守全球契約十項原則，並加入該組織倡導的「關注氣候變化」（Caring For Climate）行動。中國移動是氣候組織（The Climate Group）成員，努力在應對氣候變化中發揮積極作用。

路徑：2009年，中國移動透過一家荷蘭設立的公司（Zong B.V.）名義，以全資子公司在臺籌設縱信股份有限公司，藉此投資臺灣遠傳電信。2009年底中國移動的申請獲準，2010年4月底取得設立登記表，正式成立縱信子公司。以此為跳板，投資臺灣遠傳電信。

效果：2009年4月中國移動董事長與遠傳電信簽署協議，中國移動將入股遠傳12%的股份。縱信公司的成立代表中國移動實現對臺投資策略的第一步，子公司的成立有助於縮短臺灣開放陸資投資第一類電信事業後入股遠傳的交易時間，加速雙方的業務合作進展。中國移動將與遠傳電信在聯合採購、漫遊、資料、增值服務、網路及技術等方面建立合作關係，雙方也計劃在大陸成立子公司，遠傳進軍大陸電信服務市場。2010年5月臺灣監管部門已正式批准中國移動在臺灣成立全資子公司——縱信股份有限公司。[21]

表4-5 中國移動赴臺投資方式

審批時間	2009年底
大陸投資主體	中國移動
投資形式	入股遠傳12%的股份
投資總額	177.7億元新台幣
註冊資本	200萬元
台開放類型	電子材料批發業
備註	根據縱信在台登記公司資料顯示，位於台北市信義區的縱信資本總額為200萬元，登記的是項目為電子材料批發業

資料來源：根據相關網站資料整理。

第五章 大陸赴臺投資的重點領域

第一節 汽車工業

1.臺灣汽車工業發展概況

臺灣汽車工業的發展進程大致可以1980年代中期為界劃分成兩個階段。80年代以前，臺灣以保護幼稚工業為目的，實施進口替代和出口導向戰略。這一階段雖然實行了較高的保護，但汽車工業並未因此形成自主開發能力，競爭力很弱。80年代中期以來，臺灣經濟實行一系列較為開放的政策，特別是1985年開始實施《六年汽車工業發展方案》，大幅度降低汽車進口關稅，放寬整車裝配廠的設立標準，為汽車企業的競爭創造寬鬆的條件。1992年開始在車型開發、生產及銷售方面努力與國際接軌，特別是汽車零部件開始進入美、日等國市場。臺灣採取積極的產業政策，引導整體素質較好的福特六和、「中華」、國瑞、裕隆、三陽等五家廠商，採取擴大規模、減少車種、降低開發成本等方法提高競爭力，爭取在區域分工中發揮作用，並逐步參與全球汽車產業分工。這一時期，臺灣汽車工業的競爭力有所增強，但國際競爭力仍然較弱。

2009年臺灣汽車產業的總產值估計為新臺幣2490億元，其中汽車整車產值估計為1103.2億元，較2008年同期增長13.8%；零組件產值約為1386.8億元，較2008年同期衰退8.9%。

（1）整車產業競爭力弱

臺灣真正屬於自己單獨發展起來的汽車整車廠幾乎不存在，從一開始就與外資緊密結合。由於地理和歷史的原因，臺灣汽車產業的發展主要是以與日本汽車公司的合作為主，如在臺灣11家汽車廠中，與日本合作的占80%—90%，且日系汽車的市場占有率高達95%，進口汽車絕大部分為日系車，並且進口其零部件。臺灣汽車在與日本汽車公司的合作中，並沒有迅速獲得自己發展所需的各種資源，日本對技術出口的限制使整個臺灣汽車產業到目前為止，對日本汽車技術還有很強的依賴性，甚至迄今沒有自己的汽車整車設計平臺。這些外資廠只是將臺

灣當做滿足本地市場的一個加工基地,並沒有完全帶來母廠擁有的資金、先進的技術和管理以及人才等資源,臺灣的汽車工業充其量只是一個汽車裝配廠。

(2)汽車市場處於飽和

自1994年以來,臺灣汽車市場開始飽和,銷售持續下降,最近15年中市場縮水超過150%,由高峰時期的57.5萬輛,最低下降到2008年的22.9萬輛,創下22年來新低。2008年汽車總銷售量較2007年下滑29%,連續三年下滑,臺灣產汽車下滑幅度超過30%。

受臺灣減徵3萬元貨物稅的刺激計劃以及全球經濟景況漸趨穩定的影響,2009年臺灣汽車市場銷量達294000餘臺,比2008年增長近三成。未來,面對全球車市較大回升和本地許多新車上市,特別是兩岸簽署ECFA框架協議,對臺灣整體汽車產業更是利好。

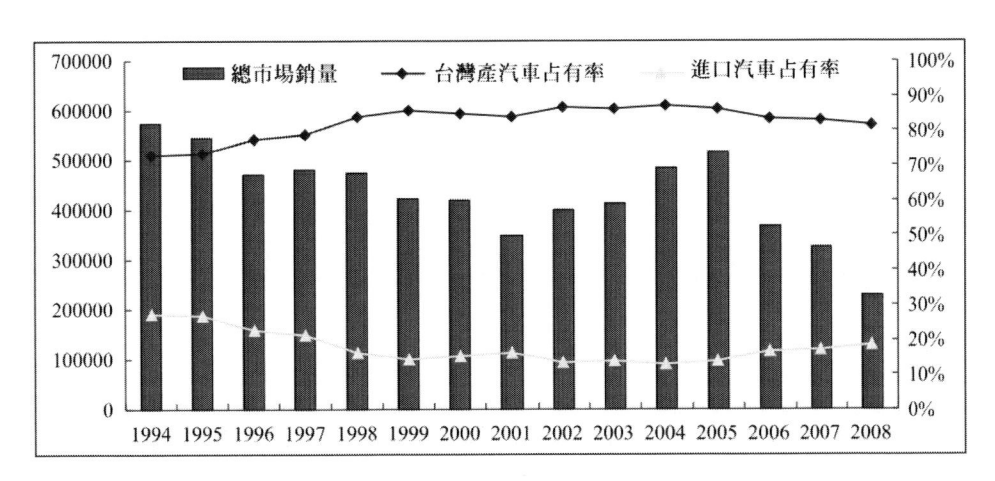

圖5-1 臺灣本地及進口汽車總市場銷售狀況

資料來源:臺灣「交通部」,臺灣車輛工業同業公會整理。

表5-1 臺灣本地及進口汽車總市場銷售狀況

年份	台灣產汽車	進口汽車	合計	增長率
1994年	419772	155727	575499	3.28%
1995年	400983	145651	546634	-5.02%
1996年	364864	105772	470636	-13.90%
1997年	379845	101718	481563	2.32%
1998年	398576	75493	474069	-1.56%
1999年	363066	60474	423540	-10.66%
2000年	356546	63809	420355	-0.75%
2001年	291307	56113	347420	-17.35%
2002年	345211	53671	398882	14.81%
2003年	357285	56629	413914	3.77%
2004年	422410	61882	484292	17.00%
2005年	444470	70157	514627	6.26%
2006年	306388	59928	366316	-28.82%
2007年	271665	55116	326781	-10.79%
2008年	186753	42744	229497	-29.77%
2009年	23910	54900	294000	28.1%

資料來源：臺灣「交通部」，臺灣車輛工業同業公會整理，2009年數據來自臺灣《產業雜誌》，《臺灣汽車產業回顧與展望》，作者王建彬為臺灣工業技術研究院資深特助。

（3）日系品牌主導

由於臺灣汽車整車市場被外國品牌的汽車壟斷，基本沒有本地的品牌。在2008年12月通用汽車撤出後，島內外資品牌中，除日資外還有福特設有工廠，其餘企業均已撤出。在2009年臺灣汽車市場銷量前六位的品牌中，除福特居於第五以外，均為日系品牌，其中和泰豐田總銷量第一，市場占有率達37.9%，「中華三菱」及裕隆日產各居15.6%及11.3%，分屬第二及第三名，第四、五、

六名則各為臺灣本田、福特六和、臺灣馬自達；進口車方面，豐田和泰以21776臺、市場占有率36%奪得第一，但總量居第二的臺灣奔馳，卻是豪華車的銷售冠軍，其他分居第三、四、五、六名者，分別為福斯標達、寶馬泛德、鈴木及馬自達。

表5-2 2011年臺灣汽車及其零件業優質企業綜指排名情況

排名	企業	排名	企業
1	國瑞汽車股份有限公司	6	帝寶工業股份有限公司
2	裕隆汽車製造股份有限公司	7	堤維西交通工業股份有限公司
3	「中華汽車工業股份有限公司」	8	台灣電綜股份有限公司
4	福特六和汽車股份有限公司	9	恆耀工業股份有限公司
5	東陽實業廠股份有限公司	10	信昌機械廠股份有限公司

資料來源：「中華徵信所」。

臺灣的小汽車關稅從1985年65%逐年降至1991年的30%，2002年加入WTO後再逐年調降至2008年的19.8%，但1998年以來臺灣產小汽車市場占有率仍維持在82%以上。

（4）汽車零部件具有一定的國際競爭力

臺灣汽車產業上游零部件體系在整車生產的帶動下，形成少量多樣、彈性製造的專業細化分工模式，零部件研發力量和品質也已具有一定的國際競爭力，零部件的發展前景要遠遠好於整車。2008年臺灣汽車零組件外銷金額達新臺幣1526億元，增長3.18%，相當於35萬輛經濟型轎車的價值。

由於臺灣島內汽車市場規模有限，臺灣汽車零部件大多銷往北美、歐洲及中國大陸等地，而且外銷金額持續擴大，零組件產業國際競爭力較強，主要外銷產品有鈑金件、輪圈、車身、發動機與剎車零件以及碰撞零件等，並以供應汽車售後服務市場為主，且在全球售後服務市場占據重要份額。

（5）汽車電子優勢明顯

臺灣汽車產業在系統化的零部件製造、電子控製器及車用電子領域等方面更具優勢。近年來，臺灣汽車電子的發展，呈現出功能多樣化、技術一體化、系統集成化和通訊網路化的特點，在GPS導航系統、CAN-BUS總線、自動變速控制系統、防盜系統、車載TV、汽車空調、安全氣囊、檢測總線等方面，都可以與國際汽車零部件巨頭齊頭並進。臺灣多家工業電腦廠商已全面進軍車用電子控制類產品領域，並取得了不俗的市場業績。

2.陸資進入相關領域的機會分析

（1）高端汽車：進入風險較大

首先，與大陸相比，臺灣市場的狹小將是陸資入臺的最大風險。臺灣全島僅2300多萬人口，作為一個獨立市場，市場需求幾近飽和，發展空間十分有限；其次，由於臺灣並無強勢的自主品牌和領先的核心技術，日系合資公司已占據主導，臺灣市場實際成了跨國公司的競技場，競爭十分激烈。最後，大陸高端品牌入臺能否被接受面臨風險，即使是大陸的合資企業赴臺投資也顯得不現實，因為日系車的競爭力極強，歐美汽車巨頭一直進入不了臺灣市場。

（2）低端汽車：消費潛力有待挖掘

臺灣本土汽車企業的弱勢，使臺灣低端汽車市場一直是空白，畢竟對於豐田等跨國企業而言，在中高端市場能獲取更多的利潤。可見，在低端汽車市場，臺灣巨大的消費潛力還沒有被挖掘。臺灣摩托車密度為世界第一，2300萬人口中摩托車的數量竟超過了1400萬輛。與之相反，大陸的自主品牌企業在中低端市場有較大的價格優勢，尤其是吉利、奇瑞這樣的民營企業，其產品價位最高也就七八萬元人民幣。一旦奇瑞、吉利這樣的大陸自主品牌企業進入臺灣，並能維持其質量穩定性，在臺灣市場贏得一定的口碑，很可能直接促使1400萬摩托車一族升級為有車族。

（3）電動汽車：市場前景較好

2010年臺灣已將電動汽車納入新興產業重點項目，臺灣「經濟部」隨即推動「電動汽車發展方案」，給予電動車貨物稅全免，及購買新車現金補貼或貸款

利息補貼，未來現金補貼額度約在20—30萬元，爭取六年達到6.5萬輛銷售量的目標，帶動電動汽車產值約2000億元，包括整車、馬達、電池等零組件產值。臺灣在電動汽車特別是在動力電池關鍵技術、關鍵材料和產品研發等方面與島外先進水平比較總體相當。考慮到大陸電動汽車的比較優勢，臺灣的電動汽車市場需求對大陸有競爭力的企業來說是一個較好的投資機會。

（4）汽車電子：參股聯合開發新產品和技術

臺灣具有車用電子產業的優勢，其具有全球競爭力的電子產業供應鏈，是全球資訊通訊產品的主要供應來源，有完整的電子零部件及機電產業集群，擁有電子零部件研發及製造能力、快速有效的科技整合能力、穩定的工程技術及大量的生產從業人員。中國大陸汽車電子產品與國際先進水平相比，要落後10—15年，主要差距是在電子控制單元的軟硬體、系統的可靠性和控制精度方面。國產汽車的電子技術應用多數還處於初級階段，只有少數廠家，主要集中在一些中外合資的汽車上，開始採用電子控制裝置。對大陸的汽車電子廠商來說最緊迫的就是加強技術研發和新產品開發，向汽車產業鏈條中高科技含量、高附加值的環節發展。因此，大陸企業可以利用大陸的市場優勢，參股投資臺灣的汽車電子企業，聯合研發新產品和技術，增強大陸汽車企業在全球的競爭力。

第二節 機械工業

1.臺灣機械工業發展概況

臺灣機械工業自1980年代起，就被列為戰略性工業，在產業融資、稅收及技術等方面，給予相應優惠及協助。進入1990年代，面對經濟全球化發展的大趨勢，臺灣成立推動「亞太製造中心」，並於1996年配合成立「精密機械工業推動小組」，分別針對精密機床、半導體製造設備、高科技汙染防治設備、醫療保健儀器設備及關鍵機械零組件研製等五項重點工作來推動。從整個機械工業分布上來看，臺灣北部地區以模具、紡織機械為主，中部地區為機床、機械零部件、木工機械等產業大本營，南部地區則全力發展塑料橡膠機械、農業機械與皮革與製鞋機械等。

歷經了30多年的發展，臺灣生產機械產品已在國際市場上占有舉足輕重的地位，在機床工業、金屬模具加工業、食品飲料機械領域具有世界級水準，機械工業已成為促進臺灣經濟發展的支柱性產業。在2010年6月20日簽訂的ECFA早期收穫清單中，臺灣機械工業被納入了107項產品，在ECFA生效後，這將對其機械工業的後續發展注入強勁的動力。

臺灣機械工業自1982年至2008年間，產業發展迅猛，產值從新臺幣766億元提升至2008年的7840億元。根據臺灣機器公會的統計，受全球經濟危機嚴重影響，2009年臺灣一般機械工業產值比去年增長-32.2%，為5315億元新臺幣，整體機械產業產值為新臺幣3984.8億元，較2008年衰退34.6%。

（1）機械產品以外銷為主

由於基礎工業不夠強大及本地市場規模存在嚴重瓶頸，臺灣機械工業發展受到極大制約，主要以外銷為導向，目前平約出口比率占七成，內銷占三成，但有些機種外銷比率高達八成多，主要銷往中國大陸、中國香港、美國、日本、越南等國家和地區。

表5-3 2007—2009年臺灣一般機械產品主要出口國家

單位：百萬新台幣

2009排名	國家或地區	2009年 金額	2009年 比率%	2008年 金額	2008年 比率%	2007年 金額	2007年 比率%
1	中國大陸+香港	103392	27.6%	142623	27.3%	161525	31.9%
2	美國	61245	16.4%	82756	15.9%	79025	15.6%
3	日本	24126	6.4%	31321	6.0%	27730	5.5%
4	越南	14508	3.9%	19880	3.8%	16333	3.2%
5	泰國	13996	3.7%	16604	3.2%	16176	3.2%
6	德國	10632	2.8%	20444	3.9%	16691	3.3%
7	印度	10546	2.8%	12383	2.4%	10752	2.1%
8	印尼	9640	2.6%	13661	2.6%	11252	2.2%
9	馬來西亞	9256	2.5%	12726	2.4%	11492	2.3%
10	韓國	7364	2.0%	9802	1.9%	8924	1.8%
11	新加坡	7335	2.0%	8259	1.6%	6563	1.3%
12	菲律賓	6002	1.6%	4243	0.8%		
13	加拿大	5690	1.5%	6954	1.3%	7307	1.4%
14	英國	5584	1.5%	8615	1.7%	9043	1.8%
15	巴西	5296	1.4%	9281	1.8%	5700	1.1%
16	澳洲	5178	1.4%	6531	1.3%	6436	1.3%
17	荷蘭	5123	1.4%	8439	1.6%	8048	1.6%
18	義大利	4785	1.3%	10631	2.0%	9266	1.8%
	其他	64374	17.2%	96787	18.5%	93519	18.5%
	合計	374072	100.0%	521940	100.0%	505782	100.0%

資料來源：臺灣海關統計年報2009。

受全球經濟危機嚴重影響，2009年1—12月臺灣機械設備出口大幅減少，據臺灣海關統計，出口值為新臺幣3740億元，較2008年同期增長-28.3%。出口值排名前三的產品依次為：工具機產品出口值　　575億元，較　　2008年同期增

長-51.2%；塑橡膠機械類出口值為246億元，較2008年同期增長-27.3%；特殊功能機械排名第三位，出口值為242億元，較2008年同期增長-39.6%

（2）注重產業的戰略聯盟

面對競爭愈來愈激烈的經營環境，一方面，臺灣的機械製造商為創造更佳的發展空間，許多製造商分別以合組貿易公司、共同組團參加島外展覽、籌組廠商聯誼會、合組售後服務系統以及合作接單後分別生產等方式，以達到雙方互利的目的；另一方面，為縮短技術開發過程，推動產業升級，臺灣的機械製造商透過購併島外公司或與島外廠商合資，成為島外廠商委託製造廠商，以及聘請技術人員來臺擔任技術顧問等策略，從全面的整合中來提高競爭力，鞏固並強化其機械產品的競爭優勢。

（3）產業配套體系完整

在臺灣機械工業現有的生產、加工體系中，所有機械零部件都可以在臺灣完成供貨，基本部件如軸承、齒輪、鋼材、電控組件等，在一定質量要求下皆可供應。而且機械零組件產業已實現集群發展，主要分布於中部地區（72%），北部地區（16%），南部地區（12%），相關零部件供應商及各種生產加工廠商多半集中在半徑20公里的區域內，使其生產的機械產品無論在交貨、零配件的供應、售後服務效率，甚至於產品質量等方面，均具有較強的競爭優勢。

（4）關鍵零部件競爭力不強

近年來，臺灣機械產品在技術革新、產品研發等方面有了長足的進步，產品質量已具有一定水平，但是關鍵零部件的穩定性、加工精確度、使用壽命、生產效率、系統整合能力、振動噪音及安全性設計等方面遠落後日本、美國與德國等機械製造大國，亟待加強。所以，臺灣的機械工業雖然在零部件供應及產業配套體繫上相當完整，但是所需的關鍵零部件仍需大量倚賴進口，導致其競爭力相對不高。

（5）機床產品具備較強競爭力

臺灣機床的品質、性能、價格在世界上具有相對的競爭優勢。臺灣有1400

多家機床製造商，這些廠商經過幾十年的全球市場考驗，仿創結合，不斷開發廉價實用量大面廣的數控機床，關鍵部件優先購置世界名牌產品，一般的則自行改裝，提高精度和效率，講究「實用、實效和實惠」。其數控機床性能上略低於日本，但價格上要比同類日本機床低得多，從而以較高的性價比在世界機床市場上成為適銷產品。目前，臺灣的機床製造商不斷加強與臺灣機械工業研究院的合作，研發運動控制芯片，主要應用於五軸加工機等高端機床。整體而言，目前臺灣的機床產品正朝高速、次微米系統、次世代機種等高端技術方向發展。

2008年，臺灣機床產業（金屬切削工具機和其他金屬加工用機械設備）產值為新臺幣1446億元，位居全球第五。2009年由於金融危機的影響，機床產值衰退47%，僅實現新臺幣674億元。

2.陸資進入相關領域的機會分析

（1）機床：攜手研發高檔數控機床

中國大陸是全球最大的機床工具消費主體，最近幾年大陸機床企業增長迅速，在產量方面也已經超過臺灣機床企業，但總體而言，在品質方面大陸機床企業與臺灣企業相比還是有一定的差距，整個行業大而不強，高檔產品明顯不足。目前國產機床的大陸市場占有率雖然已經提高到61%，但是高檔數控機床、高檔數控機床部件、高檔數控系統和刀具在大陸市場占有率還不到10%。

此外，基礎零部件的生產研發是大陸裝備製造行業大多數企業的「短腿」。國外供應商企業在基礎零部件供給、價格、供貨期、規格等多方面陸續開始對大陸採取限制。在這樣的情況下，機床行業的大部分利潤要被進口零部件供應商吃掉。為此，盡快解決關鍵、核心零部件長期依賴進口、受制於人的局面，是大陸與臺灣機床生產企業所面臨的共同問題。

所以，大陸企業可以透過兼併或者參股技術研發能力強、品牌知名度高、國際營銷網路健全的臺灣機床企業，設立合資企業，建立共同的研發中心，攜手突破高檔數控機床和關鍵功能部件被日本、德國、瑞士等國的廠商壟斷的不利局面，推動兩岸機床工業實現升級。

（2）塑橡膠機械：共同開發國際新興市場

臺灣目前塑橡膠機械生產廠商約有200—250 家，雖多數是中小型企業，但是技術發展成熟，注塑成型機所使用的模具，有些在性能上更是超越了日本製造的相關產品，同時擠出螺桿系統的設計及技術也得到很大的提升。臺灣廠商開發的其他高附加值產品還包括：用來生產PE及PP泡沫材料的泡沫成型機，可加工木屑與塑料混合擠出機，生產PS隔熱材料及保護水管的PE、PP薄膜的機械，制袋機，以及各種高速複合注塑機。

目前，臺灣塑橡膠機械行業年總產值約新臺幣400億元，而外銷比重較高，已達82%，主要外銷國家及地區依2008年出口值依序為大陸與香港、印度、越南、泰國、印度尼西亞、日本、馬來西亞、土耳其、巴西、美國等。臺灣的塑橡膠機械所面臨的最大問題，就是出口市場過度集中在大陸與東南亞地區，目前大陸約占出口值31%左右，而東南亞則占出口25%左右。因此，新興消費主力市場如印度、埃及、沙特阿拉伯、伊朗、斯里蘭卡、孟加拉國、巴西、阿根廷、波蘭、俄羅斯等可以進一步拓展。大陸企業可以投資臺灣的塑橡膠機械業，利用臺灣本地企業的技術、銷售優勢，加強合作並共同開發潛力巨大的新興市場。

（3）木工機械：優勢互補，建立國際銷售渠道

臺灣是全球最主要的木工機械生產地區之一，生產排名居全球第四位，僅次於德國、義大利、美國，而出口更居第三位，僅次於德國、美國。臺灣木工機械產業是世界上發展最成功的木工機械產業之一。

臺灣木工機械在技術和質量方面對大陸保持了很長一段時間的優勢。中國大陸改革開放後，巨大的市場需求使一些優秀的私營木工機械企業崛起，帶動了木工機械行業的質量和技術的飛速發展。中國大陸透過吸收國外先進的設計和製造技術，產品質量性能迅速提高，大大縮短了與先進國家和地區的差距，目前正在追趕臺灣木工機械產品的製造水平。以往臺灣木工機械行業都認為其技術領先大陸5—10年，但近年來大陸技術和質量飛快進步，情況正在發生變化。受市場和本地製造水平的影響，臺灣與大陸的木工機械的技術含量各有不同。臺灣在小型木工機械和應用新技術方面仍具有領先大陸之處。而大陸在大型木工機械，尤其

是人造板機械方面都要優於臺灣。

　　大陸與臺灣木工機械在設計製造過程中仍存在一些差距,主要表現在:一是臺灣產品以外銷為主,在滿足客戶需求上較為靈活。透過密切的對外聯繫和參加國際展覽,能緊跟國際發展的新潮流。二是在產品標準方面,臺灣木工機械廠標準制定都比較完善,這對提高產品質量和出口產生了積極的影響。大陸在標準制定方面仍存有明顯的滯後,一些產品仍沒制定出國家標準。三是在國際認證方面,臺灣廠商普遍通過了歐洲的CE認證,產品可以直接打入歐美市場,而大陸方面只有部分企業通過了CE認證。

　　因此,大陸企業應與臺灣企業優勢互補,建立共同的國際銷售渠道,並攜手開拓歐美市場。

第三節 電子工業

1.臺灣電子工業發展概況

(1)電子資訊產業在世界上居於舉足輕重地位

　　經過數十年的發展壯大,臺灣的電子資訊產業在世界上占有重要地位。據2008年的統計數據顯示,臺灣筆記本電腦產量11238.3萬臺,約占全球總需求量的92.4%,電腦、外圍設備及相關配套產品中有10項產品,包括監視器、主機板、不間斷電源、掃描儀、繪圖卡、鍵盤、聲卡、集線器、數據機、網卡等市場占有率高居全球榜首,其中有九項產品全球市場占有率高達60%以上。半導體產業產值僅次於日本,居世界第二位。另外,臺灣電子元器件產業結構完整,並且在不斷研發更新科技含量更高的關鍵零配組件,用於手機、WLAN、藍牙和IT產品的組件推動了臺灣電子元器件產業的快速增長,2008年臺灣僅憑島內生產的電子組件,產值就達到1030億美元,占全球的11%,如果加上海外地區的產量則電子組件產值占全球市場的比例可達16%,排在日本與大陸之後,是全球第三大電子元器件生產中心。此外,臺灣生產的可攜式導航設備產值在全球市場占有率高達96%,產量的全球市場占有率達89%。

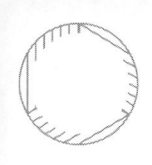

表5-4 2008年臺灣製造世界排名第一的電子資訊類產品

名稱	產值 金額：百萬美元	全球占有率%	產量 數量	占有率%	備註
筆記型電腦	57309	92	112383 千台	92.4	
LCD Monitor	16484	68.4	111116 千台	69.6	
晶圓代工	13918	67.2	67728 千片	67.2	
主機板	6609	93.5	135914 千片	92.4	
IC封裝	7211	45.2	142 億顆	45.2	
可攜式導航裝置	3575	96	39461 千台	89	
服務器(系統產品和主板)	3283	5.5	7559 千台	86.9	以產量排名第一

資料來源：臺灣「經濟部」工業局網站。

（2）電子資訊產業外移

1990年代中期以前，個人電腦系統、主機板、監視器、掃描器乃至鍵盤、鼠標等是臺灣電子資訊產業的主力產品，這些產品以低成本作為主要競爭優勢。但隨著島內生產成本的不斷上升以及大陸生產能力的迅速提高，臺灣一般電子資訊下游產品的競爭優勢在不斷喪失。因而，90年代後期以後，臺灣電子資訊產業開始大規模外移。在1994年，臺灣電子資訊硬體產業的海內外生產總值為115.8億美元，其中海外生產值為30.03億美元，占整體產值的20.6%。而2000年海外產值達到38.6%，首次超過臺灣本土產值。到2008年，臺灣資訊硬體產業在大陸製造的比重擴大至接近56%。

（3）以高科技園區為核心，營造良好的產業發展環境

為了適應電子資訊產業的高速發展，從1970年代中期開始，臺灣就籌劃建立自己的「矽谷」。臺灣電子資訊產業的發展是以發展園區為先導，透過努力營造有利於電子資訊產業發展良好的資金、技術轉化和人才環境。著名的臺灣新竹科學工業園區是臺灣資訊產業的主要集聚地，已經成為著名的十大科學園區之

一，為臺灣資訊產業的發展提供了一個良好的資金、技術和人才環境。1990年代後期以來，臺灣積極改變電子資訊產業的分工布局，分別提出在北部的臺北市興建「南港軟體工業園區」，在中部的雲林縣興建科技工業區，在臺南縣興建臺南科學工業園區以及在臺南市建立臺南科技工業區，這些園區的興建改變了電子資訊產業高度集中於北部的格局，從而形成了臺灣北、中、南三大電子資訊產業園區。

（4）IC產業具備國際影響力

臺灣IC產業發展起步於1960年代中期的IC封裝業，經過40餘年的長足發展，目前已形成以晶圓製造（代工）為基礎，以DRAM產品為主軸，以晶圓設計、製造、封裝為體系，以新竹科學工業園區為集中地的產業格局。臺灣工研院產經中心調查顯示，2009年臺灣整體IC產業產值（含設計、製造、封裝、測試）達新臺幣12497億元，排在日本之後，位居世界第二。其中設計業產值為新臺幣3859億元，較2008年增長2.9%，僅次於美國，位居世界第二；製造業為新臺幣5766億元，位居美國、日本、韓國之後，居世界第四；封裝業為新臺幣1996億元，位居世界第一；測試業為新臺幣876億元，穩居世界第一位。

（5）壟斷全球筆記本電腦代工

1990年代以來，經濟全球化已成為世界經濟發展的重大特徵和趨勢，企業所面臨的競爭日益加劇。戴爾（DELL）、惠普（HP）和蘋果（APPLE）等國際品牌的筆記本電腦知名企業在市場競爭的需要下，紛紛將生產和研發甚至物流外包給臺灣代工廠商。除日本廠家仍然堅持自己生產部分筆記本電腦外，其他國際品牌製造商都將筆記本電腦的生產外包給臺灣代工廠商。2008年臺灣廠商筆記本電腦產量占全球產量的92%，占全球筆記本電腦代工總量的95%以上，其中戴爾（DELL）和惠普（HP）筆記本產量的65%，蘋果（APPLE）筆記本產量的50%均是由臺灣代工的。

（6）進軍新興消費性電子和移動通訊領域

臺灣已經選定SOC、光存儲、數位影像產品、發光器件、光通訊器件及MEMS、無線通訊與光通訊等為重點進行研發和生產，臺灣「經濟部」還資助日

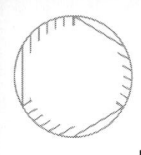

月光半導體等四家廠商組成研發聯盟，促進手機與數碼相機的功能結合，提升產業技術水平。島內廠商與一些傳統大廠，如數位消費電子領域的索尼、松下等，移動通訊的諾基亞、摩托羅拉等廠商建立了合作關係。

（7）大力發展軟性電子產品

由於電子商品可能向軟性化方向發展，朝可繞式的電子組件發展，如智慧卡、電子報紙、電子書、超薄手機、腕帶式數字錶等，軟性電子將對全球資訊電子業產生革命性變革。目前各國軟性電子研發還處於起步階段，臺灣整合顯示器、電子電路、軟性構裝等領域的技術，掌握關鍵知識產權，並逐步將其商業化，推動臺灣成為全球軟性電子設計與技術研發中心。

（8）基礎技術薄弱，代工利潤下降

基礎技術是電子資訊產業技術發展的基石。特別是1980年代以來，電子資訊產品之所以能表現出日新月異的發展，全賴於基礎技術為其開闢道路。由於臺灣企業規模大多以中小型企業為主，研發投入相對不足，所以基礎技術領域是臺灣的一大弱點，只能說臺灣是在英特爾、微軟等國際著名公司的「大傘」下做了些改良工作，沒有自己獨特的技術。從種子技術到關鍵組件，至今仍無法擺脫對工業發達國家的依賴。由於基礎技術薄弱、關鍵零配件完全依賴進口，只能透過創造附加值來獲得利潤。而附加價值的空間是很有限的，造成了臺灣代工工廠的邊際利潤不斷下降。

2.陸資進入相關領域的機會分析

（1）筆記本電腦：優勢互補，前景看好

臺灣筆記本電腦製造商的生產線已基本上轉移到大陸，臺灣12 大筆記本電腦代工廠商都在大陸長三角地區建立了生產基地，像仁和、志寶、大眾等基本將全部的生產能力都搬往大陸，島內企業將主要負責產品的相關營銷和研發。

相對大陸企業而言，臺灣的筆記本電腦製造商有三個優勢：一是能同時為多個國際知名品牌代工，擁有規模經濟優勢；二是創新研發能力強；三是擁有建立全球運籌系統的經驗。臺灣製造商長期從事OEM和ODM創新技術的開發，代工技

術很強,產品品質高。大陸相關企業可以利用臺灣筆記本電腦製造商的這些優勢,投資建立共同的研發中心,發展品牌,打造高端和特色產品,開闢國際市場。

(2) IC產業:資源整合,潛力巨大

臺灣半導體產業的產業鏈非常完整,產業集聚效益難以超越。在臺灣,半導體產業被區分為四大部分,即上游的設計、中游的代工製造與下游的封裝與測試,各類公司分工明確,相互協作,各具優勢。其中從事設計的約150家,代工約20家,封裝約50家,測試約40家。臺灣除代工業做得非常出色外,在下游的封裝與測試方面,也擁有世界第一大的日月光公司與第三大的矽品精密公司。而設計公司方面,已從早期侷限於消費類逐步發展到了資訊類、網路類、通訊類等多種用途,全球規模僅次於美國。目前以臺積電與日月光、聯電與矽品精密兩大主幹為基礎,以新竹、高雄與臺中三大科技園區為中心,聚集了眾多的半導體相關公司,產品從最基本材料的單晶矽與多晶矽到成品的內存模塊,以及眾多零配附件,具有非常完整的半導體生產鏈,其所具有的技術與成本優勢非短時間所能複製。

大陸的半導體產業整體上落後於臺灣,但由於政策的扶持與資金的巨額投入,大陸半導體的製造工藝與國際先進水準將日益縮小。目前,已經形成了半導體設計、晶圓製造、封測、設備材料企業以及下游整機生產完整的半導體產業鏈。此外,大陸市場規模龐大,目前占全球芯片28%的使用量,為全球之最。因此,大陸企業應利用市場與政策優勢,投資參股臺灣的半導體製造工業,開展兩岸研發合作,發展自主知識產權,從而推動兩岸IC產業整合發展。

(3) 移動電話:藉助優勢,積極進入

中國大陸手機生產總量從2001年的7954萬部發展到2009年的61925萬部,增長了8倍,占據2009年世界手機生產總量的一半。但整個手機產業的經濟效益卻比較低下。缺乏核心技術與自主知識產權,大部分手機平臺、芯片、嵌入式內存、PCB板、相機模組等基本依賴進口,手機產業鏈發展十分不完善。目前,大陸整個手機行業基本被諾基亞、三星、索愛等國外品牌壟斷。

臺灣的廠商例如HTC宏達電、ASUS、OKWAP、BenQ等在手機生產與研發設計方面擁有一定的優勢，大陸廠商應藉助3G機遇，利用TD-SCDMA是國際公認的3G通訊三大標準之一的契機，加強兩岸合作，積極進入臺灣的手機產業，發揮各自優勢，透過兩者的結合爭取創造1＋1＞2的效果，逐漸打破手機市場被國外品牌壟斷的局面。其中，中國移動和宏達電合作就是一次有益嘗試，前者出資4700萬人民幣，聯手後者研發生產手機終端。

隨著智慧型手機當道，兩岸智慧型手機的內需出貨量占比也快速上升。臺灣智慧型手機出貨量占比率先在2011年就突破50%，達到了54%，2012年上半年的智慧型手機出貨量更攀升到75%。大陸智慧型手機市場出貨量占比則由2010年的11%上升到2011年的26%，到2012年上半年也已達49%。同時自2012年4月起智慧型手機出貨量也已超越功能型手機。預計不久的將來大陸智慧型手機市場出貨量可達2億，成為全球最大智慧型手機市場。今後，兩岸應著力強化在智慧手機方面的合作與發展。

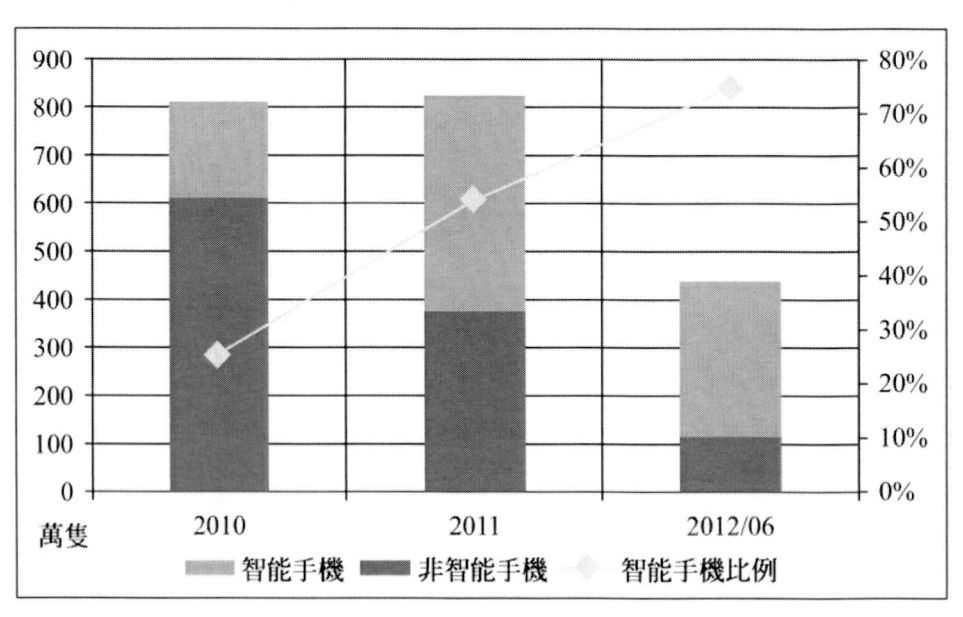

圖5-2 2010—2012年上半年臺灣智慧手機市場占比情況

資料來源：「中華徵信所」。

（4）軟體產業：兩岸聯合，走向世界

目前，臺灣已有軟體企業千餘家，但規模均較小，並缺乏基礎研究實力，軟體產業整體上未形成氣候。臺灣軟體工業的發展較為薄弱，其產值與硬體工業相去甚遠，而且廠商規模偏小，軟體研發人才極度缺乏，難以開發新興軟體技術，只是跟隨先進國家或地區緩慢發展。軟體工業主要包括套裝軟體、系統整合、轉鑰系統、專業服務、網路服務及資料處理服務等。臺灣軟體工業以內銷為主，但近年來也有少量產品出口。

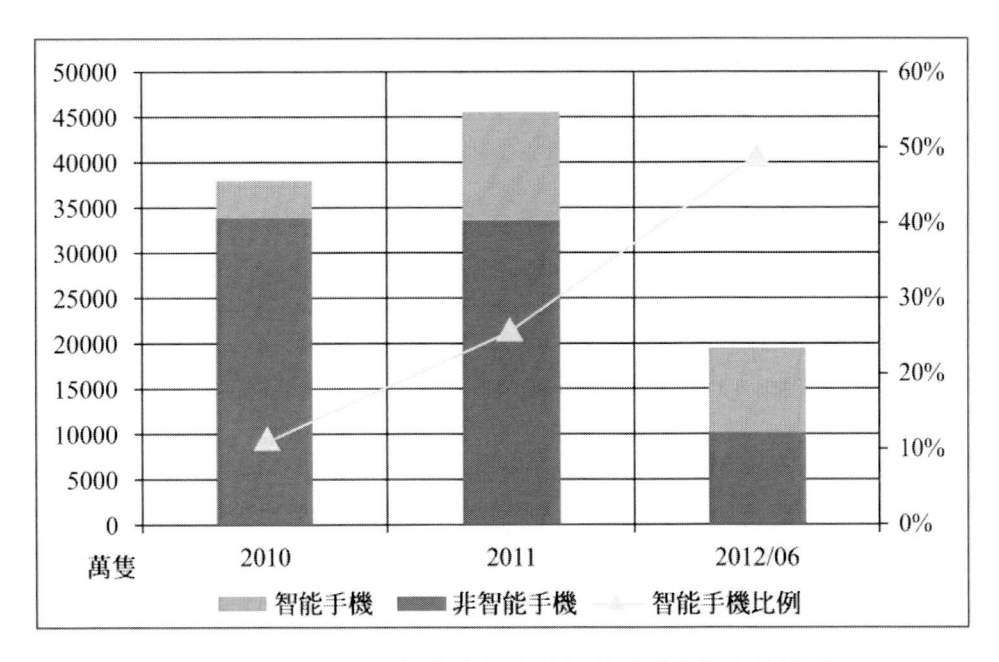

圖5-3 2010—2012年上半年大陸智慧手機市場占比情況

資料來源：「中華徵信所」。

近年來，大陸軟體產業發展十分迅速，呈現跳躍式成長狀態，主要具備以下幾個方面的優勢：豐沛的研發人才，龐大的軟體市場，雄厚的研發實力。在國家政策的大力扶持下，2009年，大陸軟體服務業的收入為9970億元，是2000年的16倍。軟體出口達到196億美元，是2000年的49倍。受國際金融危機的影響，2011年軟體產業的增速有所放緩，出口有所下降，但業務收入增速在 2011年依然高達25.6%，體現出新興產業的勃勃生機和競爭力眾多的軟體研發機構成功地推動了軟體技術的成熟與發展。但是，還要看到大陸軟體產業中企業規模總體偏小，缺乏能與國際級大公司相抗爭的大型企業，隨著跨國軟體公司大舉進軍大陸市場，大陸優勢軟體企業也面臨被跨國公司收購的壓力。因此，大陸的相關軟體企業應積極兼併、收購臺灣企業，設立研發中心，從而不斷開拓國際市場，做強做大軟體產業。

第四節 紡織工業

1.臺灣紡織工業發展概況

臺灣紡織工業早期主要以進口原料加工出口為主，進而轉到以石化工業提供原料為基礎，配合進口天然棉與人造纖維棉，發展出上中下游完整的生產體系，包括人纖製造、紡紗、織布、染整、成衣及服飾品等產業。自1950年代起，臺灣紡織工業歷經50餘年的發展與增長，透過不斷研發新產品、更新生產設備、拓展國際市場，目前已成為臺灣產業結構中最完整的生產體系，臺灣紡織品也已成為世界紡織品消費市場主要供應來源之一。

受國際金融危機的影響，2009年臺灣紡織業產值僅為新臺幣3748億元，較2008年的4467億元減少19.2%，其中人造纖維業的產值為1029億元，較2008年衰退15.4%，占整體紡織業產值比重為28%；紡織業的產值為2381億元，雖然衰退幅度較人造纖維業緩和，但也達到15.1%的衰退幅度，但仍占整體紡織業產值最高比重達65%；成衣及服飾品業產值為247億元，較2008年衰退22.5%，占整體紡織業產值比重7%。

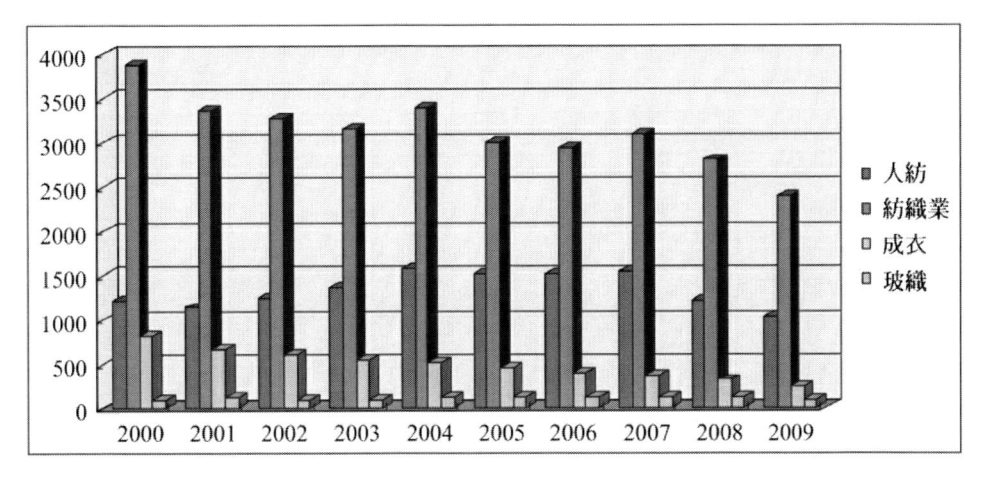

图5-4 近10年台湾纺织业产值状况　　单位：亿新台币

资料来源：台湾「经济部」。

2009年台湾纺织产业出口值为93.5亿美元，较2008年减少16.6%；进口值为21.9亿美元，较2008年减少23.2%，但贸易顺差仍达71.6亿美元，为台湾第四大贸易顺差产业。

表5-5 2000—2009年台湾纺织业进出口值及贸易顺差金额

单位：亿美元

年份	纺织业出口值 A	纺织业进口值 B	纺织业贸易顺差金额 C＝A-B	贸易顺差金额 D
2000	152.2	28.9	123.2	83.7
2001	126.4	23.6	102.8	183.4

续表

年份	紡織業出口值 A	紡織業進口值 B	紡織業貿易順差金額 C＝A-B	貿易順差金額 D
2002	121.4	24.7	96.8	220.7
2003	118.8	24.0	94.8	225.9
2004	125.3	26.8	98.5	136.1
2005	118.1	26.1	92.0	158.1
2006	117.6	27.0	90.6	213.2
2007	116.0	26.5	89.5	274.3
2008	109.0	27.0	82.0	148.3
2009	93.5	21.9	71.6	290.4

資料來源：臺灣「經濟部」工業局。

（1）勞動加工成本高

臺灣紡織業2008年平均勞動成本為每小時7.89美元，較2007年的7.64美元增長3.3%；而大陸因為人民幣升值與新勞動合約法實施，沿海及內地每小時勞動成本分別為1.88、1.44美元，較2007年的0.85、0.55美元，增長一倍以上，但因勞動效率高，與臺灣相比極具競爭力。

（2）高度外銷導向產業

臺灣紡織業為高度外銷導向產業。2009年臺灣紡織品第一大出口市場為大陸，出口值達20.63億美元，占紡織品出口值的22%，較2008年同期衰退2%；其他主要出口市場依序為香港、越南、美國、歐盟。上述五大市場共計占臺灣紡織品出口值的64%，其中大陸與香港合計占臺灣紡織業出口比重達33%。

表5-6 2009年臺灣紡織品主要出口市場

排名	主要出口市場	出口值(億美元)	占總出口值比重(%)	同期比較(%)
1	中國大陸	20.63	22	-2
2	香港	12.70	14	-27
3	越南	11.75	13	-7
4	美國	8.47	9	-26
5	歐盟	5.27	6	-18
	合計	58.82	64	-15

資料來源：臺灣海關進出口統計。

（3）對大陸貿易依賴度高

2009年臺灣紡織品的主要進口市場為大陸及香港，二者紡織品進口值占總進口值比重的45%。同時，以紡織品進口值占產值比重計算紡織品進口依存度而言，近年來，臺灣紡織品自大陸進口依存度有所增加，由2005年的26%發展到2008年的32%。而紡織品對大陸出口的依存度有所降低，由2005年的39%降至2008年的35%。

表5-7 2009年臺灣紡織品主要進口市場

排名	主要進口市場	進口值(億美元)	占總進口值比重(%)	同期比較(%)
1	中國大陸	7.83	34	-6
2	香港	2.33	11	-28
3	越南	2.00	9	-22
4	美國	1.82	8	-11
5	歐盟	1.59	7	-28
	合計	15.12	69	-16

資料來源：臺灣「經濟部」。

（4）出口以紡織品為主，進口則主要以成衣為主

從臺灣紡織品進出口結構來看，臺灣出口主要以紡織品（紗線面料）為主，進口則主要以成衣為主。相比而言，大陸出口主要以服裝為主，從臺灣進口的主要是紡織品（紗線面料），成衣很少。此外大量進口化纖單體、化學短纖及紡織機械。由此可見，臺灣紡織業的技術優勢與大陸相比十分明顯。

（5）產業集聚發展

臺灣紡織產業島內分布較為平均，經過多年發展已形成多個產業集聚區：化纖原料大廠分布在臺灣北、中、南部，涵蓋全島，提供世界級價低且高品質的化纖原料；在北部，林口、樹林、龜山一帶主要以針織及加工絲業為主，桃園一帶主要以染整業為主；在中部，彰化和美一帶主要以梭織業為主，彰化社頭一帶則以襪業為主；在南部，臺南一帶主要以梭織及成衣業為主。2007年臺灣紡織產業營運中企業總計4519家，其中，紡織業3565家，服裝及服飾品業1244家，人造纖維業49家。

（6）產業供應鏈完整且具有競爭力

臺灣紡織產業具有上中下游整體一貫的產銷體系（人纖製造—紡紗—織布—染整—成衣及服飾品），注重以上游生產製造優勢，帶動中下游產品的開發；且臺灣紡織業具有豐富的技術創新能力和準確分析消費形態變化的能力，同時具有引領客戶需求的設計創意、完整的海外生產布局與管理能力、彈性的上下游產業集聚整合能力以及完整的跨國採購、製造、運籌管理能力。

（7）產業向「機能性及產業用紡織品」方向轉型

往高附加價值的產業用紡織品及機能性紡織品轉型是目前臺灣紡織業發展的方向。具體來說，是以「提升產業用紡織品產值，促進產業結構改善」與「確保衣著及家飾用紡織品產值，發展差異化及高值化產品」為主要發展方向，打造全球機能性及產業用紡織品的生產重鎮。2008年，臺灣紡織業實現產值4467億新臺幣，衣著用、家飾用、產業用這三類產業結構比為66：13：21。2015年目標產值為5800億新臺幣，使產業結構比調整為50：17：33。

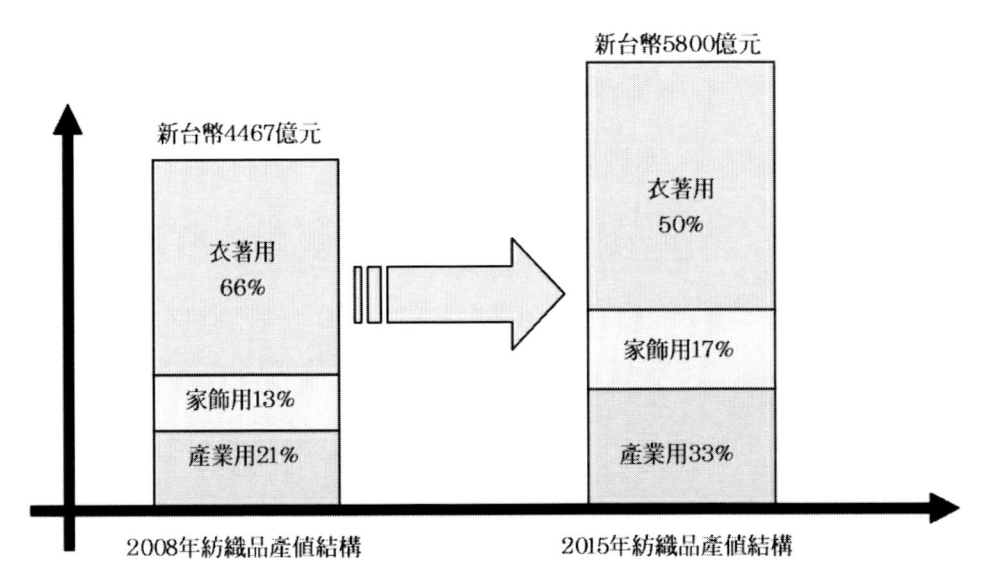

图5-5 臺灣紡織產業轉型發展方向

資料來源：臺灣「經濟部」。

2.陸資進入相關領域的機會分析

大陸在投資臺灣紡織業或與臺灣紡織業進行合作時，可把握一個原則：資源和技術的互補。即臺灣能夠做的，大陸就不應再重複投資。大陸應該找一些差異化、有區別的產品同臺灣互補，開創商機。而在設計產銷、發展品牌等方面，則可與臺灣採取合作共進的策略，以求共同發展。

（1）天然原料：市場發展前景好

臺灣紡織業的發展近十幾年來在技術方面已達到較為成熟的地步，積累下很多技術資源。但目前的狀況是，臺灣雖然掌握著技術資源，但缺乏天然資源。如麻、絲綢等非常稀少，而臺灣消費者對這方面的需求卻很高。如麻產品，這幾年成為流行材質，在夏季受到臺灣消費者的追捧。與臺灣恰恰相反的是，大陸紡織業在天然纖維方面最近十幾年發展得非常好。不管是在毛、麻，還是在棉的部分

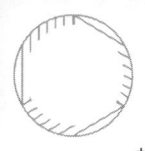

都有很好的基礎，尤其是棉紡及其面料產品。因此，大陸應大力開發其原料豐富的麻類、絲類等新產品，拓寬產品的市場適應性，供給臺灣，從臺灣民眾消費需求的轉變中尋找商機，或與臺灣的品牌進行合作。

（2）功能、環保原料：進口原料並加工成品後出口

臺灣纖維、紗、布等素材品質穩定，可以為大陸提供高附加價值素材與差異化產品。ECFA簽署後，大陸開始全面降低關稅，臺灣紡織行業的產品出口競爭力會因此提高。在關稅減免的情況下，大陸進口臺灣功能、環保原料的成本也會相應降低。因此，大陸可利用ECFA，透過進口臺灣功能、環保原料加工成品後出口，從而提升自身產品的競爭力。同時，大陸內銷的品牌也可以用臺灣紗布原料取代日韓進口。

（3）機能、產業用紡織品：加強科技合作和產品聯合開發

目前，兩岸間比較優勢不一樣。大陸目前的優勢仍在紡織業的末端——成衣服飾上，而臺灣則代表了紡織業的中上游——功能纖維與面料。臺灣的紡織核心技術與產品創新能力仍領先大陸2—3年的時間，尤其在功能性纖維及其面料創新上。在此情況下，大陸可與臺灣加強科技合作和產品聯合開發，特別是具有市場潛力的機能性紡織品、產業用紡織品、環保產品的開發。今後，產業用紡織品和節能減排應是大陸紡織業的發展重點，市場潛力大。大陸應利用臺灣在這方面的優勢，加強兩岸研究機構和企業的合作，包括人才培訓。

（4）民族特色紡織品：共創品牌、推進品牌國際化進程

長期以來臺灣紡織企業與世界知名品牌合作密切。由於產量大、新品多、質量好、講信譽，臺灣紡織企業牢牢吸引了世界眾多知名品牌並與之合作，因此臺灣紡織產品始終保持著較高的利潤和競爭力。而大陸民族特色的紡織品開發和創新非常薄弱，產品普遍缺乏時尚感。在這種情況下，大陸紡織業可同臺灣合作，共創品牌。在品牌培育方面，應體現中國特色，體現民族化、個性化，應充分利用中華文化在擴大品牌影響方面的價值，提升大陸紡織品品牌形象；在品牌運作方面，亦採用同國外品牌不同的策略。應注意的是，大陸紡織業在同臺灣的合作中，始終應該做到以品牌為核心，學習臺灣品牌操作的先進經驗。

（5）設計產銷：合作營銷，加強互相參展和設計交流

臺灣具有豐富的國際市場運作經驗，同時在國際貿易市場銷售渠道上也比較順暢。而大陸紡織企業積累了十幾年強大的生產製造基礎，並且擁有一定的國際影響力和廣闊的市場。基於此，大陸可以同臺灣進行營銷合作，透過著名品牌開拓國際市場，提高兩岸品牌的國際競爭力。透過合作營銷，大陸紡織品頻繁遭遇國外貿易壁壘的情況也會得到緩解。

同時，大陸每年都會舉辦多項紡織品服裝展覽活動，臺灣也有專業展覽。大陸可透過專業協會組織相關企業參加，積極組織設計師培訓、設計作品發布活動，培育知名設計師，擴大其影響力。同時，近年來中國風格的紡織品經常被國外設計師所採用，兩岸紡織設計研究人員可合作將中國傳統的紡織技藝發揚光大，開發出現代服飾用品；共同舉辦紡織專業競賽，選拔中華民族的優秀設計師、服裝模特等；合作培訓紡織人才，建立專業人才庫。

第五節 電信服務業

1.臺灣電信服務業發展概況

臺灣電信服務業60年來獲得迅速發展，業務範圍不斷擴大，通訊手段日益現代化。1980年代以來，臺灣電信特別業務發展迅速，相繼開放「指定轉接」、「按時叫醒」、「勿干擾」、「三方通話」、「080受話方付費電話」、「自動尋線」、「發受話專用」、「社會福利電話」等特別電話業務；同時實施「電路交換式數據通訊」、「分封交換式數據通訊」、「島內拔接式數據通訊」、「電傳視訊」與「公眾資訊處理」等數據電信新業務，以適應現代社會發展對電信多方面的需求。

進入1990年代初，臺灣開始推動電信業體制改革與民營化，在不少領域開放民間企業經營電信業務，臺灣電信業發展進入一個新的階段。除繼續擴大機線建設外，臺灣加速安裝數位交換系統、光纖電纜，開放傳真存轉、影像電話、全球資訊網路以及島內衛星與ISDN的新業務；同時於1991年9月10日起停辦島內電

報業務，代之以傳真業務，實現電信現代化。2002年頒發五張3G牌照，分別頒發給了「中華電信」、臺灣大哥大、遠傳電信、亞太電信和威寶電信，2005年正式開始運營。

2009年，臺灣電信各主要營業收入項目所占比重為：移動電話業務40.27%，固網業務47.2%，互聯網與數據業務12.42%。2009年，臺灣移動業務共實現收入1543億元新臺幣，同比下降5.4%；固定電話業務收入968億元新臺幣，同比增長31%。臺灣移動電話業務收入遠遠大於固定電話業務，一方面是由於移動電話用戶數高於固定電話用戶數，另一方面是由於臺灣移動業務資費高於固定電話。

（1）電信服務業基本飽和

臺灣的電信業分為第一類電信事業及第二類電信事業，其中第一類電信事業採取特許制，第二類電信事業採用登記許可制。第一類電信事業包括了固定通訊網路（固網）、行動通訊網路及衛星固定通訊等。截至2009年3月，第一類電信事業共91家，111張執照。經營第一類電信事業業務以外的則為第二類電信事業，截至2009年4月底，共有504家。涉及業務主要包括固網通訊、行動通訊以及數據通訊，提供語音服務、專線電路、網際網路、寬帶上網、智慧網路、虛擬網路、電子商務、企業綜合服務以及各類增值服務。

（2）電信市場三足鼎立

臺灣曾有六家較大規模電信運營商，分別是「中華電信」、遠傳、東信、泛亞、臺灣大哥大及和信。經過一系列併購之後，目前臺灣還剩三大電信運營商，它們分別是「中華電信」、臺灣大哥大和遠傳電信，另外還有幾家小運營商。類似於大陸的中國移動、中國電信和中國聯通的格局。其中，「中華電信」股份有限公司是臺灣最大的電信運營商，2009年合併後實現營業收入1840億元新臺幣。「中華電信」和遠傳電信是臺灣同時擁有第一類及第二類通訊執照的電訊運營商，它們不但可以提供固定網路通訊服務，更擁有GSM、WCDMA等移動電話、上網等服務。臺灣大哥大則橫跨行動通訊、固網、寬帶上網、有線電視產業。

臺灣的電信服務業，尤其是無線通訊業服務業，近年來歷經重大整合，使得包括「中華電信」、遠傳電信、及臺灣大哥大等三家主要電信業者得以藉此鞏固其市場地位。因此，規模較小的電信業者越來越難以挑戰此三家主要業者的市場主導地位，進而可能在下一波的電信業整合行動中成為被併購的目標。

（3）兩岸運營商合作日益增多

作為電信產業鏈的主角，各運營商之間在這一年來更是深入合作。大陸的三大運營商頻繁訪臺，取得了卓有成效的進展。其中最典型的，則是中國移動與威寶電信合作在臺灣建設TD-SCDMA試驗網，並於2009年11月打通了兩岸首個視頻電話。中國移動還深入一步，與遠傳、威寶、「中華電信」達成建設TD-LTE的合作意向。此外，2009年4月，中國移動發布公告，宣布斥資40.76億港元購買臺灣遠傳電信股份有限公司12%的股份，成為該公司的戰略投資股東。在合作的過程中，兩岸已經在探索發揮雙方互補優勢的最佳模式。

2.陸資進入相關領域的機會分析

（1）3G業務：機遇明顯

臺灣3G啟動較早，在2002年的時候，臺灣方面就正式發放3G牌照了。大陸同時採用了三種3G標準，而臺灣則僅僅採用了 WCDMA 和 CDMA2000 兩種標準，其中4 張牌照是 WCDMA，1 張是 CDMA2000。截止到2009年底，臺灣共有1569萬3G用戶。但是3G內容發展滯後，增值業務匱乏，無法從增值業務中獲得足夠大的利潤，造成臺灣幾乎所有3G運營商都出現虧損。

經過多年的發展，大陸電信業無論在網路規模還是在用戶規模方面都位居全球第一，自主創新能力不斷提高，在3G技術的應用、數據增值服務等方面均具有相當的領先優勢。2009年，大陸的電信增值業務收入達1712.63億元人民幣，其中中國移動增值業務收入達到1311億元，中國電信增值服務收入為人民幣215.33億元，中國聯通增值業務收入達到186.3億元。

因此，大陸相關企業應該抓住機遇，利用3G技術及其相關服務的優勢，在臺灣組建全資子公司，積極投資臺灣的3G發展，在推動臺灣3G進程中發揮重要

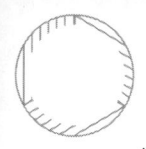

作用，進而結合臺灣WCDMA/WIMAX能力與大陸TD-SCDMA/TD-LTE世界領先水平，共同發展4G產業。

（2）IPTV服務：擇機進入

三網融合的新領域——IPTV服務，它是廣電網、電信網和互聯網三網融合的新服務，可以發展開放式架構，建立 PC、手機、電視整合的 Open IPTV 與 Mobile IPTV服務。

2009年，臺灣在地區建設計劃中寫入了「I 臺灣」的內容。「I 臺灣」又叫「I236計劃」，其中「3」是指三個網路的融合，包括寬帶網、數位電視網和無線傳感器網路。大陸這幾年加大了對電信行業的投資，大力發展TD-SCDMA、WAPI等新技術，並且加大了各種新技術在社會生活中的應用。

考慮到臺灣第一類電信事業對大陸投資限制開放，將在一定程度上影響陸資進入臺灣的IPTV服務領域，所以針對目前這種情況，陸資應擇機審慎進入。

第六節 橡膠製品工業

1.臺灣橡膠製品工業發展概況

臺灣橡膠工業起步較晚，一直比較落後，其快速發展始於1970年代。1973年臺灣合成橡膠公司、「中國合成橡膠公司成立」，1979年南帝化學、優品化學相繼成立，形成了臺灣橡膠業規模化產業的雛形，帶動了臺灣橡膠製品業的發展。

在過去60年中，臺灣的橡膠製品工業經歷了從家庭作業及小型產業為主轉變成大中型企業為主；從生產低附加值產品轉變為高附加值名牌產品；從面向本地區的需求逐步轉變為面向國際需求的過程。臺灣橡膠製品工業生產規模儘管占其全部製造業產值不到1%，但開放的經營理念，務實高效的運作方式，精細現代化的管理機制，確立了其在世界橡膠加工業中的地位。2009年臺灣橡膠工業總產值達到801億新臺幣，生產廠商6985家，工人達20257人，出口值為新臺幣520億元。

表5-8 2003—2009年臺灣橡膠製品產值

年度	產值(百萬新台幣)				增長率%
	輪胎業	工業用橡膠業	其他橡膠製品業	合計	
2003	30661	11906	26119	69037	8.22
2004	35783	16083	26361	78227	13.31
2005	37918	13796	25301	77015	-1.55
2006	39375	14104	25942	79421	3.12
2007	43468	15969	25942	85542	7.71
2008	41333	17340	26105	85766	0.26
2009	40008	14231	25861	80100	-6.45

資料來源：臺灣「經濟部」統計處。

（1）多與島外企業合作

考慮到研發費用高，風險大，而臺灣的橡膠製品生產企業以中小企業居多，自主開發的實力與意願均不強，因而多選擇與島外大公司或知名公司進行技術合作，生產的產品起點高，品質有保證，已經形成了一定的品牌效應，例如，建大工業採用日本普利司通技術生產的輪胎，南帝化學採用美國古德里奇技術生產丁腈橡膠等。

（2）市場全球化、產品差異化

由於臺灣的橡膠製品生產企業大多採用先進技術，產品有很強的競爭力，大量出口到美國、日本、英國、義大利、澳大利亞等經濟發達國家。此外，企業注重市場的細化，採取差異化經營策略，比如膠管，出口到美國的產品平均單價較低，而出口到荷蘭的價格則較高。

表5-9 2007—2008年臺灣橡膠製品主要出口市場

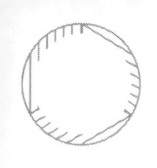

單位：萬美元

國家或地區	輪胎業 2007年	占有率%	2008年	占有率%	工業及其他製品業 2007年	占有率%	2008年	占有率%
美國	26767	30.9	25347.9	28.6	15596.9	33.4	15996.7	32.7
歐洲	21716	25.2	20305.9	22.9	8589.4	18.4	8971	18.4
日本	6722	7.8	8551.8	9.6	2316	5.0	2364.8	4.8
澳洲	4710.4	5.4	4012.4	4.5	1285.1	2.7	1261	2.6
香港	3615	0.4	420	0.5	3386.2	7.2	3076.1	6.3
中國大陸	422.9	0.5	904.4	1	5162.8	11.1	5706.5	11.7
其他	25802	29.8	29137	32.9	10339.8	22.2	11453.7	23.5
總額	86501.3	100	88679.4	100	46676.2	100	48829.8	100

資料來源：臺灣「經濟部」統計處。

（3）企業規模偏小

據臺灣橡膠工業同業公會統計，在橡膠產品製造業中，大部分屬中小型企業，資本額10億新臺幣以上企業44家，只占總數的6.2%，其餘的絕大多數為1千萬至1億新臺幣的企業。在用人方面，橡膠業除輪胎廠人數較多外，其他企業僱傭人員多在60人以下，平均每家企業雇工40人。

2.陸資進入相關領域的機會分析

（1）輪胎業：投資成立研發中心，走向高端市場

與臺灣相比，大陸輪胎工業前期發展較慢。改革開放以後，隨著整個經濟的發展，透過引進技術、設備和資金，自主開發，逐步形成完整的具有中國特色的輪胎工業體系，逐漸成為世界最大的輪胎製品加工基地。但是大陸相關高新技術應用較慢，新產品開發能力較差，國際市場有待進一步拓寬。因此，陸資可以利用臺灣輪胎業的先進技術優勢，注資成立研發中心，根據市場需要，進行高端輪胎產品研發，同時可利用臺灣具有世界銷售網路的優勢，進一步開拓國際市場。

（2）工業及其他製品業：抓住ECFA機遇，降低生產成本

中國大陸是世界橡膠製品的最大消費市場,但是大陸橡膠製品關稅大部分均高於臺灣相同產品,因此大陸相關企業可以利用兩岸簽署的ECFA協議中給予臺灣橡膠製品零關稅契機,在臺灣成立獨資的進口代理公司,以降低企業生產成本。

表5-10 兩岸橡膠製品關稅情況

產品分類	台灣進口關稅	大陸進口關稅
天然合成橡膠等原料	0%—3.5%	7%—20%
輪胎	10%	10%—25%
橡膠管	7.5%	10%
橡膠帶	6.8%	8%—10%
其他工業製品	5%—10%	8%—18%

資料來源:國家海關總署。

第七節 食品工業

1.臺灣食品工業發展概況

食品工業是臺灣重要的民生工業,曾被臺灣列為重要發展的工業部門之一。1950年代初到60年代中期,食品工業產值曾居臺灣製造業產值的第一位,也是當時最重要的外銷產品。60年代末期,紡織工業迅速崛起,取代食品工業在製造業中的地位,食品工業地位逐漸下降,但仍是臺灣重要的工業之一。目前,食品工業發展已由外銷導向轉為內需導向,目標已由「出口賺取外匯,支持經濟發展」轉為「滿足民眾生活需要」。

臺灣主要食品行業大致可以分為三個部分:一是以臺灣市場為主的非酒精飲料、冷凍食品、快餐麵與食用植物油等主要行業;二是近年來在市場盛行的保健食品業與鮮食業等新興行業;三是與食品產業有密切關聯的飼料、食品調味料、

食品包裝、食品機械與餐飲服務等食品周邊行業。目前產值較大的行業為屠宰業、碾米業、飼料業、飲料業、冷凍食品業、食用油脂製造業、乳品製造業、酒類製造業與啤酒製造業等。現階段，臺灣食品工業正朝向「生技產品形象」發展：除傳統製品品質提升與包裝的改善外，以講究技能型的健康食品、講究栽培方式的有機食品以及導入基因工程技術的基因改造食品三大項目更是備受矚目。

近年來臺灣食品工業產值有下降的趨勢。2009年臺灣前六大分項產業（占整體食品工業產值的六成）分別為動物飼料配製業（730億元，-8.50%）、未分類其他食品製造業（553億元，-2.09%）、非酒精飲料業（546億元，+19.27%）、屠宰業（542億元，-3.25%）、碾穀業（366億元，-7.55%）以及磨粉製品製造業（362億元，-10.28%），其中僅非酒精飲料業呈現正增長，其他分業均出現增長緩慢或衰退的現象。

2009年臺灣食品進口值約為1217億元（-7.8%），出口值約為521億元（-15.7%），食品貿易逆差為696億元。主要出口產品為冷凍食品、其他雜項食品、非酒精性飲料及調味料；主要進口產品為冷凍食品、酒精性飲料與殘渣及廢品等。2010年第一季度臺灣食品業進口值約為新臺幣301億元，較上年同期增加0.37%；出口方面，2010年第一季度臺灣食品業出口值約為新臺幣140億元，較去年同期減少2.57%。

（1）食品市場以內銷為主

目前，臺灣食品工業已發展成以內需市場為主的民生產業。食品工業已由外銷型轉變為內需型產業，加工食品外銷在社會經濟中已失去重要性。近年來，隨著臺灣居民收入的增加和生活水準的提高，內銷食品需求增加得很快。島內除了內銷型食品工廠業務蓬勃發展外，進口食品大量湧入。由此顯示臺灣內銷食品市場潛力雄厚。

（2）冷凍、保健、方便、休閒食品競爭力明顯

從目前臺灣食品工業的產業結構來看，昔日興旺一時的罐頭工業已經衰落，冷凍食品、飲料、乳品等食品日益興起。並且冷凍食品、保健食品、方便食品、休閒食品等具有很強的競爭力和創新能力。產品已從初級農產品加工為主（罐

頭、脫水食品等）轉向多樣化、高品質化，以符合現代消費者需求（調理食品、無菌包裝食品、休閒食品等）。

（3）注重食品安全體系建設

臺灣對於食品安全相當重視。除了企業自我監督、遵章守法之外，由TAF（臺灣認證基金會）認可的全球性SGS（通用公證行）集團，從農場到餐桌的檢驗服務，在保持臺灣食品安全方面，造成了重要作用。2008年9月，大陸爆發三聚氰胺汙染事件，撼動全球食品市場。新形勢下，大陸必須全面提高食品安全水平。

2.陸資進入相關領域的機會分析

近年來臺灣食品工業產值占GDP的比重有下降的趨勢，且自臺灣食品工業由外銷型轉為內需型之後，其內需市場趨於飽和，市場增長有限。臺灣人口雖然只有兩千多萬，但工商業的發達已造成加工食品需求的大幅增加，內銷市場還是相當龐大。而大陸在低廉產品原料的有利條件下，外銷市場拓展的前景依然存在。對大陸來說，諸如臺灣冷凍食品、非酒精飲料等優勢工業技術含量高，市場已趨飽和，進入空間不大；而末端食品及附加價值較高的食品發展潛力較大。

（1）冷凍食品：市場已趨飽和，進入空間不大

冷凍食品工業在臺灣技術含量高，是臺灣投資大陸的主體，內銷市場已趨飽和。但是，大陸的冷凍食品由於有豐富的原料作為支撐，且冷凍食品對加工層次的要求較低，所以即使在臺灣冷凍調理食品的調配與包裝技術優於大陸的情況下，大陸仍然在冷凍果菜、冷凍肉品及冷凍水產品上存在價低的優勢。

（2）保健、功能食品：未來需求趨勢，應大力開發

特定人群的需求增加是未來食品產業發展的一個重要趨勢。近年來，臺灣內需市場面臨老齡化與少子化等人口結構的改變，以及健康需求增加等長期發展趨勢影響。因此，大陸應關注一些特定人群的飲食與健康需求，如中高年齡者或者特殊族群。天然、健康及機能特性應是大陸今後產品開發的重點。

（3）農產品：深度加工和系列開發，提高產品附加值

臺灣島內由於原料缺乏，原料進口成本高（食品的原材料成本占總生產成本的72%左右），從而對其傳統食品工業的衝擊較大。大陸生物資源豐富，禽畜產品、海產品、果蔬產品的產量很大。大陸可充分利用其原材料豐富優勢，拓展傳統食品工業市場。一方面，大陸可直接將新鮮農產品原料加工成為臺灣消費者所需要的，透過改進農產品的價值，將較低價值的農產品製成較高價值的加工品進行銷售；另一方面，大陸食品加工業基礎良好，近年來隨著企業加工技術裝備水平的不斷提高，大陸可利用勞動力價廉、科技開發能力強、資源豐富等優勢，透過引進國外農產品進行深度加工和系列開發，提高產品附加值。

（4）民族特色食品：具有市場競爭力

目前儘管有大量的進口食品湧進臺灣，但中式傳統食品諸如水餃、包子、元宵、燒賣、春捲、八寶飯等仍然比較暢銷，而且備受海外市場歡迎。而在臺灣，雖然上述中式傳統食品已經有機械化自動化設備操作，但消費者仍然對用手工加工製作的中式傳統食品倍加青睞。因此在臺灣有些工廠雖然仍舊僱用大量勞力進行手工製作，以美取勝，但成本高，生產發展受到限制。因此，大陸可充分利用其勞動力成本低優勢，大力開發、製作中式傳統食品銷往臺灣和海外。

（5）高附加值中式食品：消費需求潛力大

食品加工業與其他製造業一樣，必須不斷迎合市場和消費者的需求。大陸必須考慮目標市場轉移後消費者偏好結構的改變。目前，臺灣居民的收入不斷提高，生活步調日趨緊張忙碌，因而人們外出用膳的機會增多，一方面他們越來越重視簡便、快速、營養和衛生安全，因而對加工或半加工食品的需求越大；另一方面，對優質高價食品、保健食品、嬰兒食品、老年食品、休閒食品等需求顯著增長。針對上述情況，大陸應以島內居民的需求為導向，一是積極發展現代連鎖快餐，應用現代食品加工、流通、鮮度保存技術開發出具中國特色、精緻美味的高附加值中式食品，如飯糰、盒飯、壽司等等；二是積極發展家庭取代餐，如回家馬上可以吃或稍加熱調理即可食用的餐點。

（6）食品流通：開拓行銷市場，建設銷售渠道

在對臺銷售渠道建設上，大陸企業應建立相關產品的長期經銷據點。如可透

過同臺灣超市合作，在超市內設立大陸食品專賣區，銷售大陸食品及農產加工品；在臺灣行銷網路的建立上，大陸方面應注重銷售技巧和銷售網路的作用以及發揮大眾傳媒對食品業的拉動作用。

第六章 大陸赴臺投資的機遇與挑戰

第一節 大陸赴臺投資的機遇

1.削弱國際經濟危機對兩岸經貿的負面衝擊，強化兩岸經貿聯繫

1990年代中期以來，海峽兩岸經貿往來規模空前擴大。據大陸方面統計，1993年兩岸貿易額首次突破百億美元大關，達到143.95億美元，2011年，兩岸貿易總額已達1600億美元。2012年1—11月，大陸與臺灣貿易額為1520.6億美元（占大陸對外貿易總額的4.3%），同比上升3.8%。臺灣是大陸第七大貿易夥伴和第九大出口市場，大陸則是臺灣最大的出口市場和貿易順差來源地，大陸及香港占臺灣出口市場的比重約為40%。兩岸貿易不斷擴大的同時，貿易結構日益優化。從2000年到2012年，加工貿易占兩岸貿易的比重由最高時的近70%下降到53.3%。[22]

然而，面對席捲全球的國際金融危機及其衍生的歐美主權債務危機，大陸和臺灣經濟都受到不同程度的影響，尤其是給以出口導向為經濟增長模式的臺灣帶來了嚴峻的考驗。可以說，現階段兩岸經濟都面臨著自身經濟結構調整和國際金融危機的雙重壓力。在這次國際金融危機和歐美主權債務危機面前，兩岸合作面臨難得的歷史機遇，危機為促進兩岸雙向投資合作創造了良好的外部環境，兩岸應進一步加強經貿合作，共同應對挑戰。

2.兩岸經濟合作和諧展開，獲得海峽兩岸各階層廣泛支持

目前兩岸經濟合作和諧展開，並受到兩岸高層和民眾支持，是陸資入臺的最

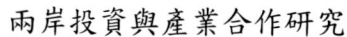

佳時期。2008年12月15日，國家發改委和國臺辦發布的《關於大陸企業赴臺灣投資項目管理有關規定的通知》中明確提出了鼓勵大陸企業積極穩妥地赴臺灣投資，確認了陸資入臺的相關事項；2008年12月31日，胡錦濤總書記在《告臺灣同胞書》也明確提出，鼓勵和支持有條件的大陸企業到臺灣投資興業。臺灣馬英九當局也作出了一系列積極回應，推動陸資入臺獲得積極進展。以臺商為代表的臺灣民眾對陸資入臺前景看好，認為對兩岸皆有利。

  3.兩岸投資存在不平衡現象，陸資入臺的發展空間廣闊

  各經濟體之間資本等生產要素的雙向流動，是經貿關係正常化的一個極其重要的表現。臺灣自1991年開放對大陸地區投資20餘年來，至今累計核准投資金額近800億美元。此外，據統計，大陸目前累計已在全球超過170個國家或地區投資近1200億美元，而臺灣對外投資金額累計超過1400億美元[23]。臺灣長久以來因未開放陸資入臺投資，不僅導致兩岸資金流動呈現失衡狀態，而且阻礙兩岸資源要素的流動與配置，無法達到兩岸產業優勢互補。更重要的是，在大陸已經成為世界經濟全球化的一個中心的國際環境下，嚴重制約了投資島內的企業的全球化運作，減弱了兩岸經貿關係發展對臺灣經濟發展的貢獻程度。

  近年來，臺灣「行政院經濟建設委員會」提出「愛臺12建設總體計劃」，投資總經費達3.99兆元（新臺幣，下同），在8年內編列預算投入2.79兆元，規劃民間投資1.2兆元。[24]「愛臺12建設總體計劃」分別為便捷交通網、高雄港市再造、中部高科技產業新聚集、桃園國際航空城、智慧臺灣、產業創新走廊、都市及工業區更新、農村再生、海岸新生、綠色造林、防洪治水與下水道建設，共有284項實施計劃。「愛臺12建設總體計劃」的提出無疑給陸資入臺提供了潛在的機會和合作空間，為陸資進軍更多的投資領域創造了條件。這必將有助於兩岸生產要素的合理流動與優化配置，提升兩岸經貿關係發展對臺灣經濟發展的貢獻程度。

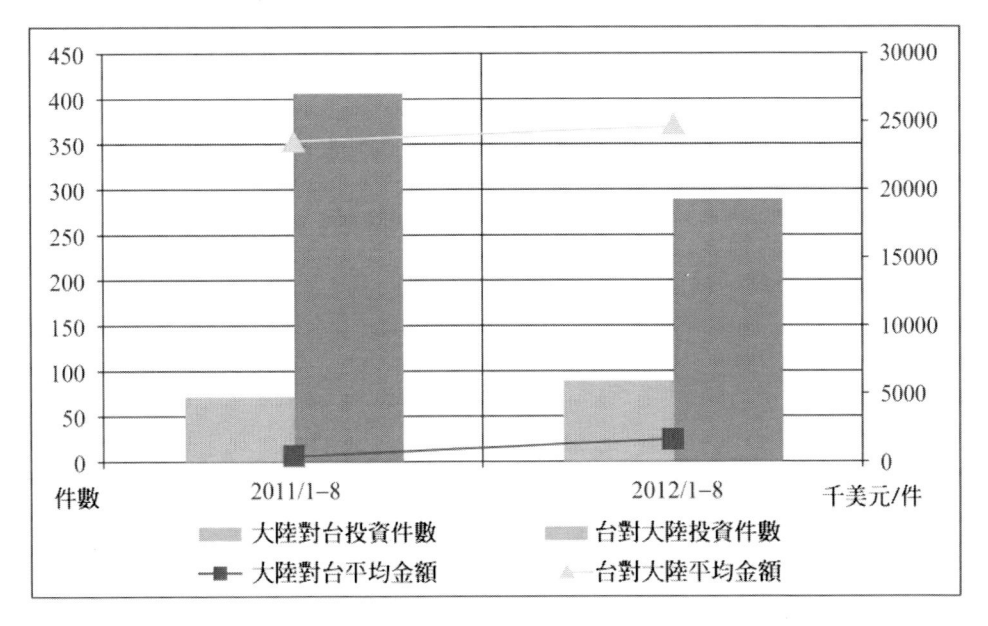

圖6-1 2011—2012年兩岸相互投資件數和平均金額

數據來源:「中華徵信所」。

4.臺灣對大陸市場需求大,大陸企業在臺投資商機無限

臺灣對大陸的資金、產品和服務市場需求大,大陸企業投資機會很多。以「青島啤酒」為例。早在2002年3月,臺灣放寬大陸企業進入臺灣銷售啤酒的限制政策後,「青島啤酒」便於當年4月份登島成為首家入臺的大陸啤酒生產企業。青島啤酒在臺灣大受歡迎,在此後不到一年的時間裡,青島啤酒就創下了435萬箱的銷售記錄,攻占了臺灣大街小巷的便利商店、餐廳、KTV,目前已成為島內啤酒市場的第一品牌。

此外,從服務業方面看,表現最為突出的就是航空業。南方航空公司是在臺掛牌營業的第一家大陸航空公司。自2008年7月份以來,南航開通的廣州、上海、深圳至臺北三條航線運營非常好,春運高峰期間客座率達到了90%以上,高於內地不少航線運營收益。[25] 目前,兩岸客運市場遠未達到飽和,仍有較大開拓空間。可見,臺灣對大陸的優質產品和服務有巨大需求,大陸企業可以在對臺

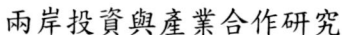

灣市場進行調研後製訂營銷方案，促進大陸知名商品在臺的銷售。

5.ECFA順利簽署實施，助力兩岸產業投資與經濟合作

1960年代之後，臺灣經濟開始騰飛，這要得益於美國、日本等發達國家的產業轉移，勞動密集型產業轉向後來的所謂「亞洲四小龍」，臺灣也靠廉價勞動力成為其中之一。後來，由於臺灣與美國同盟，經濟上依賴美國，臺灣經濟發展取得令人矚目的成就。隨著新興經濟體的出現，臺灣的位置漸漸被取代。但是臺灣完成了產業升級，目前僅依靠電子產業支撐。進入21世紀以來，臺灣經濟發展漸衰，甚至在2001年首次出現負增長，國際競爭力下降，產業發展出現「空心化」現象，失業率不斷上升，結構轉型滯緩。儘管經濟陷入困局原因很多，關鍵之一是前臺灣執政黨實行限制大陸對臺投資、出口及對大陸單向開放政策，不能有效利用大陸投資、人才和技術等推動其經濟結構升級。近年來臺灣經濟增長乏力，增長率甚至還低於亞洲「開發中經濟體」的平均增長率。

這種「單向開放」的狀態已經維持了很久，這對臺灣經濟發展是不利的。兩岸經貿關係已成為臺灣經濟增長的決定性因素，大陸市場已成為支撐臺灣經濟增長的主要動力來源。阻礙兩岸經貿關係發展自然就阻礙了臺灣經濟增長。臺灣無論是製造業轉型升級，還是服務業擴展外部市場，都無法離開大陸龐大市場的支撐，雙向開放才是臺灣擺脫經濟困局的根本出路，也是大勢所趨。

2008年臺灣大選，國民黨候選人馬英九當選為臺灣領導人，以馬英九為代表的國民黨在兩岸關係上，承認「九二共識」，將兩岸明確定位在「一國兩區」，並主張透過兩岸對話、談判解決分歧，積極推動兩岸「三通」，使兩岸關係的發展出現了轉折和良好勢頭。[26] 在「九二共識」的基礎上，透過海協會與海基會的復會協商，達成了促進兩岸交流合作的眾多協議。兩岸在政治、經貿、文教衛生、民間交流等多方面都呈現出大開放、大發展格局。兩岸高層互動頻繁，兩會溝通順暢，兩岸經貿文化及人員交往邁上新臺階，兩岸涉外事務得到妥善處理。兩岸關係呈現出蓬勃發展的良好局面。隨著交流的繼續推動，兩岸關係進一步深化面臨新的機遇。[27] 兩岸關係的緩和為兩岸產業合作的進一步發展提供了政治上的保障。

2010年6月29日，海協會會長陳雲林與海基會董事長江丙坤在重慶簽署兩岸經濟合作框架協議（ECFA）。上述協議的簽署，是在世界經濟全球化、區域經濟一體化不斷呈現新情況、新問題的大背景下，為了提高中華民族的國際競爭力，兩岸共同採取的具有戰略意義的重大舉措。ECFA的簽署，必能進一步排除兩岸貿易和投資的障礙，擴大就業，振興經濟，長久造福兩岸同胞。ECFA簽署同時也標幟著兩岸經濟關係進入一個新階段，對未來兩岸關係發展將產生深遠影響。具體來看，ECFA簽訂將有利於兩岸共同提升經濟競爭力，有利於兩岸共同增進廣大民眾福祉，有利於兩岸共同促進中華民族整體利益，有利於兩岸共同應對區域經濟一體化的機遇和挑戰，有利於未來臺灣與大陸相關產業的合作向縱深推進。

　　正常化（以「三通」為標誌）和制度化（簽署全面的合作協議，如ECFA）是兩岸經濟合作的必然要求，也是兩岸經濟關係發展的必然趨勢。金融危機的發生，使兩岸經濟關係正常化和制度化的步伐加快。在正常化得以實現後，兩岸將採取各種措施，大幅降低要素流動門檻，進一步擴大兩岸間的貿易與投資，並深化兩岸在經濟領域各方面的合作，包括建立常設性的合作機構，簽署全面經濟合作協議（如ECFA），透過關稅減讓、擴大投資、經濟技術合作、服務業合作等措施使兩岸經濟關係更趨緊密。

第二節 大陸赴臺投資面臨的挑戰

1.臺灣保守的開放環境，對大陸企業赴臺投資形成制約

　　大陸赴臺投資所面臨的最為關鍵的障礙還是臺灣的政策法規制約。就大陸對臺資以及臺灣對陸資的政策觀察，二者存在巨大反差，呈現明顯的臺資企業享有「超國民待遇」與大陸企業「欠缺基本的國民待遇」。大陸鼓勵吸引臺商對大陸投資20多年來，採取了許多鼓勵臺商投資的政策措施，制定了專門的臺商投資保護法。臺商在大陸不僅享有基本的「國民待遇」，而且享有許多「超國民待遇」（如大陸銀行對臺商有專門的融資額度，而大陸企業則沒有）。

　　然而，臺灣雖然開放大陸企業赴臺投資，但並不是主動開放，而是「被迫」

開放；不是積極鼓勵，而是採取嚴格的管制辦法，嚴重阻礙大陸企業在臺投資。臺灣對陸資投資人資格限制過於嚴苛，能夠入臺投資的企業有限，並設定嚴苛的管理門檻。臺灣不僅禁止大陸投資人的如下投資申請案：在經濟上具有獨占、寡占或壟斷性地位的投資申請案；在政治、社會、文化上具有敏感性或影響地區安全的投資申請案；對臺灣經濟發展或金融穩定有不利影響的投資申請案，而且限制大陸地區軍方投資或具有軍事目的的投資人入臺投資。結果，大陸138家國有企業中的九家軍方投資的國有企業入臺投資被禁止，其他129家非軍方投資的大陸國有企業入臺投資也被嚴加管制，若涉及敏感性問題，將被禁止入臺投資。而大陸的國有企業目前是大陸對外直接投資的主要企業。此外，為避免陸資經由第三地投資事業入臺投資，規避「大陸地區人民來臺投資許可辦法」的適用，許可辦法還設定嚴苛的管理門檻，對於大陸地區的人民、法人、團體或其他機構，直接或間接持有第三地區公司股份或出資額逾30%，或其對該第三地區公司具有控制能力，也視為陸資，應適用該許可辦法的規定。

　　具體來看，當前大陸投資臺灣的制度性障礙主要表現為：一是對「陸資」認定標準相當嚴苛；二是對陸資的開放投資領域非常有限，如臺當局發布的「大陸地區人民來臺投資許可辦法」，規定「敏感身分」與「敏感項目」禁止投資，可沒有具體點出哪些領域被禁止，人為操作空間大；三是對大陸企業在臺投資設立專門的「防禦條款」與「後續查核機制」，例如，實收資本額達到8000萬元新臺幣以上的大陸企業，每年應向主管機關申報財務報表，並有接受檢查的義務，「辦法」中也沒明確什麼情況下有權核查大陸企業帳目，實際操作中變數較大；四是對大陸企業在臺投資採取嚴格的「正面表列」管理辦法等，即規定了哪些準入才可進入，而對外資採取的是負面表列，即除了規定不準入的項目之外，其餘均可進入，顯然，負面表列的開放尺度更寬。

　　總之，臺當局對陸資更多的是限制而非鼓勵，可以說，臺灣當前的陸資開放政策是相當保守的，是不符合時代發展潮流的，也是不符合兩岸經濟關係發展需要的，必會影響大陸企業對臺投資的信心與效果。

　　2.臺灣政治社會環境的複雜性大，給陸資赴臺帶來負面影響

臺灣經濟是以出口導向為主要特點，臺灣的高科技產業至今仍沒有擺脫「高級代工」的實質性地位，其產業發展對日本和美國的依賴性很強。在貿易領域內，臺灣形成了從日本大量進口、對美國大量出口的三角貿易關係。同時，在經濟利益方面，大陸也還沒有擺脫對美、日的依賴。兩岸對美、日的依賴，一方面使美、日兩國從各自國家的利益出發，擔心兩岸緊密的經貿合作與交流會損害其在中國大陸和臺灣的經濟利益，會擴大中國大陸在國際上的地位和作用，進而會不惜一切手段阻撓兩岸經貿的進一步發展；同時，兩岸對美、日的依賴，也會削弱兩岸經濟關係進一步發展的向心力，增加了美、日對臺灣的影響力，給兩岸經濟關係的進一步發展增加了難度。

　　其次，島內利益集團的反對，給陸資赴臺帶來負面影響。從投資環境看，大陸相關投資者表達了一定的擔心：臺灣島內複雜的政治環境可能會增加大陸企業在臺投資的政治風險，對大陸投資者帶來較大的負面影響。目前，臺灣島內政治鬥爭複雜，藍綠對立嚴重，民進黨「逢中必反」、「逢陸必反」，小部分激進「臺獨」勢力對大陸企業赴臺投資抱有敵意，一再以「產業空洞化」、「經濟邊緣化」來恫嚇島內廠商和民眾，以「根留臺灣」來束縛島內企業，質疑陸資會加速臺灣經濟的泡沫化，使臺灣經濟過度依賴大陸，質疑陸資有「政治企圖」，會危害臺灣的安全。陸資赴臺不僅受到綠色政治勢力的強烈反對，而且也受到執政當局內部保守勢力的牽制，使得陸資開放政策進展並不順利，而且在最終頒布的政策法規中設置了重重障礙。同時，臺灣的政黨交替制度也使政策的持續性受到影響。

　　最後，在當今全球範圍內，各個國家或地區都在以各種優惠政策鼓勵吸引外資，透過引入資本與技術促進經濟發展。然而，臺灣對大陸的企業投資長期採取封閉與管制政策。雖然臺灣已正式開放大陸企業對臺投資，但卻沒有任何實質性的鼓勵與優惠措施，反而設下重重障礙與各種限制、干預條款。這樣的開放政策，顯然無法保護大陸臺商的權益，難以促成大陸企業大規模赴臺投資。

　　3.臺灣的營商成本相對較高，配套措施仍不完善

　　就臺灣對大陸開放的投資項目中，從營商成本來看，島內環保要求嚴格，土

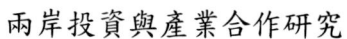

地成本和人力成本[28]高,相比大陸來說,優勢較小,且這些產業和領域大都是利潤小,競爭激烈。從公布的文件來看,在目前臺灣方面開放的投資項目中,多為利潤率較低、競爭較激烈的傳統製造業及相關領域。島內製造業發展非常成熟,利潤微薄,陸資營利空間不大。相比之下,投資島內服務業的機會更大,特別是具有品牌優勢的大陸企業如青島啤酒、全聚德、阿里巴巴等,在島內具有一定知名度,容易拓展市場。對此,「陸資入臺」要審慎,經濟行為應該遵循經濟規律,要有比較優勢,切忌盲目跟風。如果是傳統的製造業赴臺投資,競爭優勢不大。科技含量高的企業過去才會有競爭力,也才能生存下來。有學者指出,若要吸引大陸企業赴臺投資熱情,應該給予相應的優惠政策,避免大陸投資高位接盤臺灣的不良資產[29]。

此外,「陸資入島」初期兩岸都處於摸索階段,許多政策法規、手續流程、服務機構等都不明確,加上過去很長一段時間裡臺灣限制大陸貨品、資金、人員、機構進入島內,大陸企業對臺灣社會和經濟環境都很陌生,但臺灣對大陸投資的配套措施並不完善,無法對赴臺投資的陸資企業、人員提供工作、生活等相關保障[30]。例如,配合「陸資入臺」,臺灣行政院已核准修法,陸資投資金額超過20萬美元以上,可申請兩名大陸專業人士赴臺;按金額提高人數,最多不得超過七名;商務人士赴臺的居留時間每次最長不超過一年;隨行的配偶不可在臺就業,未滿18歲的子女可以申請在臺就讀[31]。但這些規定,相對於大陸對於臺商赴大陸投資的優惠政策,尚有一定差距。

4.兩岸簽訂的經貿合作協議仍存不足,產業對接尚需加強

2010年6月簽署的《海峽兩岸經濟合作框架協議》(ECFA)是兩岸遵循世貿規則,結合兩岸經濟發展的現狀和特點,按照平等互惠原則簽署的經濟合作協議,是兩岸推進經濟全面深入合作的特殊安排。大陸方面充分理解臺灣經濟和社會現狀,著眼兩岸經濟長遠發展,在框架協議中未涉及臺灣弱勢產業、農產品開放和大陸勞務人員輸臺等問題。協議的簽署標幟著兩岸經濟關係進入了制度化合作的新發展階段。但目前兩岸簽訂的經貿合作協議仍存在不足,不利於投資順利發展。在今後兩岸經濟合作框架協議的完善過程中,必須考慮雙方經濟規模等發

展情況的差異,以作出合理務實的處理。

此外,大陸與臺灣產業對接尚需加強。臺灣不同的區域內產業特點不一樣,當前陸資企業赴臺投資仍處於自發、分散的階段,缺乏有針對性的引導和支持,臺灣、大陸的各個行業無法結合島內的產業特色,開展有針對性的對接活動,這也影響了企業的投資意願,給大陸企業赴臺投資帶來一定的困難。

5.兩岸在諸多制度方面存在差異,可能引發一定的投資風險

兩岸法律制度差異可能引發一定的投資風險。例如,就勞工法例制度而言,臺灣有關勞動者保護的規定很多,且有一些規定內容與大陸相關規定有所差異,有的甚至完全相反。大陸投資者如果對這些規定不進行瞭解,則可能給投資經營帶來一些不必要的麻煩和風險。臺灣的勞工制度,主要體現在「民法」、「勞動基準法」、「勞動基準法施行細則」、「兩性工作平等法」、「勞工安全衛生法」、「勞動爭議處理法」等法令中。以上這些制度,有的大陸相關勞工法律制度雖有規定,但兩岸之間差異較大。比如,《勞動法》、[32]《女職工勞動保護規定》雖對女性工作權利作出了規定,但並未頒布專門針對兩性工作權利平等保護的勞動法律法規;對於「性騷擾」的定義、損害賠償也未明確規定。「陸資入臺」後,可能因不熟悉這些法律制度而引發投資風險。

此外,兩岸稅收法律制度差異也可能引發一定的投資風險。由於臺灣市場經濟制度比較健全,經濟比較發達,其稅收政策強調「公平優先、兼顧效率」;而大陸經濟還處於發展階段,稅收政策取向偏重「效率優先、兼顧公平」。在稅收管轄權方面,由於大陸實行屬人兼屬地管轄權,臺灣在本地區實行屬地兼屬人管轄權,因此稅收管轄權存在交叉,在兩岸經貿投資中會引發一系列稅收問題。大陸企業到臺灣投資,如不關注兩岸在稅收制度上的差異,則可能存在被雙重課稅的風險。如從稅收管轄權來看,兩岸都同時採用地域管轄權和居民管轄權。大陸在稅收管轄權的選擇上,無論是企業所得稅,還是個人所得稅,都同時採用兩種稅收管轄權。臺灣對營利事業所得稅同時實行兩種稅收管轄權;對綜合所得稅,臺灣則實行單一的地域管轄權,即只對來源於臺灣境內的所得進行徵稅,但大陸將所得視為境內所得,允許抵扣在大陸已繳稅款。因此,雙方稅收管理權產生了

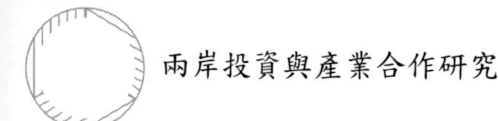

重疊，重複徵稅就不可避免。又如在個人所得稅問題上，由於大陸同時實行兩種稅收管轄權，即只要來源於大陸的所得或者屬於大陸稅收管轄權範圍內的居民一切所得都要徵稅，而臺灣對來源於臺灣的所得也要徵稅。這樣，對於大陸居民來源於臺灣的所得，臺灣根據地域管轄權對該項所得進行徵稅，大陸根據居民管轄權又對該項所得進行徵稅，該納稅人就承擔了兩次納稅義務，從而產生雙重課稅[33]。「陸資入臺」後，如對兩岸稅收法律制度不熟悉，尤其是對臺灣的稅收法律制度不瞭解，就不僅存在可能被雙層課稅的風險，還可能面臨其他稅收風險。

6.臺灣市場狹小，兩岸高端產業內部結構存在較大差別

臺灣與大陸迥然不同的市場發展空間也是大陸企業對臺投資所面臨的主要瓶頸。以汽車產業為例，當前大陸的車企加速入臺，但臺灣汽車業本身就存在著市場狹小的先天不足。臺灣全島僅3.6萬平方公里土地，2300多萬人口，作為一個獨立市場，是不可能支撐汽車工業自主發展的。另外臺灣的汽車市場很早就開始對外開放，通用、福特，特別是日本汽車公司，早已盡數進入島內，市場競爭十分激烈。類似的現象也同樣存在於臺灣的ICT市場、數位學習等市場。在臺灣的不少產業領域，狹小、成熟飽和的市場構成了對外來投資者的巨大挑戰。

此外，兩岸高端產業內部結構的異質性也阻礙了大陸對臺投資結構升級的步伐。大陸企業在高新技術方面的對臺投資不僅受到現實政策的制約，而且在未來政策放開後仍會面臨兩岸高新技術產業內部結構的異質問題。臺灣高科技產業主要包括電子資訊業、光電、精密儀器等行業，且以電子資訊業為重中之重，這與大陸具有一定相似性。但從高新產業的內部側重點來看，臺灣的電子資訊產業主要側重發展芯片、半導體等產業關聯度大、附加值高的高端產品；而大陸地區則主要偏向以消費類電子產品為主的附加值低的中低端產品，兩岸在產業內部結構上存在明顯的差異性，大陸今後要想打入臺灣同類高新技術產業，就會面臨內部結構升級的困難。

第七章 對策建議

第一節 國家層面的對策建議

1. 組建專門的赴臺投資協調機構，加強宏觀管理和指導

針對目前赴臺投資多頭管理的狀況，建議成立一個能夠對大陸企業赴臺投資進行統一協調的政府機構。該機構主要職能包括：貫徹國家的有關方針政策，作好赴臺投資的戰略規劃，確立兩岸經濟合作的整體發展目標；解決大陸企業赴臺投資所產生的問題，就投資者權益保障、經貿糾紛調解及仲裁、知識產權保護等問題進行溝通，為大陸企業赴臺投資提供更好的監管與服務工作。該機構主要成員包括：國臺辦、發改委、商務部、財政部、工信部、海關總署、稅務總局等部門。其中，相關工業和通訊業領域赴臺投資事務由工業和訊息化部牽線負責。

2. 完善大陸企業赴臺投資的政策環境

調整制定大陸企業赴臺投資的相關政策，完善大陸企業赴臺投資的政策環境，促進大陸企業赴臺投資事業的健康發展，打造健全的政策支撐體系。

（1）完善稅收優惠政策

區別大陸企業赴臺投資的投資規模、獲利能力、投資地區和行業、經營時間長短等具體情況，透過採取靈活、多樣的稅收優惠政策，准許投資企業提取稅收準備金；直接減免投資企業來源於臺灣投資所得的所得稅，使其承擔較輕的稅收負擔，增加投資者的稅後利潤和投資收益，從而保護和調動投資者的積極性，帶動赴臺投資的增加。

（2）完善金融支持政策

一方面，赴臺投資需要一定量資金，應根據赴臺投資項目的規模、類型、風險等，發放長期優惠貸款；另一方面，要在進行必要的審查和監督的基礎上，適當放寬外匯管制，在外匯管理上給予赴臺投資企業一定的優惠。

（3）完善投資管理政策

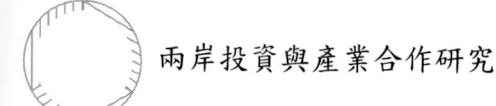

對大陸企業赴臺投資管理，應明確審查範圍和標準，減少審批事項，簡化審批程序，縮短審批時間，對於赴臺投資的大型優勢企業，應賦予其較大的投資自主權。

此外，應完善相關制度，對赴臺投資企業進行動態管理，主要包括：加強赴臺投資企業的資訊公開管理，使管理者及時掌握赴臺投資企業的情況，以便及時回應；進一步完善稅收徵管制度，防範或減少赴臺投資企業逃避稅，促進赴臺投資良性、有序發展。

3.推動建立具有兩岸特色的投資爭端解決和仲裁機制

兩岸投資所發生的爭端如何解決，是構建投資保障的法律機制必須應對的現實問題。因兩岸的法律體系不同，大陸對臺灣不具有司法裁判權，投資糾紛的解決有賴於商事仲裁模式。一般而言，主權主體之間的區域經濟合作，在投資爭端解決與仲裁機制方面，通常是採用國際仲裁的模式，即指定世界銀行的投資人與國家爭端解決中心作為仲裁機構。海峽兩岸的經濟合作並非是簡單、一般的區域經濟合作，是在「九二共識」基礎上，堅持「一個中國」的政治理念下的經濟合作，有著特定的政治蘊涵。考慮到兩岸關係的現實性和特殊性，顯然不能簡單地全盤照搬國際慣例。

目前，臺灣方面堅持引進國際仲裁，將海峽兩岸間投資者的糾紛提交第三方，如世界銀行的投資人與國家間爭端解決中心等作為仲裁機構進行國際仲裁。其實質是有悖「九二共識」，對兩岸投資保障涉及的主體認知有違一個中國原則。兩岸的投資爭端的解決，是一國的內部事務，而不是國際間事務，不能照搬國際仲裁模式。因此，應立足於一個中國原則，兩岸來協商處理該問題。參照通行慣例和做法，未來雙方可建立「具有兩岸特色」仲裁調解機構，該機構的性質可由雙方協商。同時，仲裁地的確認、仲裁主席的選任等重要內容，也同樣由雙方在堅持公平、效率的基礎上協商處理。

4.推動兩岸實現國民待遇和最惠國待遇

國民待遇，又稱平等待遇，是指投資所在地國家或地區應給予外來投資者以國內公民享有的同等的民事權利地位。其強調外來投資者與本國投資者之間的平

等性。通常，對外來資金實行國民待遇制度的國家或地區，只是在原則上給予外來投資者以國民待遇，實際上在投資領域、外匯匯出、商品配額等方面還是有所限制。同時，國民待遇必須對等，不得損害彼此的經濟權利。

　　最惠國待遇，也是無歧視待遇，是投資所在地國家或地區給外來投資者的不低於其給予任何第三國或地區投資者的待遇。其強調一國或地區範圍內外來投資者之間的平等性。因此，最惠國待遇具有將雙邊的國民待遇多邊化的效果。從近年國際投資實務來看，最惠國待遇應表現為兩岸在設立、獲得、擴大、管理、經營、運營、維護、使用、清算、出售或對投資其他形式的處置等方面。

　　大陸與香港、澳門地區的CEPA中，未規定國民待遇和最惠國待遇，是因為港澳地區已回歸，都是在一個主權國家疆域內，港澳投資者在內地的投資，本來就是一國公民的國內投資，自然享有國民的所有權利，根本不需要透過協議規定。大陸和臺灣同屬一個中國，但是臺灣尚未回歸，兩岸的雙向投資不能簡單地比照內地與港澳的投資關係。因此，考慮到兩岸特殊的政治背景及臺灣是WTO獨立關稅區的客觀情況，應本著和平共處、互利共贏、共謀發展的信念，借鑑WTO的相關規定和做法，彼此給予最惠國待遇和國民待遇。

5.支持和肯定投資利潤的轉移

　　投資者對外投資的目的在於獲得較多的合法利潤。在市場經濟法制下，投資者追逐陽光下的利益，受到法律的肯定和保護。源自合法投資的投資利潤，是投資資金的法定孳息，投資者對該合法收益享有民法上的所有權，享有對其自由支配的合法權利，因此也有權將其自由移轉。投資利潤能否順利轉移，是兩岸投資者必然共同關注的問題。投資利潤轉移的關鍵在於外匯管制。國際通行做法是，投資所在地允許外來投資者有權利將投資的資本及利潤自由轉移，但為維持投資所在地的國際收支平衡、貨幣準備等公共利益，當地政府所採用的外匯管制等宏觀調控措施則不受投資者權利的約束。但是，投資所在地實施的外匯管制措施，對所有的外來投資者一視同仁，不得歧視，這涉及最惠國待遇問題。現在，兩岸投資者均有投資利潤自由轉移的利益訴求，大陸和臺灣兩地均存在各自的外匯管制制度，對此首先應依循當地的外匯管制制度，在彼此給予國民待遇和最惠國待

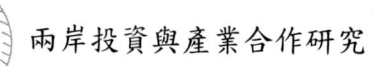

遇的基礎上，兩地管理部門應給予投資者便利，實現投資利潤的合法轉移，最終促進兩岸投資的順利發展。

6.提高法律法規透明度

提高法律法規透明度是兩岸經濟合作順利發展的基礎，也是兩岸投資保障切實落實的保證。兩岸雙方都有加強提高法律法規透明度領域合作的意圖。提高法律法規透明度需要從這幾方面入手：一是建立兩岸關於法律法規透明度的合作機制，即在互設的辦事機構中設置專門的工作組，由工作組開展合作。二是明確提高透明度所涉及的法律法規的具體方向。兩岸雙方關於提高法律法規透明度，涉及合作內容主要是：就投資及相關經貿領域法律法規的頒布、修改情況交換資訊資料；透過雜誌、報紙、網路、簡訊等各種媒體及時發布政策、法規資訊；舉辦多種形式的投資政策法規說明會、學術研討會；透過專門網站、機構等為海峽兩岸的投資企業提供諮詢服務。

第二節 行業主管部門層面的對策建議

1.制定赴臺投資行業指導意見，規範引導企業行為

國家工業和訊息化部作為大陸地區工業和通訊業的行業管理部門，應積極制定行業指導意見，統籌產業政策，引導規範企業建立科學管理和決策機制，守法經營，保護生態環境，尊重臺灣文化風俗，保障企業員工的合法利益，關心和支持當地社會民生事業，推動大陸企業赴臺投資工作的穩步發展。

2.健全資訊服務制度，建立大陸企業赴臺投資資訊網

國家工業和訊息化部要利用其專業性強、資訊靈通等優勢，為企業赴臺投資提供諮詢服務，使企業能及時獲得有關赴臺投資方面的各種資訊。因此，要及時、準確地將各產業投資政策、行業發展前景、投資障礙及預警等資訊向企業公布，讓企業全面瞭解有關赴臺投資的資訊，為企業提供具有投資價值和可操作性的赴臺投資指南，開闢更多的投資渠道，從而有效避免盲目投資造成不可挽回的損失。

3.加大對企業赴臺投資發展的投入支持力度

（1）建立產業投資引導基金，協助企業拓寬融資渠道

一是由國家工業和訊息化部主導，建立具有政策導向的產業投資引導基金，透過基金引導，鼓勵和支持大陸相關企業赴臺投資。二是發揮政府公信力，為相關企業募集資金提供融資擔保。

（2）建立赴臺投資風險補償金制度

考慮到大陸企業赴臺投資可能存在的高風險，為提高大陸企業投資的積極性，建議設立工業和訊息化部赴臺投資風險補償專項資金，負責為企業由於赴臺投資失敗，發生較大金額損失或所投資項目破產清算時，給予企業一定的補償等。

（3）鼓勵相關企業赴臺從事研究開發活動

國家工業和訊息化部應考慮從財政科技經費預算中，撥出專款，建立研究和開發基金，支持大陸企業進入臺灣，利用臺灣在某些領域的技術優勢，與相關企業展開合作，建立研發中心。研究基金的資助可分三個階段操作：第一階段：即啟動階段，主要資助企業對新構想、新技術的可行性或技術價值進行探索性研究，期限6個月。第二階段：從啟動階段的項目中挑選最有潛力者，繼續第二階段的資助，期限為1—2年。第三階段：在企業實驗室的科學研究成果商業化過程中給予適當資助。

4.逐步提升現有高新產業的內部結構，推動兩岸在新興產業方面的投資合作

隨著大陸勞動力成本的逐漸提升，大陸企業在傳統勞動密集型產業的投資優勢正在逐步喪失，新興產業將成為對臺投資的主要領域。工業和訊息化部作為行業主管部門，具體可以結合大陸的「十二五」規劃以及臺灣的「黃金十年」規劃，在高新技術產業方面加強與臺灣有關主管部門和企業的投資合作，採取自主創新與模仿創新相結合，努力提高企業的自主研發能力，不斷縮小大陸在電子資訊等高新技術產業方面與臺灣先進企業間的差距，把對臺投資作為改善高新技術產業內部結構的重要舉措，最終形成互利互惠及相互依存的高新技術產業發展關

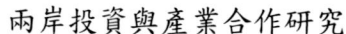

係，共同促進兩地產業結構的優化升級。

5.舉辦赴臺投資產業合作論壇，鼓勵兩岸學者進行研究探討

國家工業和訊息化部應定期舉辦兩岸相關產業經濟合作論壇，從目前大陸企業赴臺投資中存在的問題入手，探討解決問題的途徑，然後予以幫助。此外，應鼓勵及加強兩岸企業界人士、研究諮詢機構和專家學者就這一問題進行更廣泛深入的研究探討，為大陸企業赴臺投資提供更深入、更務實的諮詢和建議，進而為兩岸民間協調機制的建立奠定良好基礎。

第三節 企業層面的對策建議

1.全面瞭解和掌握臺灣的勞工、稅收等法律規章制度

臺灣在經貿方面的制度性規定很多，而且很細，尤其是勞工、稅收等方面的規定。大陸企業只有透過各種方式、各種渠道去瞭解、熟悉，才能有效地避免投資風險。具體來看，一是透過大陸設立的專業研究臺灣法律的機構及律師事務所，對所要投資的領域、投資方式及投資風險規避所涉法律事務進行諮詢。加入WTO之後，出於兩岸直接貿易、陸資入臺投資、「三通」等需要，大陸律師加強對臺灣法律的全面深入瞭解和研究是一項急迫的任務，這對於促進兩岸交流交往、維護大陸企業在臺灣的合法權益具有重要意義。二是在勞工、稅收制度方面，可透過培訓學習等方式，熟悉並運用臺灣的相關法律制度。同時，可參照臺灣與澳大利亞簽訂的《避免所得稅雙重課稅及防杜逃稅協定》，制定兩岸間的《避免所得稅雙重課稅及防杜逃稅協定》，這樣可以從機制上有效避免「陸資入臺」的雙重課稅風險[34]。三是透過聘請臺灣當地人才對在臺投資企業的勞工人事及會計課稅等方面進行管理。臺灣當地管理人才熟悉本地區的政策法律制度，透過聘請他們作為管理人員，可以迅速有效地掌握當地的各種制度性規定，從而降低企業運營成本，規避投資風險。

2.構建全面的企業投資發展規劃

目前，大陸企業對於臺灣現階段開放投資的範圍，及對部分投資項目所附加

的條件並不完全滿意。從臺灣現階段開放投資項目的範圍上看，有其避免內部爭議及減少產業衝擊的考慮。同時，從臺灣制定的「先緊後鬆」、「循序漸進」、「有成果再擴大」的開放投資指導方針看，未來臺灣進一步擴大開放投資範圍的可能性很大。在這種情況下，大陸不能只限於現階段開放投資的範圍而裹足不前，而應對臺灣開放赴臺投資進行充分評估，透過布局上、下游開放投資項目，在工業和通訊業的相關細分領域作出全面的發展規劃。

3.在投資方式上，目前應採取參股購併或合資合作等間接投資方式進入臺灣

由於臺灣對大陸企業赴臺直接投資方式的審批管理程序、投資範圍和投資主體都有嚴格的限定，因此，相關企業目前可以參股購併或合資合作等間接投資方式進入臺灣：第一，技術、專利入股投資模式。這種投資模式比較簡單，且不必直接經營，所受限制相對較少，作為未來投資模式的可能性高。第二，併購模式入臺。以這種模式進入臺灣，手續相對簡單一些，而且產生的經濟效益較高。但是這種模式容易受到臺當局政策法律的限制和干預，因此大陸企業可以透過收購國際跨國公司及其在臺業務的方式，實現間接進入臺灣投資。第三，與外商合作，以外資企業的名義進入島內投資。從對大陸居民在島內投資的政策規定看，臺當局對大陸企業在臺投資限制多，很難讓大陸企業以獨資的方式投資。因此陸資入臺的另一條路徑選擇就是採取與外商合作的方式，甚至可以以外資的名義在臺投資。第四，證券投資模式。對於大陸非企業投資者來說，臺灣已經開放大陸境內合格機構投資者（QDII）投資臺灣證券市場及期貨市場。隨著兩岸金融資本市場的逐步開放，證券投資模式將是占據很大比重的大陸非企業投資者投資臺灣的主要方式。

4.合理布局投資區位，提高投資績效

從投資的區位選擇角度來衡量，臺灣北部地區應是大陸企業投資的重點區域。臺灣北部地區包括臺北縣、臺北市、基隆市、桃園縣、新竹縣、新竹市及宜蘭縣，這些區域是臺灣的政治、經濟中心，也是臺灣IT、生物技術以及光電產業的集聚地。同時，臺灣北部屬於深藍、泛藍陣營，政治氛圍較好，投資安全性高。從提高投資績效、降低投資風險的角度看，大陸企業可以將臺灣北部地區作

為投資的重點區域。

5.選擇臺灣鼓勵投資的項目作為投資重點

大陸企業赴臺投資應選擇臺灣鼓勵投資的項目以及臺灣需求大的投資項目作為投資重點，這樣不僅可以繞過諸多政策壁壘，還可以規避與當地企業的競爭。目前，臺灣對大陸開放的投資領域主要集中在基礎設施、旅遊、金融、文化娛樂以及房地產或不動產等新興服務業。因此，大陸企業赴臺灣投資，應以企業競爭優勢為基礎，以島內政策規劃為依據，尋找市場空隙，合理選擇具有比較優勢且島內市場需求大的項目進行投資。

注　釋

[1].參見北上北投資網。

[2].參見投資臺灣入口網。

[3].參見投資臺灣入口網。

[4].新鑽11國是著名投資銀行——高盛在2002年前後首創「金磚四國」之後，再次首創的一個投資新概念（Next-11）。新鑽11國分別為墨西哥、印度尼西亞、尼日利亞、韓國、越南、土耳其、菲律賓、埃及、巴基斯坦、伊朗和孟加拉。這11個新興市場經濟潛力僅遜於金磚四國，高盛預測「4＋11」的GDP在2035年可望超越七大工業國家，2050年「新鑽11國」的GDP將與美國比肩。因此，「新鑽11國」將是繼「金磚四國」後，又一吸引全球投資市場眼球的投資新概念。

[5].參見「臺當局強力推動臺商回流影響複雜成效難言樂觀」。

[6].參見「馬英九四年磨一劍打造臺灣總部經濟」。

[7].參見「行政院通過愛臺12建設，投資3.99兆臺幣，政府占七成」。

[8].參考美國的《特別301報告》。該報告是美國貿易代表辦公室公布的關於世界各國的知識產權保護的年度報告。主要針對的是盜版軟體、盜版光盤等問題。美國貿易代表辦公室根據美國1974年貿易法第182節的第301條款的規定

（這就是《特別301報告》名字的由來），從1980年開始對各個國家是否對於知識產權提供充分有效的保護，以及是否對依賴知識產權保護的工業部門或商人提供公平的市場準入機會進行審查。每年年末，美國貿易代表辦公室都會根據年度審議結果發行一份關於各國保護知識產權狀況的年報。在報告中分三級將各個國家列為知識產權保護的「觀察國家」名單、「優先觀察國家」名單和「306條款監管國家」名單，以便於美國政府參照決定是否對不注重知識產權保護的國家進行貿易報復。

[9].英國富時指數，又稱金融時報指數，是由倫敦金融時報和倫敦證交所聯合成立的FTSE國際公司編制和維護的。FTSE制定的行業分類標準稱為全球分類系統（Globe Classification System），被廣泛接受為一個全球性的行業標準。執行FTSE的GCS機構有倫敦證交所、香港恆生指數（Hang Seng Index）、美國羅素指數（Russell Index）等。FTSE全球分類系統的主要目的是透過把公司分為業務相同的子行業來為投資者服務。

[10].參見投資臺灣入口網。

[11].參見「臺灣商務通」。

[12].臺灣是美國牛肉的出口市場之一，2003年美國爆發「狂牛症」疫情後，臺灣多次禁止進口美國牛肉，但迫於美國壓力，臺灣的「美牛」政策常在禁與解禁之間游移。萊劑即萊克多巴胺，屬瘦肉精的一種類型。

[13].俞毅：《大陸企業對臺投資的現狀、障礙及對策》，《國際經濟合作》，2011年第6期，第27—28頁。

[14].本文以2009年6月30日為起點，將臺灣對陸資的開放分為三個階段，第一階段為2009年6月30日至2011年3月7日，第二階段為2011年3月7日至2012年3月30日，第三階段為2012年3月30日至今。

[15].本部分內容參考「開放陸資來臺，實現兩岸雙向投資——優勢互補、互利雙贏」，臺灣「經濟部投資審議委員會」。

[16].依據臺灣「經濟部」2010年8月18日經審字第09904605070號解釋令，

「具有控制能力」是指有下列情形之一：（1）與其他投資人約定下，具有超過半數之有表決權股份之能力；（2）依法令或契約約定，可操控公司之財務、營運及人事方針；（3）有權任免董事會（或約當組織）超過半數之主要成員，且公司之控制操控於該董事會（或約當組織）；（4）有權主導董事會（或約當組織）超過半數之投票權，且公司之控制操控於該董事會（或約當組織）；（5）依據財團法人臺灣會計研究發展基金會公布之財務會計準則公報第五號、第七號所規定之其他具有控制能力。

[17].參見臺灣「經濟部投資審議委員會」。

[18].李非，湯韻：《海峽兩岸雙向投資的方式和領域》，《兩岸關係》，2009年第2期，第29—30頁。

[19].肖文等：《浙江民企入臺投資的機遇與挑戰》，《今日浙江》，2011年第20期，第31頁。

[20].參見「福建財茂集團有限公司在臺灣投資建設TOPBI（淘帝）品牌童裝營銷中心項目通過核准」，國家發展和改革委員會網站。

[21].參見「中移動臺灣子公司獲批」，中國通信網。

[22].參見「姜增偉副部長在海峽兩岸綠色低碳產業發展論壇上的致辭」。

[23].熊俊莉：《「陸資入島」的新進展及前景展望》，《兩岸關係》，2011年第5期，第35頁。

[24].參見「臺通過愛臺12建設計劃投資經費3.99兆元」。

[25].參見「大陸企業投資臺灣堅冰消融」。

[26].劉相平：《2008臺灣「大選」後的兩岸關係走向蠡測》，《世界經濟與政治論壇》，2008年第3期，第84頁。

[27].周志懷編：《臺灣2009》，北京：九州出版社，2010年4月版，第3頁。

[28].中國國家統計局數據顯示，2010年，中國城鎮私營單位就業人員月平

均工資為1929.9元，城鎮非私營單位在崗職工月平均工資為3095.6元，而根據臺灣「經建會」公布數據顯示，2010年臺灣島內人均月薪為44453元新臺幣，折合人民幣為10059.7元，是大陸城鎮私營單位就業人員月平均工資的5.2倍，城鎮非私營單位就業人員月平均工資的3.2倍。

[29].林銀木：《「陸資入臺」可能面臨的投資風險及其應對之策》，《福建法學》，2010年第2期，第18頁。

[30].熊俊莉：《「陸資入島」的新進展及前景展望》，《兩岸關係》，2011年第5期，第35頁。

[31].吳佳蓓：《臺核准「陸資入臺」投資項目》，載新加坡《聯合早報》，2009年7月1日。

[32].《勞動法》第十三條規定：婦女享有與男子平等的就業權利。在錄用職工時，除國家規定的不適合婦女的工種或者崗位外，不得以性別為由拒絕錄用婦女或者提高婦女的錄用標準。

[33].福建省地方稅務局編：《中國臺灣稅收制度》，中國稅務出版社2007年11月出版，第374—377頁。

[34].臺北經濟文化辦事處與澳大利亞商工辦事處於1995年5月29 於堪培拉訂立《避免所得稅雙重課稅及防杜逃稅協定》，該協定共26條，對兩地避免所得稅雙重課稅及防杜逃稅進行了約定。

第二篇 臺商投資大陸

第八章 臺商投資大陸的背景

第一節 當前臺商投資大陸的必要性分析

1.臺灣產業赴大陸投資是其自身產業升級的客觀要求

臺商赴大陸投資的動機，無論是資源尋求型、市場尋求型，或者是效率尋求型廠商，幾乎都包含有延續產品生命週期的考慮。從1980年代開始，受勞工工資上漲、上地價格攀升、發展空間趨於飽和、環保壓力增加等因素制約，臺灣經濟發展成本上升，傳統的勞動密集型產業和資源消耗度較高的水泥、石化等產業迫切需要透過拓展新的發展空間，以延續傳統產業的發展和實現島內產業的優化升級。此時，恰逢大陸開始實行對外開放，及時承接了這一輪臺資產業的轉移，這為臺灣高新技術產業和服務業的發展拓展了空間。進入90年代以後，隨著臺灣以電子資訊業為代表的高新技術產業逐步發展成熟，加上電子產品生命週期更新換代加快，大量臺灣電子資訊廠商迅速在東莞和崑山等地集聚，並且透過在兩岸的分工布局，形成了獨具特色的臺商生產供應鏈。在新世紀之初，隨著光電、IC等高科技產業和服務業的迅速跟進，臺商掀起了新的投資熱潮。縱觀臺商赴大陸發展的歷史進程，每一輪赴大陸投資熱潮，都是在島內產業升級的內在要求推動下形成的，也為臺灣自身的產業不斷升級創造條件和空間。透過這種產業的持續轉移，臺灣產業的發展版圖得以延伸，並且創造了兩岸經濟發展的雙贏。

2.臺灣蓄意阻撓迫使臺商「迂迴登陸」

長期以來，臺灣的兩岸經貿政策始終奉行以限制原則為主軸，雖然不時迫於

壓力對一些領域放寬限制，但其開放程度仍然十分有限。兩岸經貿關係中曾經長期無法直接「三通」等就是臺灣當侷限制性大陸經貿政策的直接產物。特別是李登輝上臺後，在政治上逐步脫離「一個中國」的軌道，積極推行「臺獨」分離路線，甚至試圖以「兩個中國」來定位兩岸關係。基於這種政治目的，臺灣擔心日益密切的兩岸經貿關係會威脅其所謂安全與政治利益，因此，1990年代中期起逆向調整兩岸經貿政策，使其朝「獨立發展」與「經貿分散化」的道路發展，極力阻礙兩岸經貿關係的正常化。1994年臺灣大力推行所謂「南向政策」，試圖分散臺商對大陸的投資；1996年又提出發展兩岸經貿關係要「戒急用忍」；1997年後更進一步對臺商投資大陸重新制定緊縮性的政策，禁止臺商在大陸投資基礎設施、高科技產業、房地產業、金融保險業等項目，對臺灣股票上市公司赴大陸投資制定了「投資金額比例累退制」，而且規定單一投資案以5000萬美元為限。民進黨執政兩屆期間，大肆推行「經貿拒統」，財經政策搖擺不定，對兩岸經貿往來大加限制，禁止臺灣大企業以及高科技產業、金融業到大陸投資。雖然2001年11月臺灣迫於種種內外壓力曾宣布將「戒急用忍」政策調整為「積極開放、有效管理」，但2006年1月又將兩岸經貿政策調整為「積極管理、有效開放」，緊縮臺灣對大陸的經貿往來。顯然，臺灣極力限制兩岸經貿往來，是兩岸經貿關係正常化的最大障礙。[1]

　　近年來臺灣島內出現了產業外移加劇的趨勢。應該說，這是經濟規律自然作用的結果，也是島內臺商適應生存發展需要、尋找發展新空間的自發選擇。臺灣對這一現象進行曲解，歸結為大陸對臺商的「磁吸」導致的產業「空洞化」。事實上，產業外移是包括美、日、歐在內的全球許多發達經濟體都曾發生的現象，是一個國家或地區產業升級的一個必然過程。產業外移並不必然導致產業空洞化，產業升級滯緩導致新、老產業銜接不力而出現產業「斷檔」危機，才是「產業空洞化的根本源頭」。臺灣的政治因素干擾使臺灣經濟不能更好地藉助大陸發展的契機，導致臺商只能以迂迴的方式進行民間的經濟合作，最終只是徒然增加了臺商的交易成本。即使在這種條件下，臺商到大陸設廠生產仍可減少生產成本的一半以上，這也是廣大臺商衝破當局種種阻力赴大陸投資的重要動力所在。因此，臺灣極力阻撓兩岸經貿合作，在阻礙和限制兩岸產業合作的同時，客觀上也

加劇了島內企業外移的緊迫感，加快了一些島內企業布局大陸的步伐。當然，當前隨著馬英九當局的執政及ECFA的簽署實施，兩岸關係得以緩和，臺商赴大陸投資的便利性較之以前有了大幅提高。

3.經濟全球化和區域一體化潮流的外部推動

1990年代以來，經濟全球化和區域經濟一體化步伐顯著加快，並成為世界經濟發展方興未艾的基本潮流。區域間緊密的產業合作，可以重新組合生產要素，降低交易成本，提高綜合競爭力。在這一進程中，中國大陸隨著改革開放的不斷深入，越來越多地參與多邊貿易體制和不同形式的區域經濟合作，目前除已經加入世貿組織之外，已經加入的區域合作組織包括亞歐會議、曼谷協定、中國—東盟（10＋1）合作機制、亞太經濟合作組織（APEC）、上海合作組織、中日韓—東盟（10＋3）合作機制等，合作對象包括歐洲、北美、東南亞、南亞、中亞等地區。其中尤以「中國—東盟（10＋1）」合作機制最為引人注目。可以說，中國大陸已經成為推動東亞區域經濟合作的重要主導力量。

近年來，面對亞太經濟整合新格局，臺灣一方面拒絕與大陸建立正常經貿關係，另一方面卻傾力推動與美國、日本以及東南亞國家簽訂自由貿易協定，企圖以此謀求其所謂「國際空間」，但都沒有收到預期效果。事實上，在當前兩岸經濟政治力量懸殊的情況下，臺灣這一企圖是注定失敗的。拒絕與大陸的經貿合作，無異於將自己孤立於區域經濟一體化的進程之外，最終只能導致臺灣經濟在東亞的「邊緣化」。換言之，臺灣經濟要防止在東亞區域一體化進程中被「邊緣化」，最根本的出路就在於開放兩岸的經貿交流合作，推進兩岸經濟的一體化。只有這樣，才可以使臺灣經濟盡快融入區域一體化，實現其「全球布局」的產業擴張策略，拓展更廣闊的市場空間，而且可以整合兩岸資源優勢重塑臺灣經濟競爭力，有助於鞏固、提升臺灣的區域經濟地位。[2]

因此，在全球化、區域經濟一體化的浪潮下，兩岸經貿關係不單是兩岸之間經濟往來的問題，而且是全球、區域產業分工體系下的必要環節。企業對外投資與全球生產體繫緊密結合，是企業提升競爭力、拓展生存空間的基本策略，臺商對大陸投資也是基於市場經濟規律的理性選擇。兩岸產業合作的深刻背景是經濟

全球化和區域一體化的浪潮，必然隨著經濟全球化的推進而成為不可遏止的發展趨勢。

事實上，從自身發展需要看，兩岸都有加強對外經濟合作的迫切需要。而且雙方都已加入世貿組織，都應該遵守和執行該組織的基本準則和規範。從長遠看，在國際經貿規則的制約下，兩岸政策因素對經濟合作的干擾作用將趨於減弱。這不僅有利於兩岸進一步融入、利用經濟全球化和區域一體化潮流，而且將加快兩岸的經濟一體化步伐和產業合作進程，提升兩岸產業的整體競爭力，形成「兩岸聯手賺世界的錢」的雙贏格局。

上述諸多因素疊加在一起，從各個層面共同作用，形成了推動臺灣產業加快向大陸轉移和促進兩岸產業分工合作的強大合力。可以說，兩岸產業的分工合作的現狀格局是多重經濟因素共同促成的結果。用以前任何一種單一的國際投資和產業分工理論似乎都無法完整解釋兩岸產業分工的動因。這種分工格局的形成，既有要素稟賦差異和比較優勢的合理內核，也有企業內部化的現實需要；既有產業集群的經濟效益追求，又有產品生命週期梯度轉移的考慮。資源、市場、勞動力成本、效率、產業配套等因素，在不同程度上都是臺資企業投資大陸的動機，但不同產業類型的決定性動因確又往往各有不同。而且這種產業分工合作格局也與兩岸之間特殊的政治、歷史、文化背景密切相關。因此，兩岸產業分工合作既是建立在兩岸經濟發展要素稟賦和產業比較優勢基礎上的必然結果，也是突破各自產業發展制約、實現兩岸產業結構和競爭優勢互補、促進共同發展的合理選擇，又是符合世界經濟發展潮流的大勢所趨。海峽兩岸只有順應這些客觀規律，互相開放，密切協作，提高分工合作水平，才是促進兩岸經濟持久繁榮的根本之道。

第二節 大陸吸引臺商投資的優勢分析

大陸實行改革開放30多年來，經濟持續保持高速增長，經濟發展水平、市場化程度、對外開放度不斷提升，不僅創造了世界經濟史的一大奇蹟，而且已經成為推動世界經濟發展的重要力量，具備了深度參與國際和區域經濟協作的有利

條件。在此過程中,大陸積極參與經濟全球化,穩步有序地推進對外開放由點到線及面拓展。為吸引外來投資,大陸各地競相制定了許多優惠政策。加入世貿組織,標幟著大陸全方位對外開放合作的歷程更加不可逆轉。而海峽兩岸近在咫尺的區位優勢和同文同種的歷史文化淵源更為兩岸的產業分工與合作創造了天然的基礎條件。這些因素,構成了大陸對臺商的強大的「磁吸效應」。

1.大陸經濟的持續快速增長為臺商投資大陸提供了重大歷史機遇

大陸自1978年實行改革開放以來,經濟發展的巨大潛力和社會創造力得到了充分釋放。1978年至2007年30年間,GDP年平均增長率達到9.8%,2007年GDP即達到24.95萬億元,占世界份額由1.8%上升到6%。2010年大陸經濟規模更是超越日本,成為世界第二大經濟體。在實現高速增長的同時,透過改革開放的深入推進,大陸經濟體制不斷完善,初步確立了社會主義市場經濟體制的框架,經濟社會發展的協調性逐步提高,抗風險能力顯著增強。大陸已經並且正在成為全世界最大的投資、貿易和消費市場之一,同時也是巨大的技術供應和消化市場,對世界經濟影響力不斷擴大。2011年,大陸貨物進出口總額36421億美元,比2002年增長4.9倍。其中,出口總額18986億美元,增長4.8倍;進口總額17435億美元,增長4.9倍。2003—2011年,貨物進出口貿易年均增長21.7%,其中,出口年均增長21.6%,進口年均增長21.8%。2011年,大陸貨物貿易出口總額和進口總額占世界貨物出口和進口的比重分別提高到10.4%和9.5%,貨物貿易進出口總額躍居世界第二位,並且已經連續三年成為世界貨物貿易第一出口大國和第二進口大國。[3]

另據商務部統計,2003—2011年,共計批准設立外商投資企業31.4萬家,實際使用外資金額7192.2億美元。截至2011年底,累計設立外商投資企業超過73.8萬家,實際使用外資超過1.2萬億美元。2011年與2002年相比,實際使用外資金額增長了120.0%,年均增長9.2%,在全球的排名由第四位上升至第二位,並已連續20年保持發展中國家首位。[4] 在此過程中,城鄉居民擁有的財富呈現快速增長趨勢,市場潛力巨大。據高盛預測,未來10年大陸人均GDP增長率將高達180%,到2015年大陸將有一半人口成為年收入達到6000—20000美元的中產

階級,屆時大陸內需有望是2008年的兩倍,達到20萬億元人民幣,成為全球最大消費市場。這也意味著大陸內需市場的持續擴大,將為兩岸經濟合作提供越來越強大的動力,外需與內需「雙輪驅動」將成為兩岸經濟合作的主要動力。[5]從今後經濟增長的趨勢看,大陸經濟的繁榮期仍將在相當長的時期內得以持續。大陸經濟將繼續高速增長,這是推動今後海峽兩岸經貿合作向前發展的重要力量,也是今後臺灣經濟發展的有利條件。[6]

2.優惠的投資鼓勵政策是吸引臺商投資大陸的重要誘因

大陸從開放伊始,就對吸引臺商投資給予特殊的重視和支持,對前來投資的臺商實行「同等優先、適當放寬」的政策,給予臺商超國民待遇。企業所得稅的優惠措施極具彈性,依照地域、投資項目以及年限的不同享受不同的優惠。一般是實行「兩免三減半」,即從獲利年度起,前兩年免徵所得稅,五年後減半徵收。此外,還有其他一些相關優惠政策,如自用設備進口免關稅、產品加工出口可退稅、減免地方所得稅、減免土地使用費、企業淨利潤再投資免徵企業所得稅等。這些優惠政策對上個世紀吸引臺商赴大陸投資發揮了十分關鍵的作用。近年來,隨著中國加入世界貿易組織和大陸市場競爭的加劇、利用外資政策的升級、出口加工政策的調整等,政策優惠的空間趨於縮小,但出於經濟政治的多重考慮,各級政府在吸引臺資上,相對於大陸民間投資和其他境外資金仍具有一定的政策優勢。

3.文化血緣的同質性是吸引臺商投資大陸的社會紐帶

海峽兩岸同文同種,深厚的血緣、地緣、文緣、商緣和法緣關係為兩岸經貿交流交往提供了暢通無阻的社會人文紐帶。兩岸儘管體制各異,但血脈相連、習俗相同、語言相通、地域相近,加上中華民族注重追根溯源的民族特質,使得中國大陸成為臺商向海外拓展的首選之地。臺商進入大陸,無須太多調整即可適應。兩岸社會和企業管理皆以儒家思想為本,臺灣企業管理的理念和模式在大陸實施不存在任何文化障礙。臺商在大陸生活,也很容易找到認同感和歸屬感。這一因素在促成早期臺商投資大陸的諸多動因中,占據著十分重要的位置。特別在1990年代中期以前,大陸臺資明顯地集中於閩南地區,最為重要的原因就是該

區域與臺灣的文化血緣關係尤為密切。此後，臺資開始向大陸其他區域擴散和集聚，而不是向臺灣所推動的向東南亞等國家或地區轉移，說明這一因素仍然在吸引臺商投資方面發揮著獨特作用。

第九章 臺商投資大陸的歷史與現狀

由於長期以來臺灣對兩岸資本流動設置的障礙，目前海峽兩岸投資關係基本上是臺資向大陸的單向流動，大陸對臺灣的投資還受到諸多限制。臺商對大陸的投資，從其最初的試探摸索到目前大規模集聚式的產業鏈轉移，其發展過程是海峽兩岸動態比較優勢、經濟發展階段、產業結構、實力消長以及特定的歷史環境、政治氣候等諸多因素綜合作用的結果。20多年來，儘管兩岸關係跌宕起伏，臺商投資大陸的熱情仍然高漲，臺資流向大陸的勢頭日見強勁，在大陸的臺資企業持續增加，臺資企業的投資規模也越來越大，臺資在大陸的空間分布也更加廣泛，兩岸產業合作呈現不斷提升和深化的趨勢。

第一節 臺商投資大陸的歷史

自1983年第一個臺商投資項目落戶福建省以來，臺商投資大陸不管在規模還是在項目上都在不斷深化。回顧近30年來海峽兩岸的交流與合作，大陸臺商投資也經歷了從嘗試、擴張、快速發展到合作與競爭的階段演變。當然，在演變的過程中，臺商的大陸投資也充滿了曲折與艱辛。

1.第一階段：嘗試階段（1983—1987）

1980年代初，海峽兩岸局勢開始趨於緩和，兩岸的經貿合作初現端倪。為進一步貫徹落實改革開放的指導方針，加強海峽兩岸的經貿交流，促進大陸地區經濟發展，國務院在1980年批准設立4個經濟特區，1984年設立14個對外開放城市，在鼓勵外商到華投資的基礎上，於1983年由國務院專門頒布了《關於臺灣

同胞到經濟特區投資的特別優惠辦法》（以下簡稱《特別優惠辦法》），旨在針對到大陸經濟特區投資的臺商給予特別優惠政策。但是，由於當時的臺灣仍處於「動員戡亂時期」，當局嚴格禁止島內廠商赴大陸地區進行投資活動。因此，一些在大陸投資的臺商，為規避臺灣的政策管制，多以迂迴方式進行「投石問路」，投資數量和規模、產業結構等方面都極為有限和單一。

2.第二階段：升溫階段（1988—1991）

1987年，臺灣宣布開放島內居民赴大陸探親的政策後，臺商投資大陸的活動逐漸由暗轉明、不斷升溫，投資數量和規模也逐步增加。1988年，國務院在《特別優惠辦法》的基礎上，又發布了《關於鼓勵臺灣同胞投資的規定》（以下簡稱《規定》），明確提出對臺商投資的合法權益和政治風險提供保障，並給予臺商投資優惠和便利。這些措施的頒布，不僅加強了兩岸人民的交流與往來，而且極大地激發了臺商投資大陸的熱情。許多臺商把大陸沿海地區作為加工出口基地，以「臺灣接單、大陸加工、香港轉口、海外銷售」為經營模式，大量轉移島內的夕陽產業，即以紡織、服裝、製鞋、玩具、皮革加工、塑膠製品、手提箱包、農產品加工等為代表的勞動密集型產業。應該說，當時的大陸臺資企業總體技術層次較低，投資規模偏小，短期行為突出，且主要集中在東南沿海和珠三角地區。在此階段，臺商投資大陸的金額達到33.92億美元，年平均項目為946件，年均金額達8.32億美元，分別是前一階段年平均項目的59倍和年平均金額的42倍。

3.第三階段：深化階段（1992—1996）

1992年鄧小平同志的南方講話、中共十四大確立的建立社會主義市場經濟體制、1992年的「辜汪會談」，都為進一步拓展海峽兩岸的經貿合作奠定了良好的基礎。而且，1992年9月18日，臺灣頒布了「臺灣與大陸地區人民關係條例」，對兩岸的經貿、投資往來進行了法律規範。為表示支持與呼應，全國人大常委會於1994年通過了《中華人民共和國臺灣同胞投資保護法》，旨在從法律上保護大陸臺商的合法權益。以此為契機，臺商在「求發展、逐利潤」的強烈驅動下，不僅在投資規模和數量的深度和廣度上不斷拓展和延伸，而且投資的領域

不再侷限於簡單的加工裝配製造，車輛、機械、化工、精密機床等生產企業逐步投資大陸，產業形態由勞動密集型逐步轉變為資本密集型，產業投資地域由東南沿海逐漸向長三角地區和環渤海地區延伸，經營模式也由獨資經營居多轉變為以合資經營為主。

4.第四階段：調整階段（1997—2000）

1996年，以李登輝為首的臺灣出於政治上的考慮，頒布了「戒急用忍」的政策。這一政策的頒布，直接影響到了海峽兩岸的局勢。1997年，亞洲金融風暴的衝擊，使臺商在大陸的投資更加雪上加霜，大陸臺商投資也隨之進入調整階段。在嚴峻的經濟形勢下，國務院1999年2月頒布《臺灣同胞投資保護法實施細則》，把保護臺灣同胞投資的合法權益上升到法律層次。在大陸制度體系不斷健全和完善、國際競爭愈加激烈、全球高科技領域蓬勃發展的大背景下，臺商對大陸投資在數量與規模仍處於不斷擴張的基礎上，產業形態和投資領域逐漸擴展到以半導體、筆記本電腦、手機、電信設備等為代表的技術密集型產業。從經營模式看，逐步由過去的「臺灣接單、大陸加工」轉變為「大陸接單、大陸出貨」。從投資形態看，逐步由以往的單打獨鬥轉變為集體合作、共同參與，產業集群和區域集群效應逐漸明顯。從投資動機看，臺商也由當初的「跑、帶」戰略轉變為「生根」戰略，簽約期限通常都在40年以上。

5.第五階段：擴散階段（2001年以來）

2001年底和2002年初，海峽兩岸先後加入世界貿易組織。為適應 WTO的規則，大陸與臺灣在繼續擴大開放程度的基礎上，不斷加強相互間的交流與合作，臺商對大陸的投資也進入了新的合作與競爭階段。入世後，大陸地區的服務市場將進一步開放。但是，在WTO提出的12大類142個服務專案中，內地只能提供40多種。相對應的是，臺灣在電信、金融保險、商業零售等服務領域發展較為成熟，成本相對低廉，良好的競爭優勢在較好地彌補了大陸相對弱勢環節的同時，也拓寬了臺商在大陸地區以服務業為主導的投資渠道。而且，為應對入世後更為激烈的市場競爭，臺商也逐漸採取臺商與外商結盟或臺商與大陸國有、民營企業結盟的方式進入大陸地區，以不斷提升自身的技術實力和競爭優勢。此外，伴隨

著2010年6月ECFA的簽署，兩岸的經貿關係進入了新的歷史時期，臺商投資大陸也面臨著良好的歷史機遇。

第二節 臺商投資大陸的現狀

1.臺商投資大陸的規模

表9-1 1997—2012年11月大陸臺商投資情況　　單位：億美元

	投資項目(件)	合同台資	實到台資	實到台資增長率(%)
1997	3014	28.14	32.89	-5.24
1998	2970	29.82	29.15	-11.37
1999	2499	33.74	25.99	-10.84
2000	3108	40.42	22.96	-11.66
2001	4214	69.14	29.8	29.79
2002	4853	67.4	39.7	33.22
2003	4495	85.58	33.77	-14.94
2004	4002	93.06	31.17	-7.7
2005	3907	103.58	21.52	-30.96
2006	3752	113.36	21.4	-0.7
2007	3299	—	17.7	-20.4
2008	2360	—	19	7
2009	2555	—	18.8	-1
2010	3072	—	24.8	31.7
2011	2639	—	21.8	-11.81
2012（1-11月）	1988	—	25.6	31.2

資料來源：中華人民共和國商務部網站。

從臺灣對外投資情況來看，2004年臺灣對外投資額首次超過100億美元。加入WTO前，臺灣對大陸的投資低於對世界其他地區的投資，2001年臺灣對大陸投資僅占其海外投資的38.79%。但加入WTO以後，臺灣對大陸的投資大大超過對世界其他地區的投資。2002年臺灣對大陸投資比重達1/2，2007年臺灣對大陸投資已經提高到了2/3。兩岸經貿交流至今已經非常密切，臺灣與大陸都是彼此非常重要的貿易與投資夥伴。表9-1反映了1997—2012年11月大陸臺商投資情況。據國家商務部統計，2011年1—12月，大陸共批准臺商投資項目2639個，同比下降14.10%，實際使用臺資金額21.8億美元，同比下降11.81%。2011年12月，大陸共批准臺商投資項目263個，環比上升1.9%，實際使用臺資金額2.3億美元，環比上升27.8%。截至2011年12月底，大陸累計批准臺資項目85772個，實際利用臺資542.0億美元。按實際使用外資統計，臺資在大陸累計吸收境外投資中占4.6%。2012年1—11月，大陸共批准臺商投資項目1988個，同比下降16.3%，實際使用臺資金額25.6億美元（占大陸實際使用外資金額的2.6%），同比上升31.2%。2012年11月，大陸共批准臺商投資項目220個，環比上升21.5%，實際使用臺資金額2.3億美元，環比上升35.3%。截至2012年11月底，大陸累計批准臺資項目87760個，實際利用臺資567.6億美元。按實際使用外資統計，臺資在大陸累計吸收境外投資中占4.5%。

伴隨著ECFA的簽署，預計未來臺商對大陸的投資額會有一個較快的增長。近年臺灣對大陸的投資包括愈來愈多資本與科技密集的大型企業，這些企業不僅尋找海外加工基地，還希望開發大陸潛在的龐大市場。

另外，據臺灣「經濟部投資審議委員會」統計，2012年11月份單月臺商對中國大陸投資核准件數為44件，核准投資金額為11億9001萬美元。有關2012年11月及最近2年對大陸投資概況，詳如表9-2。

表9-2 臺灣「經濟部」公布的近年臺商赴大陸投資概況

單位：千美元

	2010年			2011年				2012年			
	件數	成長率	金額	成長率	件數	成長率	金額	成長率	件數	成長率	金額	成長率
1月	49（39）	113	550331（170369）	95	75（21）	53	757257（96664）	38	36（18）	－52	779764（40914）	3
2月	23（36）	92	821693（144279）	228	40（9）	74	1071552（22481）	30	24（24）	－40	653654（86753）	－39
3月	28（44）	250	871036（97826）	257	44（34）	57	1880876（58689）	116	41（10）	－7	997731（156285）	－47
4月	43（41）	330	1346377（98995）	398	50（22）	16	813767（96507）	－40	31（15）	－38	938803（86026）	－15
5月	44（33）	267	1000218（767761）	231	40（32）	－9	873966（232685）	－13	52（24）	30	865990（118723）	－1
6月	30（43）	114	1150091（174975）	95	57（36）	90	1726268（163149）	50	36（8）	－37	998797（25940）	－42

續表

	2010年				2011年				2012年			
	件數	成長率	金額	成長率	件數	成長率	金額	成長率	件數	成長率	金額	成長率
7月	38（28）	73	705343（100180）	130	39（18）	3	1230479（67807）	74	24（12）	-38	1119145（541766）	-9
8月	35（26）	169	949116（77359）	120	63（27）	80	1250919（78294）	32	47（14）	-25	841972（53215）	-33
9月	39（28）	44	1258534（136513）	56	45（30）	15	935741（183319）	-26	47（12）	4	849443（150904）	-9
10月	36（22）	13	838737（165669）	11	40（27）	11	625457（70905）	-25	46（25）	15	590635（320463）	-6
11月	47（29）	81	762573（81878）	47	37（38）	-21	1247164（56238）	64	44（11）	19	1190010（233050）	-5
1-11月	406（369）	104	10166898（2015804）	114	530（294）	31	12413446（1126738）	22	428（173）	-19	9825944（1814039）	-21
1-12月	518（396）	108	12230146（2387725）	102	575（312）	11	13100871（1275754）	7	—	—	—	—

註：增長率系與上年度同期比較；（ ）內系補辦許可案件統計金額。

資料來源：臺灣「經濟部投資審議委員會」。

2.臺商投資大陸的產業結構

由表9-3和圖9-1（見下頁）可知，自1991年以來，臺商投資大陸的產業結構主要表現為「二、三、一」的狀態。也就是說，礦業、土石採取業及製造業始終占據主導地位，服務業和農業所占比重相對較小，尤其是農業在三次產業中所占的比例一直很小。而且，從三次產業的發展演變看，農業和礦業、土石採取業及製造業所占的比重呈現遞減的趨勢。其中，農業的比重從1991—2002年的0.63%下降到2012年11月的0.09%，礦業、土石採取業及製造業的比重則從1991—2002年的91.29%降為2012年11月的60.40%。相對應的是，服務業不管在投資的絕對值上，還是所占的比重上，都處於總體上升的態勢，其比重從1991—2002年的8.08%上升到2012年11月的39.52%。根據1991—2009年臺商投資大陸

的產業結構的演變過程，可以看出，臺商投資大陸產業形式逐漸從勞動密集型向資本密集型、技術密集型的轉變。

表9-3 1991—2012年11月臺商投資大陸的產業結構　　單位：億美元

年份	農業 金額	農業 比重(%)	礦業、土石採取業及製造業 金額	礦業、土石採取業及製造業 比重(%)	服務業 金額	服務業 比重(%)
1991—2002	1.67	0.63	242.93	91.29	21.49	8.08
2003	0.37	0.48	68.29	88.70	8.33	10.82
2004	0.04	0.05	63.16	91.00	6.21	8.95
2005	0.08	0.13	53.14	88.47	6.85	11.40
2006	0.09	0.12	66.50	87.12	9.74	12.76
2007	0.17	0.17	87.69	88.98	10.69	10.85
2008	0.16	0.15	86.33	80.74	20.43	19.11
2009	0.72	0.10	59.38	83.13	11.96	16.77
2010	0.08	0.05	109.75	75.08	36.35	24.87
2011	0.04	0.03	104.99	73.03	38.73	26.94
2012（1-11月）	0.09	0.08	70.31	60.40	46.00	39.52

註：服務業是批發及零售業、運輸及倉儲業、住宿及餐飲業、資訊及通訊傳播業、金融及保險業、不動產業、金融控股業、科學及技術服務業、支援服務業、公共行政及國防強制性社會安全、教育服務業、醫療保健及社會工作服務業、藝術、娛樂及休閒服務業、其他服務業的總和。

資料來源：臺灣「經濟部投資審議委員會」。

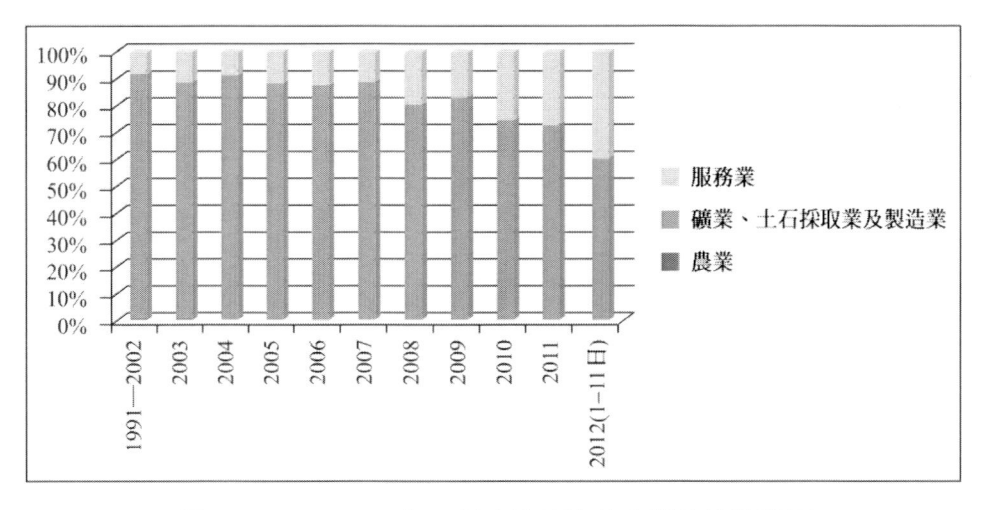

圖9-1 1991—2012年11月大陸臺資的產業結構柱狀圖

資料來源：根據「經濟部投資審議委員會」公布數據繪製。

同時，臺商投資產業結構的變化，體現出臺商在投資領域的選擇上緊隨大陸地區所提出的產業導向政策，即逐步由「二、三、一」向「三、二、一」轉變。當前，服務業成為臺商新的產業投資焦點。在臺資製造業加快對大陸布局的同時，隨著加入WTO後大陸服務業市場對外開放步伐的加快，臺灣零售業、物流業、房地產業、金融業、保險業、證券業、電信業、醫療保健等服務業憑藉其起點高、渠道廣、成本低、文化相通、行銷經驗豐富等優勢，也開始搶灘大陸，且有持續擴大的趨勢。會計師、財務公司等中介服務機構也開始隨同其原在島內的生產性客戶跟進大陸，形成以核心企業為龍頭，上下游企業協同參與的集團式投資格局。

此外，早期臺商投資和經營的領域主要集中在製造業領域，投資金額約占投資總額的九成，主要集中在電子零組件、電腦通訊及視聽電子產品、電力設備器材、化學品、金屬製品等行業，特別是電子資訊業成為臺商投資大陸的主流。2002年底，臺灣個人電腦及周邊產業已有60%移往大陸。進入新世紀後，作為臺灣核心產業的半導體業也開始向大陸轉移，並呈加速趨勢。其中最具代表性的

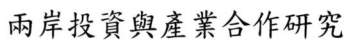

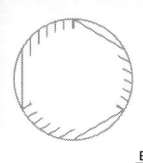

是臺灣宏仁集團的董事長王文洋與大陸合作，在上海張江科學園區投資16億美元興建8英吋芯片廠。此外，移動電話、數碼相機、資訊家電等產業開始向大陸轉移，軟體、網路以及電子商務的投資也發展迅速。但近年來，出現了一些新的變化，即臺商在金融與保險業、不動產業等行業對大陸的投資增多，所占投資比重上升較快。例如，為解決臺商在大陸資金需求，開放臺灣金融服務產業赴大陸投資。2011年1—12月計有兆豐國際商業銀行、「中國信託商業銀行」、國泰世華商業銀行、合作金庫商業銀行、玉山商業銀行、臺灣銀行等6家銀行申請在大陸設立分行，合計投資金額6.81億美元。

表9-4 2012年1—11月臺灣對大陸投資前五大業別統計表

單位：千美元

	件數	金額（比重）	去年同期金額	與去年同期比較 金額	與去年同期比較 增長率
電子零組件製造業	57	1907519（16.39%）	3294816	-1387297	-42.11%
計算機、電子產品及光學製品製造業	35	1484522（12.75%）	1506857	-22335	-1.48%
金融及保險業	21	1313221（11.28%）	1184768	128453	10.84%
批發及零售業	147	1223433（10.51%）	1154111	69323	6.01%
不動產業	18	1223410（10.51%）	411638	811772	197.21%

資料來源：臺灣「經濟部投資審議委員會」。

如表9-4所示，在投資業別方面，則以電子零組件製造業197519千美元（16.39%）、電腦、電子產品及光學製品製造業1484522千美元（12.75%）、金融及保險業1313221千美元（11.28%）、批發及零售業1223433千美元（10.51%）及不動產業122341萬美元（10.51%）分居前五名，合計約占本期核准對大陸投資總額的61.44%。

3.臺商投資大陸的區域選擇

臺灣「經濟部投資審議委員會」將臺商在大陸的投資主要分為華北地區、東北地區、華東地區、中南地區、西南地區、西北地區等六大區域，根據其最新公布的數據，由表9-6可知，1952年至2012年1—11月，臺商在大陸各大區域的投資分布相差較為懸殊。從總體上看，大陸臺商的投資區域主要集中在華東地區和中南地區。其中，華東地區的投資比重最大，相比較而言，華北地區處於臺商投資區域分布的第二梯度，東北地區、西南地區和西北地區在臺商投資大陸中所占的比重則相對較小，而其中的西北地區所占的投資比重最小。

臺商初期投資大陸，主要集中在華南沿海地區，即珠江三角洲地區和福建沿海。應當指出，臺商投資大陸的區域選擇中表現出來的集聚態勢並不是靜態的，而是一種動態的擴張中的集聚。近年來臺資出現了北擴、西進的趨勢，但這種擴張和轉移在很大程度上也仍然表現為集聚式的擴張。臺灣「經濟部投資審議委員會」歷年統計數據顯示，近年臺商對大陸投資區域由東南沿海地區移往西部地區的情形十分明顯，2007年至2009年成渝經濟圈（四川省及重慶市）投資金額平均約1.5億美元，2010年增長至8.2億美元，2011年已達13.8億美元，大幅增長原因應是近年來大陸積極推動區域均衡發展策略，持續發展西部地區，以及東南沿海地區各項法令執行日趨嚴格，對環境保護要求提升，工資上漲，勞資糾紛頻傳及缺工問題嚴重。

表9-5反映了2012年1—11月大陸投資臺商最為集中的前五個省市及其項目數、金額、占大陸臺資總額的比重、增長率等。2012年1—11月核准對大陸投資案件，主要集中於江蘇省 2729046 千美元（23.45%）、上海市 2014094 千美元（17.30%）、廣東省1338903千美元（11.50%）、福建省1083326千美元（9.31%）及浙江省995973千美元（8.56%）分居前五名，合計約占本期核准對大陸投資總額的70.12%。

表9-5 2012年1—11月臺灣對大陸投資前五大地區統計表

單位：千美元；%

	件數	金額（比重）	去年同期金額	與去年同期比較	
				金額	增長率
江蘇省	132	2729046（23.45%）	4225892	-1496845	-35.42%
上海市	127	2014094（17.30%）	2131895	-117801	-5.53%
廣東省	121	1338903（11.50%）	2113605	-774702	-36.65%
福建省	55	1083326（9.31%）	769742	313584	40.74%
浙江省	21	995973（8.56%）	669076	326898	48.86%

資料來源：臺灣「經濟部投資審議委員會」。

表9-6 1952—2012年11月臺灣投資大陸分區統計　　單位：千美元

地區	件數	占件數比例	核准金額	占核准金額比例
江蘇省	6500	16.18%	40537246	32.87%
廣東省	12624	31.42%	25585916	20.74%
上海市	5600	13.94%	18334858	14.87%
福建省	5515	13.73%	8750605	7.09%
浙江省	2097	5.22%	8154450	6.61%
山東省	1009	2.51%	2768928	2.25%
四川省	468	1.16%	2614524	2.12%
天津市	925	2.30%	2413201	1.96%
北京市	1232	3.07%	1968248	1.60%
重慶市	264	0.66%	1883740	1.53%
遼寧省	559	1.39%	1670757	1.35%
湖北省	564	1.40%	1420409	1.15%
山西省	67	0.17%	1085427	0.88%
安徽省	223	0.56%	964627	0.78%
江西省	264	0.66%	894769	0.73%
河北省	329	0.82%	858570	0.70%
廣西壯族自治區	253	0.63%	714299	0.58%
河南省	271	0.67%	604196	0.49%
湖南省	332	0.83%	589428	0.48%
貴州省	95	0.24%	230808	0.19%

續表

地區	件數	占件數比例	核准金額	占核准金額比例
海南省	347	0.86%	175736	0.14%
雲南省	113	0.28%	155185	0.13%
吉林省	90	0.22%	110026	0.09%
黑龍江省	116	0.29%	100178	0.08%
內蒙古自治區	29	0.07%	69985	0.06%
西藏自治區	3	0.01%	15882	0.01%
合計	40173	100.00%	123337527	100.00%

資料來源：臺灣「經濟部投資審議委員會」。

值得強調的是，近年來，臺商大陸投資有從東部沿海地區向中西部省市轉移趨勢。中國大陸中西部地區土地、勞動力等生產成本比沿海地區低廉，能源供應充足，中西部地區經過十多年的發展有較大的提升，內需市場逐漸形成，加上中國大陸扶持中西部經濟發展的區域政策，使得中西部地區城市對沿海臺商的吸引力逐漸增強，成為臺灣產業轉移關注的地區，對中西部地區的產業區際轉移規模也逐步擴大。我們可以從表9-7 中觀察，2007—2011年，臺商對中國大陸投資區域比重的年度性變化，從長三角具有絕對性的地位，約占年度總量的60%，到2011年下降到5成左右；珠三角部分變動不大，但看來仍是下降趨勢。長珠三角下降的比重，轉移至中西部地區、東北地區以及沿海其他地區等，其中又以成渝地區增長最快。

表9-7 臺商對大陸投資區域近年變化（2007—2011）

年份	2007	2008	2009	2010	2011
金額(千美元)	9961542	10691390	7142593	14617872	14376624
長三角	60.0%	61.2%	60.1%	56.0%	51.0%
珠三角	19.9%	14.1%	18.0%	17.9%	15.3%
京津冀	4.4%	4.9%	5.8%	4.0%	2.9%
山東	2.8%	1.5%	2.4%	2.6%	3.3%
東北	1.2%	1.0%	2.0%	0.6%	3.4%
成渝	1.1%	1.9%	1.7%	5.6%	9.6%
中部	5.0%	5.9%	4.1%	5.2%	5.5%
福建	3.9%	7.6%	3.7%	6.0%	6.4%
陝甘寧+其他	1.8%	2.0%	2.2%	2.0%	2.7%

資料來源：臺灣行政院網站。

第十章 臺商投資大陸的特點及存在的問題

第一節 臺商投資大陸產業的特點

1.投資產業趨於本地化

經過數十年的開拓發展，臺商投資大陸地區本地化趨勢已日益明顯。一是採購本地化。許多臺商在大陸投資後，都採取原料供應本地化的策略，從而降低產品的生產成本。由於大陸經濟的快速發展及技術的進步，臺商對臺灣原材料或零組件的供應依賴度不斷下降，甚至有些企業完全從本地採購，大大降低了成本，這就導致了臺灣企業生產原料本地化的趨勢越來越明顯，並為後來的臺商在大陸投資經營企業鋪平了道路。二是資金籌集本地化。臺商除了直接在大陸進行投資外，還利用其在大陸地區子公司的獲利進行再投資，擴大投資規模所需的資金越來越多是由大陸的子公司自己提供。同時，臺商在大陸投資越來越多地透過當地金融機構融資，除了向銀行貸款之外，臺資企業已開始透過大陸股市籌措資金。三是人才聘用本地化。以前重要臺籍人員擔任的職位現在也越來越多地由非臺籍人員擔任，並且兩地僱員的各項福利待遇差異正逐漸縮小，中高層管理人員中本地人的比例呈明顯上升趨勢。四是市場本地化。隨著企業經營本地化趨勢的發展，再加上大陸市場的巨大發展前景，企業對大陸市場的重視程度也在不斷提升。臺灣外移產業的本地化最終的結果就是投資行為長期化。

此外，除了上述的臺資企業經營本地化的幾種方式外，臺資企業還根據大陸各地的具體情況實行了其他幾種本地化方式。如為了更好地滿足大陸當地的消費習慣和習俗，而實行的「產品本地化」；為處理好與當地政府的關係，力求保持與當地政府目標的一致性，而實行的「投資決策本地化」；為與當地文化相適應，根據當地消費者需要和支付能力等因素為產品準確定位，而實行的「企業文化本地化」等。[7] 展望未來，臺灣企業在生產、管理、銷售等方面的本地化趨勢將越來越明顯，並成為臺商在大陸經營和發展的重要策略之一。[8]

2.投資產業集聚發展，產業鏈整體外移加快

進入21世紀，赴大陸投資設廠的臺灣半導體廠商，從上游的IC設計，到中游製造，再到下游的封裝測試，甚至 IC 的通路模組，關聯產業都已相繼在大陸實

現集聚式投資，逐漸形成了完整的產業鏈。臺灣向大陸的產業轉移方式已不再是以往以單打獨鬥、個別辦廠，而是逐漸轉向集體合作，從單純的委託加工變為邀請關聯產業共同參與。臺商的投資項目逐漸以資本、技術密集型產業為主，投資形態也不再是以往單純的租用廠房，進口設備、原材料等進行簡單裝配加工製造的短期投資方式，而是自擁資金、設備、購買廠房及土地使用權等「生根」式的長期營運方式。在臺灣轉移進來的產業中，電子資訊業由於其特殊的特點，產業集聚現象最為明顯。從目前來看，臺商電子資訊產業在大陸的集聚投資區域主要是華南的「深圳—東莞—廣州」珠江三角洲產業帶和華東的「上海—蘇州—杭州」長江三角洲產業帶，前者主要生產傳統勞動密集型產業、臺式電腦以及手機零組件，後者以半導體、筆記本電腦等為核心，而其他相關的電腦周邊產品與零組件，如主機板、印刷電路板、電子組件與監視器等，則兩大區域皆有布局。

3.投資領域從以傳統產業為主發展到以高新技術產業為主

加入世界貿易組織後，臺灣方面限制高技術產業赴大陸投資的政策已有所鬆動，島內電子資訊產業將進一步加速「登陸」步伐，逐漸成為臺商投資大陸的主流。臺灣投資大陸初期以勞動密集型產業為主要投資領域，主要利用大陸低廉的勞動力資源，但是隨著大陸近年來經濟的飛速發展，勞動力成本的上升和勞動力成本比較優勢的降低，更多的東南亞國家具備了比中國大陸更有優勢的勞動力成本，因此，臺商對大陸的投資領域也從傳統的勞動密集型產業轉移到以高新技術為主的新興產業領域，利用大陸地區相對優廉、豐富的科技人才資源。臺灣資訊技術生產廠商不斷外移，在國際市場對資訊技術產品報價趨低的壓力下，為降低代工生產成本，紛紛向大陸轉移生產基地。據臺灣一項調查顯示，臺灣高科技廠商已有三成到大陸投資，有九成計劃在未來幾年內前往中國大陸投資。長江三角洲初步形成完整的電子資訊產業鏈，島內的研發基地也加速向大陸轉移。臺灣有關統計顯示，去年以來電子電器產業投資額占臺商對大陸投資總額的50%左右，產業集中度非常高。

4.投資模式逐漸轉向生產與研發並舉

從臺灣經濟發展歷程可以看出，臺灣基礎應用是重點，輕技術研究，所以臺

灣的高科技產業主要靠從發達國家引進和購買技術，這種模式極大地制約了高科技產業發展。隨著臺商對大陸投資的不斷增加和深入，發現大陸一貫重視基礎技術研究，並且在科學研究方面有雄厚的實力，在技術開發和科學研究方面具有較強的優勢，因此許多知名高科技企業紛紛在大陸設立研發中心，逐漸開始藉助大陸研發力量幫助其研發新技術、新產品。臺灣企業在大陸設立研發基地的規模在不斷擴大，功能也日趨全面，研發經費成為企業投資的重點，研發產品涵蓋了個人電腦、無線通訊、家電、光纖，甚至包括臺灣視為知識經濟命脈的半導體產業的IC 設計。現階段，臺商投資大陸的模式已經發生了改變，由單純的生產模式轉向了系統生產與研發並舉。據臺灣報導，已有34%的臺商設立了研發基地。由於資訊產品多半開發、生產週期較短，新產品更新較快，對科技人才需求較多，大陸科技人才的優勢也為臺商研發基地西進創造了條件。臺商投資大陸的企業在大陸設立研發中心，研發基礎向大陸轉移，藉助大陸的科技人才和科學研究成果，為其研發新技術、新產品。尤其是北京、上海、西安等科技院校較集中的城市，成為臺商建立科學研究開發基地的重要選擇地。[9]

第二節 臺商投資大陸存在的問題

1.臺商在大陸投資受到政治因素的影響較大

大陸自從開始實行改革開放政策以來，大力引進外資，為前來投資的企業提供各種優惠政策，在這種情況下，很多臺商開始來大陸進行投資，這些臺商企業在賺取豐厚利潤的同時也極大地帶動了大陸地區的經濟發展，所以在可以確定的一個時期內，大陸仍將會保持給予臺商投資各種優惠政策。但是對比大陸地區對臺商投資大陸的積極支持政策，臺灣則表現得極為冷淡，缺乏在臺商投資東南亞地區時臺灣所採取的各種激勵措施。可以肯定地說，目前臺商投資大陸的最大障礙就是臺灣的政治態度和海峽兩岸的政治風向。

2.大陸臺資企業與大陸企業間互動不足

在大陸的臺資企業大都有一個共同的特點，即臺灣企業對外投資呈現出明顯

的聚集效應，具體來說也就是臺資企業之間進行供銷往來，而很少與當地廠商間發生業務往來。這種特點是由多方面原因造成的，其主要原因是臺商在對大陸進行投資時往往是一個可以形成完整供銷鏈條的產業集體進行投資，這種情況雖然利於臺灣在大陸投資的企業快速形成生產能力，占領市場，但是直接造成了大陸企業與大陸臺資企業直接互動不足的狀況，這對於臺灣和大陸地區的經濟發展是不利的。如前文所述，目前這一狀況有所改觀。

3.大陸臺資企業管理層以臺灣人為主的特徵產生許多負面效應

在大陸的臺資企業大都還有一個共同的特點，即生產人員以大陸的勞動力為主，但是中高層管理人員則以臺灣人為主，其中有時高層管理人員幾乎全部是臺資企業從臺灣帶來的管理人員。這種狀態，必然會導致在大陸的臺資企業與當地人、當地企業間產生巨大的隔閡，不利於臺資企業在大陸的進一步發展，也不利於大陸企業學習臺資企業的一些先進經驗。儘管近年來這種情況有所改善，但問題依然嚴重。

4.臺灣企業對大陸內地的投資相對較少

臺資企業大都分布在東部沿海地區，雖然近幾年開始向內地發展，但是臺灣企業對大陸內地的投資仍然相對較少。臺商對大陸的投資無論從規模上還是從投資產業的分布上都呈現出了明顯的階段性特徵，在以往的幾次臺商對大陸投資熱潮中，首先是珠三角和長三角地區吸收了大量的臺資，其次江蘇、山東等臨海省份開始吸收臺資，現在臺資才開始逐漸進入內陸地區。誠然，這種情況是由於臺資對大陸投資的產業集中在出口導向產業為主的客觀事實所造成的，但是這種局面長期下去必會導致大陸沿海地區與內陸地區的經濟差距的進一步擴大，同時，當沿海地區吸收臺資到一定程度上時還必會受到土地等資源的嚴重限制，因此引導臺商加大對大陸內陸地區的投資是十分有必要的。

5.臺資回流現象日益顯現

近年來，受大陸勞動力、土地等生產要素成本上升以及臺灣採取一系列鼓勵臺灣企業回島內投資發展的優惠政策的影響，大陸的臺資企業開始出現「回流」到島內發展的趨勢。根據臺灣電機電子公會（簡稱電電公會）歷年公布的《中國

大陸地區投資環境與風險調查》報告顯示，「臺商表態希望回臺投資」比例，2006年為1.97%，2007年1.83%，到2008年驟升至9.88%，2009年下降至5.8%，2010年則又上升至6.57%，2011年下降為5.26%。2008年有9.88%的臺商表態希望回臺投資，是2007年1.83%的5倍，但是2009年臺商回臺投資意願驟降。2010年稍有回升趨勢。不過，2011年臺商回臺投資意願又降為5.26%，此現象可能與大陸積極實施各項鼓勵企業投資的政策有關。根據臺灣「經濟部」投資業務處統計，2007年臺商回臺投資金額為141億元新臺幣（以下同），2010年臺商回臺投資金額為409億元，2011年臺商回臺投資金額為469億元，較前一年增長12%。臺灣「經濟部」設定的2012年臺商回臺投資目標金額已由2011年的新臺幣450億元提高至500億元，截至2012年10月底，臺商回臺投資金額已達486億元，全年目標達標率已達97.2%（詳表10-1）。

表10-1 歷年臺商回臺投資金額與件數

	2007年	2008年	2009年	2010年	2011年	2012年1－10月
金額（新台幣億元）	141	204	362	409	469	486
件數（件）	74	127	106	──	62	53

資料來源：臺灣「經濟部」投資業務處。

第十一章 臺商投資大陸的影響

第一節 對大陸經濟的影響

1.帶來了資金，彌補大陸建設資金的不足

大陸改革開放以來，經濟發展的一個重要瓶頸就是資金短缺問題，經濟建設需要大量資金投入，也正因如此，吸引外資是一項很重要的政策，利用包括臺資

在內的外資來彌補大陸資金的不足，使得大陸經濟能夠較長時期保持高速增長。據商務部統計，截至2012年12月底，大陸累計批准臺資項目88001個，實際利用臺資570.5億美元。按實際使用外資統計，臺資在我累計吸收境外投資中占4.5%。[10] 如此大的資金投入，彌補了大陸經濟建設資金的不足，對大陸經濟造成了一定的推動作用。

2.帶來先進的生產和管理技術，促使同行業及相關產業整體水平的提升

臺商在大陸的投資，不僅帶來了有形的資產設備，而且還帶來了相對先進的生產技術，更重要的是，促進了當地企業員工經濟觀念的變化。臺商精明的投資理念、成熟的市場觀念、先進的管理經驗和發達的經營模式，既直接影響受僱於臺商企業的本地管理人員、技術人員和普通工人，又間接影響了當地其他企業的從業人員，提供了可以借鑑的發展模式，從而帶來了良性的經濟競爭環境，促進當地市場經濟條件的變化。[11] 臺商在大陸各區域的大量投入，給這些地區的經濟發展注入了新的活力，迫使大陸同行業企業在競爭中尋找生存的途徑，較快熟悉參與國際競爭的遊戲規則，強化了市場經濟的力量，促使同行業和相關產業整體水平的提升。

3.推動大陸進出口貿易的快速發展和商品結構的優化

臺灣企業比大陸企業更早地接觸國際市場，擁有較好的國際營銷網路，並利用其先進的生產管理手段，形成了臺灣特色的代工模式。隨著臺商投資大陸，這種「臺灣接單，大陸出貨，海外銷售」的兩岸分工體系，必然帶動大陸商品進出口的迅速發展。同時，由於臺商普遍投資於電子、機械等行業，臺商投資企業提高了大陸工業製成品出口比重，優化了大陸出口商品的結構，增強了大陸商品在國際市場上的競爭力。

改革開放以來，大陸經濟持續快速穩步增長，這相當程度上得益於進出口貿易的快速增長，而在進出口貿易中，又以外商投資企業進出口為主。據商務部統計，2007年外商投資企業進出口商品金額12549.28億美元，占大陸全部進出口金額的比重為 57.73%，其中進口商品金額 5594.08億美元，占全部進口商品金額的58.53%，出口商品金額6955.2億美元，占全部出口商品金額的57.10%，在

外商投資企業進出口中，臺資企業占到了相當的比重，據商務部統計，2007年臺資企業進出口商品額占大陸全部進出口商品額的比重為4.42%，其中進口商品額比重為8.41%，出口商品額比重為1.29%，有效促進了大陸進出口貿易的發展。

臺商投資大陸還促進了大陸出口商品結構的升級。1990年代中期以後大陸出口商品結構有明顯的升級，表現為機電產品比例和高新技術產品比例的上升，這與臺商在大陸投資的產業變化趨勢是一致的，臺資企業對大陸出口商品結構升級作出了重要貢獻。

4.促進大陸經濟的發展

經過多年的發展，目前臺灣已經成為大陸的第七大貿易夥伴、第九大出口市場和第五大進口來源地。[12] 臺資企業在大陸的大量投資，一方面為臺灣近年來GDP保持快速的增長作出了貢獻，臺資企業獲得利潤不但為大陸增加了稅收來源，許多臺商往往將稅後利潤再進行投資，不斷地擴大其生產規模，促進了大陸經濟的發展。根據《大陸臺商1000 大（2005—2006年版）》提供的資料進行計算，在來大陸投資的臺資企業中，2006年前1000家企業的營業收入已經接近9992億元人民幣，比2005的調查增長了36%以上，這1000大臺企合計稅前利潤達264.04億元人民幣，盈利企業有815家。[13]

另外，從大陸經濟增長的產業構成來看，1990年代以來第二產業成為拉動大陸經濟增長的主要原因，外商直接投資70%以上是集中在第二產業，而臺商投資更是主要集中在製造業，其在第二產業的比重還要更高。因此，在外商直接投資對大陸經濟增長的拉動中，臺商投資的拉動作用顯得更為突出和明顯。

5.提供了眾多的就業機會

大陸城市化和工業化的進行，以及國有企業改革和產業結構調整，造成了短期內勞動力大量過剩，社會就業壓力越來越大。因此，能否解決大陸的就業問題已經成為吸收和利用外資包括臺資必須考慮的一個重要因素。外商直接投資對東道國就業的影響，既有正的影響，也有負的影響。如果外商直接投資是直接在東

道國新建企業,可以增加就業,產生吸收作用;如果是採取兼併和控股東道國企業的形式,擴大投資則可以增加就業;如果是以技術改造或採用先進技術,擴大投資會減少就業,產生擠出效應。此外,外商直接投資的技術溢出效應可以促進東道國企業擴大經濟規模,從而擴大投資,增加就業。

相對於臺灣,大陸能夠提供大量的廉價勞動力,提高了在大陸投資臺資企業產品的競爭力,使臺資企業在大陸獲得很好的發展機會。反過來,隨著越來越多臺商投資大陸,以及大陸臺資企業生產規模不斷擴大,領域不斷深化,臺資企業將僱用更多的大陸員工。根據大陸學者研究,從整體上看,臺商投資每增加1個單位(億美元),就可以直接創造0.57個單位(萬人)的就業機會。根據李非的研究,從就業人數看,大陸已開業或開工的7萬多家臺資企業,臺商僱傭員工約1000多萬人,平均每家企業僱傭員工140多人。[14] 由於臺商投資企業以勞動密集型生產性企業居多,此外,臺資企業基建項目以及為臺資企業、臺商提供生產、生活配套服務的相關行業,也提供了許多就業機會,這些均在一定程度上緩解了大陸的就業壓力。

6.加快了大陸產業結構升級

早在2003年10月2日,聯合國貿易與發展委員會(UNCTAD)公布的「2003年貿易與發展報告」將臺灣列入「第一階層」新興工業化經濟體(NIES),也是成熟的「工業化經濟體(INDUSTRALIZERS)」。而大陸經濟則處於工業化中級階段。兩岸的工業化進程處於不同階段,產業結構存在較大差異。從臺商在大陸投資產業分布的變化過程來看,1990年代中期以前,臺商在大陸投資的行業主要是服裝鞋類、電子元器件、箱包、塑料製品、皮革製品等勞動密集型加工業,對大陸產業結構升級帶動作用不是很大;1990年代中期以後,臺商投資最密集的行業開始轉向微電子、汽車製造、家用電器、通訊設備、辦公用品、精密機械、化學品等技術密集型產業,促進了大陸製造業及整體產業結構的優化。近年來,臺商對大陸的投資方向開始轉向服務業,這也直接促進了大陸服務業的加速發展,從而提升了大陸的產業結構。

第二節 對臺灣經濟的影響

1.促進臺灣對外貿易發展的同時，拉動臺灣經濟增長

進駐大陸的臺資企業，對於其生產所需原材料、零部件、設備等生產要素大多採取向臺灣回購的形式。據統計，臺商向大陸投資回購的原材料、電子零部件比例為50%—80%，而機器設備的回購率高達75%—90%。這一部分高額的回購構成了臺灣向大陸的出口，又由於臺灣在很大範圍上限制對大陸的進口，因此臺商對大陸投資為臺對外貿易創造了巨額的貿易順差。據商務部統計，2012年1—12月，大陸與臺灣貿易額為1689.6億美元（占當年大陸對外貿易總額的4.4%），同比上升5.6%。其中，我對臺灣出口為367.8億美元，同比上升4.8%；自臺灣進口為1321.8億美元，同比上升5.8%。[15] 目前，大陸是臺灣的第一大貿易夥伴，也是臺灣最大的出口市場及第二大進口來源。臺灣也已經成為大陸重要的貿易夥伴。

其次，臺商對大陸投資的產業類型升級帶動了兩岸貿易的結構升級。臺商對大陸投資初期主要在傳統產業上，因此，當時的臺灣對大陸的出口產品主要為紡織、電子、機械三項，分別占臺灣出口總值的16.95%、15.8%、13.8%。1990年代末臺商對大陸投資產業發生變化，主要出口產品的比重隨之變化，其中機械、電子產品出口比重兩項合計達50%以上，而初期出口比例居首位的紡織品卻下降至10%以下。[16] 據商務部統計，從商品種類來看，2011年1—10月兩岸經貿中位列前三的商品類別分別為機電產品、高進技術產品及農產品，貿易總額分別為894.4億美元、719.9億美元及14.4億美元。其中，農產品貿易額與去年同期相比增長明顯，在各類商品中增長居首。大陸自臺進口、對臺出口農產品額，同分別增加46.1%及35.1%，10月當月大陸自臺進口、對臺出口農產品額同比增長更高達61.8%及51.6%。[17]

臺商對大陸投資給臺灣本島帶來的巨大的貿易順差，是以出口導向型經濟為主導的臺灣經濟增長的原動力。從兩岸貿易依存度看，近年來，隨著兩岸經貿聯繫日益緊密，兩岸貿易依存度不斷上升，尤其是臺灣對大陸的貿易依存度有很大

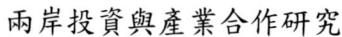

幅度的上升。1979年臺灣對大陸出口依存度只有0.13%，從1990年代以來，臺灣對大陸出口依存度不斷攀升，到2009年，臺灣對大陸出口依存度高達42.1%。臺灣對大陸進口依存度也從1979年的0.38%上升到2009年11.7%。可見，兩岸貿易在臺灣對外貿易中占據著舉足輕重的地位。

臺灣對大陸貿易依存度的持續增加，進一步提高了大陸在臺灣對外貿易中的地位，臺灣經濟對大陸市場的依賴程度日益增強。目前臺灣的年經濟增長率至少有2%要依靠與大陸的來往，大陸市場對臺灣經濟的發展起著舉足輕重的作用，已成為支撐臺灣經濟增長的主要來源。已赴大陸地區投資的臺商，其在大陸投資事業已成為臺灣母公司收益的重要來源，依據臺灣「經濟部」公開資訊觀測站的數據統計，2011年前三季全體上櫃公司確定來自大陸收益計新臺幣1183億元，其中匯回之投資收益計新臺幣136億元；歷年累計匯回收益達新臺幣1120億元。[18]

2.為臺灣本島創造就業量，改善就業結構，提高臺灣人民收入

隨著臺商對大陸投資的不斷增加，臺灣認為會影響島內就業量，企圖限制臺商對大陸投資，但事實證明，臺商對大陸投資非但沒有減少臺灣島內的就業量，反而對其有一定的促進作用，同時優化了就業結構。

臺商在大陸投資，給臺灣帶來了巨大的貿易順差，已經成為臺灣經濟增長的原動力，促進了臺灣的經濟增長，這無疑對臺灣老百姓就業造成了促進作用。根據臺灣「行政院主計處」編制的2001年臺灣產業關聯表資料估算：如果2005年對大陸出口716億美元，可創造135萬個就業機會，減去1999年已創造的54萬個就業機會，6年來對大陸出口的增加，增加了81萬個就業機會，遠超過產業外移所裁減的人數，使總就業人數還能增加55.7萬人；即使產業外移裁減員工人數較多的製造業，其就業也增加了12.3萬人。若沒有對大陸出口的快速增加所創造的大量就業人口，臺灣的失業率早就超過10%了。[19] 臺商對大陸投資不僅對臺灣島內的就業量的增加造成了促進的作用，同時也提高了勞動者的收入。2002年臺灣人均區域生產總值為470426（新臺幣元），2011年，臺灣人均區域生產總值達到了593365新臺幣。

3.帶動臺灣本島產業結構升級

臺商向大陸投資的同時也促進了臺灣本島的產業結構升級。由於大陸的勞動力價格低廉，臺灣本島的勞動密集型產業逐漸轉移到大陸，而留在臺灣本島的則主要是資本密集型產業與技術密集型產業，促進了臺灣本島的產業結構升級。同時，隨著臺商大陸投資的不斷增加，臺灣獲得大額貿易順差，取得了很高的收益，這為臺灣本島進行產業升級提供了大量的資金，使島內有豐富的資金專注於研發及生產資本投入較多、技術層次較高的產品，這些資金投入加速了臺灣的產業升級。此外，由於勞動密集型產業向大陸的轉移，釋放出很多勞動力，尤其在傳統的製造業，而這部分勞動力的大部分轉移到服務業，使得臺灣服務業大幅度擴張。

4.提升臺灣企業的國際競爭力，提高相關收益

先進國家經驗表明，當一個國家或地區的經濟發展達到一定程度後，對其企業而言，採取對外投資策略是確保持續發展的重要戰略措施。美國、歐洲、日本的企業都是沿著這樣的道路一路走來的，臺灣企業當然也不例外。由於臺灣經濟的發展，島內勞動力價格不斷提升，土地等生產成本亦不斷上升，使得許多勞動密集型的企業在國際競爭中漸漸失去了比較優勢，面臨著破產的危機。這時臺灣企業紛紛採取向大陸投資建廠的發展戰略，擺脫了島內勞動力、土地等生產成本上升的壓力，同時利用大陸地區廉價而豐富的勞動力、土地等生產資料，又一次取得了比在本島生產更大的比較優勢，提升了臺資企業的國際競爭力，延長了產品的生命週期。

然而，大陸帶給臺商的不僅僅是廉價的生產要素，同時還帶給臺灣企業巨大的產品銷售市場。大陸的市場潛力巨大，這是任何一家跨國公司都不能忽視的。臺資企業在大陸投資設廠，一方面可以更直接地接觸、瞭解大陸的市場和商業運作模式，在與島外同行競爭中占據先機；另一方面將部分在大陸生產的產品直接在本地銷售，既減少了運輸費用，又提高了運作效率。臺商在大陸投資建廠有利於其率先搶占大陸市場並從中獲得了巨額的收益。[20]

臺商投資大陸在宏觀、微觀層面上都促進了臺灣經濟的發展。在宏觀層面，

臺商投資大陸促進了兩岸貿易的往來，給臺灣帶來了巨額的貿易順差，這是臺灣經濟增長的原動力，促進了臺灣經濟的發展。同時，為臺灣創造了大量的就業量，提升了臺灣的就業結構，增加了臺灣老百姓的收入。在微觀層面，透過臺商對大陸投資，加速了臺灣本島的產業升級，提升了臺資企業的國際競爭力。

5.促進臺灣投資的增長

根據張玉冰的實證研究，[21] 臺商投資大陸與臺灣經濟增長及產業結構升級之間表現出強烈的協整關係，在長期內，對於臺灣經濟增長具有顯著的促進作用。臺商對大陸投資，最初在兩岸貿易帶動之下起步，伴隨著兩岸經貿交往的增加而日趨活躍，臺商對大陸投資的產業形態，從最初的勞動密集型，逐漸發展到資本密集型，再向資本和技術密集型轉變；投資的分工布局從初期的產業間水平分工模式，逐步提升至產業內垂直分工模式，進而發展成為產業鏈的整體轉移與升級；投資的增長策略，由最初的以轉移島內的夕陽產業、協助維持臺灣在國際產業供應鏈中的競爭力為目標，過渡到以拓展大陸市場、實現全球商機為目標，並將致力於兩岸的技術合作與資源的共同開發。隨著兩岸間關稅降低及非關稅壁壘減少，貨物、資本、技術等生產要素的流動更加便利。大陸在經濟轉型階段頒布的保增長、擴內需、調結構的經濟發展政策，兩岸「三通」以及大陸與臺灣簽訂破除關稅壁壘和讓利臺灣的綜合性經濟協定，這些因素除了將推動臺商繼續投資大陸之外，還將會刺激臺灣企業擴大在島內的投資，同時也將吸引更多外資擴大對臺灣投資。隨著臺灣擴大對陸資的市場開放，大陸企業赴臺投資也將有更進一步的增長。

注　釋

[1].參見鄧利娟：《現階段兩岸關係的進展與障礙》，《臺聲》，2001年1月，第17頁。

[2].參見吳慶春，舒均治：《海峽兩岸經貿交流的現狀及未來展望》，2005年8月，第96頁。

[3].參見「2011年我國貨物進出口總額36421億美元」。

[4].參見「我國連續20年成為利用外資最多的發展中國家」。

[5].參見朱磊，張曉楹：《投資臺灣指南》，北京：中國經濟出版社，2012年版，第89頁。

[6].參見林毅夫，易秋霖：《海峽兩岸經濟發展與經貿合作趨勢》，《國際貿易問題》，2006年第2期，第12頁。

[7].參見張傳國：《臺商大陸投資問題研究》，北京：商務印書館，2007年版，第179頁。

[8].胡軍，馮邦彥，陳恩主編：《經濟全球化格局下的兩岸產業分工與合作》，北京：經濟科學出版社，2006年版，第154頁。

[9].參見趙曉霞，徐楠：《中國大陸勞動力成本的變化趨勢對臺商投資的影響》，《當代經濟研究》，2009年第5期，第57頁。

[10].參見中華人民共和國商務部網站。

[11].參見李非主編：《臺灣研究25年精粹——兩岸篇》，北京：九州出版社，2005年版，第294頁。

[12].參見朱磊，張曉楹：《投資臺灣指南》，北京：中國經濟出版社，2012年版，第38頁。

[13].參見臺灣工商時報主編：《大陸臺商1000大（2005—2006年版）》，臺北：商訊文化事業股份有限公司，2006年版，第12頁。

[14].參見張傳國：《臺商大陸投資問題研究》，北京：商務印書館，2007年版，第216頁。

[15].參見中華人民共和國商務部網站。

[16].參見「淺析臺灣大陸投資的新特點」。

[17].參見中華人民共和國商務部網站。

[18].數據來自臺灣「經濟部投資審議委員會」網站。

[19].參見「臺灣製造業投資大陸對臺灣的影響」。

[20].參見李月:《臺灣大陸投資的新特點及對臺灣經濟的影響》,《當代經濟研究》,2008年第8期,第49—50頁。

[21].參見張玉冰:《臺灣產業結構升級與兩岸經濟合作關係的實證研究》,《亞太經濟》,2007年第5期,第117—120頁。

第三篇 兩岸產業合作

第十二章 兩岸產業分工與合作的理論基礎

第一節 國際直接投資理論

國際直接投資，又稱外商直接投資，是國際資本流動的一種形式。經濟合作與發展組織和國際貨幣基金組織認為，「國際直接投資是指一國（或地區）的居民和實體（直接投資者或母公司）與在另一國（或地區）的企業建立長期關係，具有長期利益，並對之進行控制的投資」。[1] 一般按國際慣例，超過企業10%股權的外國投資即認定為國際直接投資。

國際直接投資作為生產資本的國際流動，1860年代就已出現。在國際直接投資產生之後的相當長時間裡，一直沒有獨立的理論體系。第二次世界大戰以後，國際直接投資得到了前所未有的大發展，成為各國參與經濟競爭的重要形式。從1960年代開始，隨著國際直接投資實踐的不斷豐富，一些西方學者試圖從各個不同的角度和不同的層面來解釋直接投資行為，論述國際直接投資的動因和決定因素，並形成了眾多的理論流派。儘管不同的學者和流派在研究國際直接投資時，有著各自的側重點和論證方式，但基本假定前提是一致的，即摒棄了傳統國際貿易理論國際資本流動理論中關於市場完全競爭的假設前提，以不完全競爭為理論分析的前提條件。

S.H.海默（1960）提出的壟斷優勢理論，標幟著現代直接投資理論的開創。此後，現代國際直接投資理論大致沿著兩條主線發展：第一條主線是以產業組織理論為基礎。此類理論所研究的基本問題是跨國公司從事對外直接投資的決定因

素和條件,將對外直接投資視為企業發展到一定階段和具有某種壟斷優勢時的必然選擇。海默的壟斷優勢理論、巴克萊和卡森等人的內部化理論是此類理論的代表。第二條主線是以國際貿易理論和產業轉移理論為基礎。此類理論強調投資產生與發展的決定因素。弗農的產品週期理論、小島清的邊際產業擴展論是此類理論的代表。到1970年代後期,上述兩類國際直接投資理論出現了融合的趨勢,將資源稟賦論、壟斷優勢論、內部化理論結合起來,並引入區位理論,形成了「綜合性學說」,力圖對企業的對外直接投資、對外貿易和對外技術轉讓等參與國際經濟競爭的方式作出全面的解釋,其中以鄧寧的生產折中理論最具代表性。

1.產業組織理論

(1)壟斷優勢理論。美國學者S.H.海默(S. H. Hymer,1960)對國際直接投資理論進行了開創性的研究,提出了壟斷優勢理論,為國際直接投資理論奠定了發展的基石。[2]　海默認為,在不完全競爭的條件下,面對同一市場的各國企業之間存在著競爭,若某一家企業實行集中經營,則可以使其他企業難以進入該市場,形成一定的壟斷,既可以獲得壟斷利潤,又可以減少因競爭造成的損失;利用市場的不完全競爭是跨國公司進行對外直接投資的根本動因:對外直接投資是市場不完全的副產品。海默認為,市場上至少存在四種類型的不完全競爭:一是產品和生產要素市場的不完全性,少數企業能夠憑藉壟斷影響市場價格;二是由規模經濟引起的市場不完全性;三是由於政府的介入形成市場障礙;四是由關稅引起的市場不完全競爭。他以美國企業對外直接投資為背景,發現對外直接投資的企業正是汽車、石油、電子、化工等製造業部門中具有獨特壟斷優勢的企業,對外直接投資就是為了充分利用其他企業所沒有的「獨占性生產要素」,如資本集中度、技術先進、開發設計能力強、有完備的銷售系統、管理水平高等,能夠生產出東道國企業無法生產的高技術異質產品,藉以控制東道國市場,謀取高額壟斷利潤。

壟斷優勢理論在適用範圍上有著一定的侷限。該理論著重解釋跨國公司的初始行為,很少考慮其擴展行為;其研究的對象也只是實力雄厚、壟斷優勢明顯的跨國公司;其研究重點在經濟的微觀主體企業的行為方面,而忽視了宏觀和中觀

產業層面的研究。根據壟斷優勢論，沒有壟斷優勢的企業是無法從事對外直接投資的。然而，自1960年代以來，發達國家的許多無壟斷優勢的中小企業也開始從事對外直接投資，而壟斷優勢理論對此難以作出科學的解釋。此外，壟斷優勢論也不能很好地解釋對外直接投資的地理布局和產業布局。

（2）內部化理論。英國里丁大學學者P.J.巴克萊和M.卡森（1976）等在對傳統的國際直接投資理論批判的基礎上，提出了內部化理論，並成為當代西方較為流行的、相當有影響的關於國際直接投資的一般理論。他們仍以不完全競爭作為假定前提條件，但將市場不完全的原因歸結為市場機制的內在缺陷，而內部化的目標就是消除外部市場的不完全。他們認為，不完全競爭並非由規模經濟、寡占行為、貿易保護主義和政府干預所致，而是由市場實效、企業交易成本增加所致。內部化理論認為，公司為了保護自身利益，以克服外部市場的某些缺陷，以及由於某些產品的特殊性質或壟斷勢力的存在，導致企業市場交易成本的增加，透過國際直接投資，將本來在外部市場進行的交易轉變為在公司所屬企業間進行，從而形成了一個內部化市場。[3] 這一理論將科斯交易費用學說運用於國際直接投資領域，開闢了國際直接投資理論的一個新思路。內部化理論著重研究各國企業的產品交換形式與企業國際分工，指出跨國公司正是企業國際分工的組織形式。內部化理論從內部化與市場的矛盾原理出發，較好地解釋了國際分工與國際市場的關係、直接投資與貿易障礙的關係、跨國公司的轉移定價現象、發達國家之間以及發達國家與發展中國家之間的跨國投資原因。與其他理論相比，內部化理論能解釋大部分對外直接投資的原因，同時，不同程度地包含了其他理論。但內部化理論忽視了市場積極方面對國際直接投資的促進作用。同時，內部化理論也不能很好地說明國際直接投資的區位選擇。

2.產業轉移理論

（1）產品生命週期理論。美國學者弗農（1966）從生產技術變化的特點中提出了產品生命週期理論。他按產品的不同生命週期提出了比較利益動態變化的觀點，以解釋美國跨國公司戰後對外直接投資的動機、時機和區位選擇，從而形成了技術進步條件下的分工理論。該理論把產品在市場上的生命存在分為創新、

成熟、標準化三個階段。他認為，發達國家利用本國雄厚的工業基礎和先進的技術開發新產品，迅速占領國內市場；待國內市場飽和後，積極開拓國外市場；隨著國外市場的形成，將資本和技術輸出，推動資本與當地的廉價勞動力或資源結合，以更低的價格打回本國市場。[4] 這一理論將企業的技術優勢及壟斷視為伴隨產品週期的動態變化過程，分析了技術優勢變化對企業對外投資的影響。這一理論對解釋兩岸產業的梯度轉移具有一定的說服力。但是，該理論也有侷限性。一是由於產品生命週期的縮短和市場競爭的加劇，這種區域選擇的陳規已經被打破；二是該理論不能很好地說明發展中的對外投資；三是不能很好地解釋跨國公司在國外進行的開發性投資。

（2）區位選擇理論。美國學者約翰遜（H. Johnson，1970）根據國際貿易理論的要素稟賦差別原理解釋國際直接投資中的國家區位特徵，提出了區位因素理論，認為以下條件是決定國際直接投資特徵的充分條件：勞動力等生產要素的國家稟賦、市場容量、貿易壁壘、政府政策等。這一理論從國家作為影響投資因素的角度進行分析，較好地說明了發達國家對發展中國家區位選擇的投資原因。

（3）寡占反應理論。美國著名經濟學家尼克爾博格（K. Nicker Bocker，1973）對美國跨國公司的投資情況進行了深入研究，發現其中存在跨國公司相互影響的規律，從而提出了寡占反應理論。他指出，跨國公司的對外投資有兩大特點：一是美國的對外直接投資是由具有壟斷優勢的寡頭進行的；二是美國寡頭企業的對外直接投資往往對其他企業具有牽制和影響作用，從而形成集體行動的特點，同時或先後向同一些地方投資。前者是寡頭企業積極主動搶先向外擴張，占領國外市場；後者是其他企業為了保護自己的競爭地位和市場份額，被迫隨著前者向外擴張。[5] 這一理論說明了壟斷優勢企業在對外直接投資中互相影響的規律，是對產品週期理論的重要補充和發展，很好地解釋了跨國公司的區位選擇原因。但是，這一理論解釋機動投資具有侷限性。例如，東亞國家大中小企業的集體對外投資，更多的是中小企業應集團寡頭企業要求的協調性投資，而不是為了搶占寡頭企業市場。

（4）邊際產業擴張論。日本學者小島清（K. Kojima，1978）在實證研究日

本對外直接投資的基礎上,提出了日本式的對外直接投資理論——「邊際產業擴張論」。這一理論將比較利益原則視為跨國公司從事對外直接投資的決定因素。其理論核心是,對外直接投資應該從已經或即將處於比較劣勢的產業部門,即邊際產業部門依次進行;而這些產業又是東道國具有明顯或潛在比較優勢的部門,如果沒有外來的資金、技術和管理經驗,東道國這些優勢就不能被利用。這樣,投資國的對外直接投資就可以充分利用東道國的比較優勢。[6] 小島清分析的是發達國家對發展中國家的以垂直分工為基礎的國際投資,這一理論在很大程度上是對日本長期倡導的「雁行形態論」的深化。其不足在於:忽視了發展中國家可能取得的後發優勢,對發展中國家有較大的發展侷限,同時也不能解釋發達國家之間以及發展中國家向發達國家的投資。

3.外商直接投資融合理論

1980年代中期以來,對跨國公司的研究使國際貿易理論和直接投資理論找到了融合的銜接點。這些研究成果認為,現代國際經濟所面臨的市場結構是不完全競爭的,無論發展出口還是投資,都需要依靠某種其他競爭對手所沒有的特定優勢來進行,這包括公司的技術與創新能力、生產「異質」產品的能力、研究與發展的實力、新產品開拓、企業規模、管理技術以及經濟效益等等。大公司可以選擇不同的方法來利用和發揮它們的優勢,服務於外國市場可以用出口貿易的方法,也可以用直接投資或是技術轉讓的方法。其選擇標準是一組變量的比較和選擇。例如,公司所擁有優勢的特點和轉移性、國內和國外的控制和生產成本、出口貿易的成本等等。假如公司所擁有的優勢有較大的可轉移性,國外的控製成本比較低,而出口貿易的交易成本比較高,這樣的話公司有可能選擇直接投資。反之就用貿易的方法進入。

(1)曼德爾模式和赫爾希模型。最早的關於國際投資和國際貿易之間選擇的理論是曼德爾模式。他的基本觀點是:如果兩國生產函數相同,按照俄林的要素稟賦比率定理,可以得出國際投資與自由貿易是完全替代的關係的結論。曼德爾將資本的流動視為兩國資源稟賦量發生變動時,透過市場機制對資源進行再分配的結果。[7]赫爾希從成本的角度建立了企業對出口貿易和對外投資的決策模

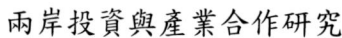

型,該模型以比較簡潔的方式說明了企業在何種條件下選擇出口,在何種條件下選擇對外投資。即當企業國內生產成本與出口銷售成本之和小於國外生產成本與額外協調成本之和,並且小於國外生產成本與技術喪失成本之和(類似許可證形式)時,企業將選擇出口貿易的方式參與國際經營;當國外生產成本與額外協調成本之和小於國內生產成本與出口銷售成本之和,並且小於國外生產成本與技術喪失成本之和時,企業將選擇對外投資的方式參與國際經營。該模型具有較強的綜合作用,實際上是對赫克歇爾——俄林模型的重大拓展,加上了國家之間的區位因素,因而可對各種投資理論進行很好的解釋。

(2)國際生產折中理論。赫爾希的選擇模型提出後,許多經濟學家對此提出補充、修改和發展,其中以英國里丁大學教授約翰·鄧寧(Dunning J. H., 1977)的國際生產折中理論最有影響。針對以往對外直接投資理論存在的某些侷限性,鄧寧將壟斷優勢、內部化優勢和區位優勢相結合,形成國際生產折中理論,力圖給予對外直接投資以完整的解釋。鄧寧主張在研究跨國公司時要引進區位理論,並與俄林的要素稟賦、海默的壟斷優勢論、巴克萊和卡森的內部化理論結合起來,創立折中的方法和體系。因此,折中理論的核心是強調跨國公司從事國際生產要同時受到所有權優勢、內部化優勢和區位優勢的影響,對外直接投資是三者整合的結果。鄧寧稱之為「三優勢」(OIL)模式,即所有權優勢(Ownership Advantage)、內部化優勢(Internalization Advantage)和區位優勢(Location Advantage)。他認為,這三類優勢都不能單獨用來解釋企業對外直接投資或從事國際生產的傾向,企業只有在同時具備這三類優勢時,才可能從事對外直接投資。根據鄧寧的分析,企業進行國際分工主要有三種模式:尋求效率型(Efficiency Seeking)、尋求資源型(Resource Seeking)、尋求市場型(Market Seeking)。[8]

國際生產折中理論是要素稟賦理論與市場缺陷理論的結合,它比較成功地將國際貿易和對外直接投資理論融合起來,說明了對外直接投資中壟斷、內部化、產品週期、產品出口、間接投資、技術轉讓等國際經濟中必須綜合考量的因素,提供了對跨國公司國際投資的主觀因素和客觀因素的分析,較全面地解釋了企業跨國發展的根本動因。這一理論的提出,標幟著國際直接投資理論進入了一個相

對成熟和穩定的階段，因而在西方國際投資理論界影響很大，被稱為「通論」。儘管這一理論是以發達國家製造業為研究對象，不能解釋一些發展中國家企業跨國經營的現象，但對分析臺資企業投資大陸的區位選擇卻具有較強的合理性。

（3）國際投資發展階段理論。1980年代以後，經濟全球化趨勢不斷加強，跨國公司成為推進世界經濟一體化的最重要力量。鄧寧（Dunning J. H., 1981）根據國際直接投資實踐的發展，在其生產折中理論的基礎上，進一步提出了投資發展階段理論，從動態的角度解釋各國在國際直接投資中的地位，將一國的淨國際直接投資地位與其經濟發展水平聯繫起來。該理論將一國的投資週期分為人均國民生產總值低於400美元、400—2500美元之間、2500—5000美元之間、高於5000美元這四個階段，並用生產折中理論對一個國家在這四個不同階段的OIL優勢進行比較，以分析其國際直接投資流入和對外直接投資流出的對應關係。該理論動態地描述了國際直接投資與經濟發展的辯證關係，說明跨國公司對外直接投資的比較優勢不是一成不變的。[9] 這一理論解釋有時難免流於簡單化，畢竟由於國家大小、經濟體制、區域差異等因素，同一人均收入水平的國家在國際直接投資的流入和流出上，都存在許多差異。儘管如此，它所提供的研究思路仍具有較強的合理性，對解釋發展中國家的對外直接投資實踐的發展也有指導意義。

第二節 國際產業分工理論

「產業分工」是指隨著許多產業部門的出現，社會勞動在不同產業和同一產業的不同生產階段或工序，和不同生產方式的分工。在概念上，「產業分工」又可分為「水平分工」和「垂直分工」兩類。「水平分工」是指兩個以上國家或地區各自偏重發展不相關聯的產業，或生產完全相同或相似的產品，但品質和附加值有差別。它主要表現為經濟發展水平相近的發達國家之間在工業部門上的橫向分工。「垂直分工」早期主要是指發達國家和發展中國家之間在製造業與農、礦業的縱向分工，以後又逐漸演化為兩個國家或地區在重化工業與輕工業之間的分工，或特定產品從原材料、半成品到成品的上下游分工，或企業經營活動的生產、行銷、研發、設計、品質管理與改良等不同層面的分工，以及具有上下游關

係的不同產業之間的分工。

分工超越國境就形成國際分工。在資本主義初期，國際分工得到初步發展。19世紀以後，機器大工業的產生和先進的交通、通訊手段的使用，為國際分工的擴大提供了必要條件。此後，隨著國際市場的擴大和國際投資、貿易的顯著增長，國際分工的形式也越來越複雜和多樣化，除了以國與國之間的專業化生產和協作為主要內容的水平型分工和以原材料、燃料、出口製成品為主要內容的垂直型分工外，還存在既有水平型又有垂直型特徵的混合型分工；分工也不僅侷限於不同的生產部門，還意味著同一生產部門內的，甚至同一企業內的跨國界勞動分工。第二次世界大戰以後，由於新工業革命的推動、跨國公司的壯大和發展中國家的崛起，國際分工的廣度和深度進一步發展。生產的國際化促使國際分工出現了以各個產業內部分工為主導的新型格局。

國際分工是國際貿易和國際直接投資的基礎，國際產業分工理論從其誕生之初起，就與國際直接投資理論密切相關並與之交融發展。而國際產業合作是國際產業分工發展到一定階段的產物，是一種以互利互惠為取向的更高形式的國際分工。從亞當‧斯密開始，各個流派的經濟學家都從原因、形式、效應等不同角度對國際分工作出瞭解釋，其中有代表性的是比較優勢理論、競爭優勢和產業集群理論等。

1.比較優勢理論

（1）傳統比較優勢理論。傳統比較優勢理論是指建立在李嘉圖的比較成本理論和赫克歇爾—俄林的資源稟賦理論基礎之上的比較優勢理論。這一理論認為，由於各國自然資源、資本、勞動生產率、生產規模等生產的要素稟賦不同，一國應當生產並出口本國具有成本優勢，即要素稟賦較為豐富的產品，進口本國不具要素稟賦優勢的產品，以獲取經濟利益。以後薩繆爾森等人的新要素理論又進一步擴大了生產要素的範圍，將科學技術、資訊管理、市場結構、市場規模等後天的要素作為新的生產要素加入到研究中，從而使比較優勢理論更加具有普遍性。儘管這一建立在市場完全競爭的前提之上的傳統比較優勢理論具有明顯侷限性，而且後來幾經發展，但貫穿其中的這一比較優勢原則始終得到堅持和遵循。

根據這些理論，各國對因要素稟賦差異帶來的比較經濟利益的渴望，必然驅使各國納入國際分工體系。[10]這些理論可以較好地解釋兩岸產業分工的基礎動因。

（2）動態比較優勢理論。從20世紀中期以來，許多學者在將靜態比較優勢動態化方面作了許多努力。理論上來說，第一次將靜態比較優勢動態化的是鄧寧的產品生命週期理論。自1970年代以來，以斯蒂格利茲、克魯格曼、格羅斯曼為代表的西方經濟學家發展了動態比較優勢理論。[11] 其對傳統理論的重要發展是以規模經濟和不完全競爭為假設前提，將技術進步、不完全競爭、規模經濟和經濟增長等問題結合起來綜合動態地研究一國的比較優勢。

保羅‧克魯格曼（Paul Krugman，1998）透過對60年代以來國際貿易，特別是發達國家之間產業內貿易的研究，發現國際貿易大量發生在要素密集程度相似的同類產品之間和要素充裕程度相似的國家之間的新現象，認為這一現象所依據的分工基礎並不是由生產技術不同和資源配置不同產生的比較優勢，而是依據由產品差異化導致的壟斷競爭，以及廠商生產不同產品的規模經濟。由於工業產品的多樣性，任何一國或一個地區都不可能囊括一個行業全部產品的生產，從而使國際分工成為必要，而分工的合理性則是依據不同產品在不同區位生產的規模經濟。[12] 這個理論對於解釋現階段兩岸產業內貿易的發展和展望兩岸未來的產業分工具有一定的啟示意義。

（3）內生比較優勢理論。楊小凱和博蘭（Yang and Borland，1991）從專業化和分工的角度拓展了對內生比較優勢的分析。他們認為，內生比較優勢會隨著分工水平的提高而提高。由於分工提高了每個人的專業化水平，從而加速了個人人力資本的積累。這樣，對於一個即使沒有先天的或者說外生比較優勢的個人，透過參與分工，提高自己的專業化水平，也能獲得內生比較優勢。經濟增長並不單是一個資源配置問題，而是經濟組織演進的問題，市場發育、技術進步只是組織演進的後果。該理論框架分析了經濟由自給自足向高水平分工演進的動態均衡過程，將專業化和分工置於分析的核心，並且嚴格區分了規模經濟和專業化經濟，從而發展了斯密關於分工和內生比較優勢的核心思想。

2.競爭優勢與產業集群理論

競爭優勢理論是由美國哈佛大學商學院教授邁克爾‧波特（M. E. Porter, 1998）創立並發展完善的。該理論從企業參與國際競爭這一微觀角度來解釋國際貿易和國際直接投資現象。波特研究的邏輯線索是：國家競爭優勢取決於產業競爭優勢，而產業競爭優勢又決定了企業競爭戰略。波特把一國競爭優勢的發展分為四個階段，即要素驅動階段、投資驅動階段、創新驅動階段和富裕驅動階段。每個階段的競爭優勢產業也不同。競爭優勢理論認為，一國興衰的根本在於能否贏得國際競爭優勢，而贏得競爭優勢的關鍵則在於是否具有適宜的創新機制和充分的創造能力。[13]

競爭優勢理論與比較優勢理論最顯著的不同在於：比較優勢理論主要論證國家間產業分布與產業互補的合理性，強調不同產業之間生產率的比較；而競爭優勢理論主要論證國家間產業衝突和產業替代的因果關係，強調各國間相同產業之間生產率的比較。競爭優勢理論除了考慮現實的利益外，還考慮潛在利益對比，認為競爭優勢主要取決於一國的創新機制，取決於企業後天的努力和進取，只要勇於創新，積極競爭，後進的國家可能成為具有競爭優勢的國家。透過對比較優勢和競爭優勢的比較，我們可以這樣認為，比較優勢是由一國資源稟賦和交易條件決定的靜態優勢，而競爭優勢是國際競爭中更具能動性的因素。一國資源稟賦的比較優勢並不等於其產業和產品在國際市場上的競爭優勢。但競爭優勢也是建立在比較優勢基礎上，透過要素投入和創新而形成的更高層次的比較優勢，是對傳統比較優勢的深化和拓展。比較優勢原則主要適用於資源稟賦不同的國家和地區之間的分工，競爭優勢原則更多地存在於資源稟賦相近的國家之間的分工。比較優勢是競爭優勢的基礎，有競爭優勢的產業，首先必須具有比較優勢。我們不能過分專注於要素稟賦，單純發展勞動和資源密集型產業而忽視高新技術產業的培育和發展，導致貿易條件惡化，陷入「比較優勢陷阱」；也不能脫離比較優勢談競爭優勢，忽略要素優勢在一國產業定位中的初始的決定性作用，不顧自身稟賦條件盲目追求高級生產要素才能支撐的競爭優勢和高新技術產業，而陷入一些發展中國家已經遭遇的「趕超陷阱」。鑒於此，大陸在參與兩岸產業分工時，要把比較優勢和競爭優勢結合起來，在比較優勢的基礎上，實現比較優勢向競爭優勢的轉化。

在研究國家競爭優勢的過程中，波特提出了著名的產業集群理論。所謂產業集群，是指一些相關企業在某一特定區域透過集聚成群而不斷提升企業及產業整體競爭力的現象及其過程。這一理論認為，分工深化會促進集群形成和發展，集群的發展反過來又會提高交易效率，降低交易費用，從而促進分工的演進。集群之所以能促進分工的演進，是由於集群有降低成本、利於創新、便於孵化三大功能。這一理論將集群嵌入到一個更為廣泛的動態競爭理論中去，對解釋臺資企業向大陸局部地區的集群化轉移具有一定的合理性。

美國經濟學家H.錢納里和A.斯特勞特創立的儲蓄和外匯雙缺口模型較好地解釋了外資對發展中國家經濟增長的貢獻。該模型認為，大多數發展中國家的經濟發展主要受三種因素約束：一是儲蓄約束，即國內需求水平低，不足以支持國內投資需求的擴張；二是外匯約束，有限的外匯收入不足以支付經濟發展所需要的資本品和消費品進口；三是吸收能力約束，無法有效地使用外資和各種資源。如果發展中國家能成功利用外資，便可以逐漸彌補和克服儲蓄、外匯和技術缺口的約束，增加國民總儲蓄和總投資，進而促進經濟增長。[14] 根據他們的理論，外資能透過把區域的儲蓄傾向轉變為真實的投資來實現其發展的功能；外資能透過改善投資地的原有資產存量，促進經濟增長，並進一步透過新建企業形成高質量資產，透過收購和兼併提高原有資產存量；外資能帶來國外先進實用的技術、設備和科學的管理方式促進一國或地區的發展；外資有利於發展中國家和地區經濟管理體制的改革和完善、提高管理效率、降低企業的交易成本從而促進經濟發展。

第十三章 臺灣重點產業和中小企業發展情況分析

第一節 臺灣工業發展總體情況分析

1.臺灣工業發展歷程回顧

近半個世紀以來,臺灣從「以農業培養工業」著手,在穩固農業發展的基礎上,從發展輕工業到發展重化工業,從發展勞動密集型產業到發展資本、技術密集型產業。綜觀臺灣工業發展歷程,其工業發展模式大致可概括為:「勞動密集型的輕工業——資本密集型的重化工業——技術密集型的策略性工業。」[15]

(1)優先發展勞動密集型輕工業,實現經濟起飛

在1950年代初以前,臺灣經濟一直以農業為主,農業在臺灣經濟中占據主導地位,農產值和農業就業人口成為經濟主體,農產品出口是出口創匯主要來源。1949—1953年,臺灣成功實行改良式土地改革,在土地改革有效地改變農村封建生產關係,推動農業生產發展並為工業發展提供資本原始積累和大量青壯勞動力的基礎上,從1953年始,臺灣開始走上工業化道路。從1953年臺灣開始大力發展利用自產原料並可增加出口的工業,如糖、茶、鳳梨等農副產品加工業,利用自產或進口原料生產替代進口的工業主要有水泥、玻璃、木製品、造紙、化肥、紡織、食油、麵粉、自行車、縫紉機等,這些產業無需太多資本,無需太複雜的技術,普通勞動力經短期培訓後即可勝任,是典型的勞動密集型輕工業,成為當時臺灣工業開始起步的骨幹產業。隨著進口替代工業的發展,到1960年代初,臺灣島內市場達到飽和,為了利用工資低廉的國際比較優勢,臺灣適時制定了大力發展勞動密集的輕工業拓展出口的工業發展策略,於1965年開始,先後在高雄、楠梓及臺中設立三個出口加工區,在區內引進外資、技術,進口機器設備和原材料,主要加工生產食品、紡織、塑膠等勞動密集型出口產品,產品主要銷往歐美市場。臺灣工業起飛初期以發展勞動密集型輕工業為主,而這一時期輕工業的發展又以勞動密集型的食品和紡織工業為主導。1954—1961年,臺灣的食品工業迅猛發展,占整個工業產值的25.4%,這主要是由於在當時臺灣工業基礎薄弱,技術水平低的條件下,食品工業實際上是農業的延伸,而當時臺灣可以直接利用的只有農業資源。隨著經濟發展和工業技術基礎的初步建立,從1960年代中期開始,食品工業在臺灣工業中的地位便逐漸被紡織工業所取代,紡織工業在臺灣整個工業中所占比重,從1954—1961年的僅占7.3%劇

增到1966—1971年的27.3%。但1960年代後期開始，隨著外資大量進入臺灣島內投資和出口加工區的建立與發展，以家用電器等消費性電子產品為主的機電工業在臺灣整個工業中所占比重不斷增大，並很快成為臺灣工業新的「明星產業」。在1950—60年代末，食品、紡織和家用電器等勞動密集型工業在臺灣工業發展中充當主導角色，使臺灣工業實現持續高速發展。1953—1972年，臺灣工業年均增長率高達15.3%，工業產值在島內生產毛額的比重從1952年的16.9%提高到1972年的31.83%，從而帶動了整個臺灣經濟的起飛。

（2）重點發展資金和資源密集型的重化工業，提高原材料、基礎工業的自給能力

到1970年代初，臺灣工業經過20多年發展已建立了初步基礎，人民收入不斷提高，資本供應能力和投資能力大為增強，具有較強經濟和技術實力的大型集團企業得到了初步發展。為了從根本上緩解日趨緊迫的交通、電力等基礎設施瓶頸，建立臺灣自身的工業基礎和提高原材料、輔助材料、零部件的產業配套和產業自給能力，臺灣開始調整工業發展策略，重點發展鋼鐵、造船、塑膠和石油化學等重化工業。臺灣於1970年代中期開始實施以高速公路、機場、港口、鐵路等基礎設施建設和鋼鐵、造船、石化等重化工業為投資重點的「十大」、「十二大」、「十四大」工程建設。1970年代初至80年代中後期臺灣對重化工業和基礎工業、原材料工業的大規模投資，使臺灣的工業結構發生了重大變化，輕紡工業在臺灣整個工業中的比重大幅下降，一些資本與資金密集型產業如石油化工、鋼鐵、塑膠原料和機械工業等明顯提高，1954年，輕工業比重高達72.1%，重工業為27.9%，到1976年重工業比重開始超前。1960年僅紡織、食品、飲料、煙草三個部門的產值，就占製造業產值的57.2%，其中僅紡織和食品兩個部門的產值就占了製造業產值的45.5%。但從1986年開始，電子電器業產值占製造業產值由1.44%增至12.28%，石油化學工業產值占製造業產值比重由 8.2%劇增至 1985年的39.12%，員工人數占製造業員工人數33.06%，出口比重達21.55%，而同期因生產成本提高和產品市場競爭力下降，臺灣的紡織業明顯衰退，產值比重1985年比1960年下降61%，員工人數從1976年的30.6萬降至1984年的不及30萬，其中僅棉紡業就減少2.7萬人。這一時期，在大規模投資建設和重化工業迅速發展

的有力拉動下，臺灣工業實現持續高速增長。1973—1980年，臺灣整體工業年均增長率達11.68%，工業產值在島內生產毛額中的比重由1972年的38.93%提高到1980年的45.33%，工業製品在出口貿易中的比重由1972年的83.2%增長至1980年的90.8%，工業就業人口占總就業人口的比重由1972年的31.83%上升到1980年的42.52%。臺灣工業企業，特別是一大批基礎工業、重化工業企業的建立，使臺灣初步形成了相對完整的工業體系，也為臺灣後來的產業升級和高科技產業發展打下了良好基礎。

（3）重點發展知識和技術集約型「策略性工業」，加快產業升級

進入1970年代末期以後，一方面隨著經濟發展，島內的工資、地價持續上升，使勞動密集型和資本密集型產業生產成本提高，比較優勢喪失，市場競爭力降低。另一方面在國際石油危機衝擊下，由於石油價格大幅提升的影響，主要以進口原油進行加工煉製和裂解的石油化學工業淪為能耗大、成本高、收益低的「艱苦產業」。而同時，由美國領軍的世界科技革命迅速發展，以電子資訊業為代表的高科技產品迅猛發展。在這種情況下，臺灣開始改變繼續發展重化工業的策略，轉而重視科技型策略性產業的發展。臺灣在高科技產業發展方面最成功的經驗是建立和發展新竹科學工業園。新竹科學工業園自1980年代創立後，獲得持續快速發展，被譽為「亞洲的矽谷」、「臺灣高科技產業重鎮」。

（4）工業製造業在整體經濟中的地位下降，臺灣已進入以服務業為主導的工業化晚期階段

進入1990年代特別是進入90年代中期以後，雖然臺灣的高科技產業發展迅速，工業、製造業產業結構進一步優化，但隨著傳統產業的萎縮和資訊電子、通訊等產業大量轉移到大陸投資，臺灣工業在整體經濟中的地位逐漸下降，工業、製造業的產值年增長率都比同期經濟增長率要低，且占島內GDP比重也逐漸下降，其對經濟增長的貢獻率也比同期的服務業要低。

從表13-1中看到自進入2002年以來，臺灣工業生產占整體經濟的比重從30.38%持續下降到2012年第二季度的28.58%，而臺灣工業生產占整體經濟的比重1991年曾高達41.1%。2011年臺灣農業、工業和服務業占GDP的比重分別為：

1.75%、29.49%和68.76%，由此可見，近年來臺灣服務業發展迅速，已成為臺灣經濟的主導力量，臺灣已進入以服務業為主導的工業化晚期階段。2002—2012年，臺灣製造業中產值比重下降的產業，大多屬於傳統勞動力密集型產業，主要有食品製造業、煙草、紡織、成衣及服飾業等。在這十年內產業結構調整過程中，由於生產方式及產業結構朝資本密集、技術密集度高的方向發展，而引起勞動力密集產業加速外移，其占製造業產值比重呈下降趨向。

表13-1 2002—2012年第二季度臺灣產業結構變動情況（按各產業占GDP比重）

單位：%

年季		合計	農業	工業	服務業	製造業	批發零售業
2002年		100.00	1.82	30.38	25.02	67.80	16.81
2003年		100.00	1.71	31.20	26.13	67.08	16.65
2004年		100.00	1.68	31.75	26.81	66.57	17.08
2005年		100.00	1.67	31.26	26.53	67.08	17.63
2006年		100.00	1.61	31.33	26.46	67.06	17.88
2007年		100.00	1.49	31.38	26.52	67.12	18.22
2008年		100.00	1.60	29.25	24.98	69.16	18.80
2009年		100.00	1.55	29.79	24.67	68.66	18.49
2010年		100.00	1.58	31.34	26.27	67.08	18.19
2011年		100.00	1.75	29.49	24.76	68.76	18.81
2012年	1季	100.00	1.64	26.73	22.04	71.67	18.91
	2季	100.00	2.09	28.58	24.32	69.32	18.61

資料來源：臺灣「行政院主計處」「國民所得統計」。

附註：依聯合國1993年版國民經濟會計制度編制。

2.臺灣工業發展現狀

2011年上半年，延續2009年第四季全球脫離金融海嘯陰霾以來的景氣復甦

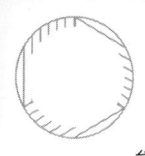

態勢，且在兩岸簽署ECFA 於2011年元旦正式生效，與大陸「十二五」計劃接續開展下，臺灣外銷接單穩健增長；另外，隨著當局積極推動新興產業發展，廠商資本支出持續擴張，加以就業市場情勢穩定，有效推動了民間投資與消費增長，從而推動半導體、面板、資訊通訊、機械、鋼鐵等產業明顯增產，上半年工業生產指數年增長率仍維持在了10.96%。2011年下半年，歐洲陸續爆發債務危機、美國經濟增長乏力，全球景氣與股匯市動盪，削弱臺灣出口動能，工業生產指數年增長率轉為負增長0.37%。

總的來看，臺灣綜計2011年全年工業生產指數129.71 ，繼續創歷年新高，但各季度工業生產年增長率在全球經濟反轉與上年同期相比，由第一季度的漸次攀升再到逐季下滑。具體來看，由第一季增產15.28%，降至第二季7.11%及第三季3.37%，第四季更走低為減產4.00%。全年工業生產增加5.03%，其中製造業增加5.12%，建築工程業、電力及燃氣供應業、用水供應業分別增加7.89%、2.20%、0.21%，而礦業及土石採取業則減少3.80%。

從產值來看，2011年工業總產值由2010年新臺幣14 兆7160億元增為新臺幣15兆3506億元，增長4.31%，其中製造業新臺幣14兆4489億元，較2010年增加4.48%，電力及燃氣供應業、建築工程業、用水供應業分別為新臺幣6405億元、1902億元、400億元，較2010年各增加1.76%、2.32%、1.13%，而礦業及土石採取業為新臺幣308億元，則減少3.84%。

當前，從工業生產變動情況看，2012年11月與上月比較，工業生產指數為131.91 ，與上月比較減少1.43%，其中製造業較上月減少2.06%；經季節調整後，工業生產增加0.60%。與上年同月比較工業生產增加5.85%，其中製造業增加5.47%，礦業及土石採取業增加13.77%，建築工程業增加35.00%，電力及燃氣供應業減少2.10%，用水供應業減少1.18%。累計1至11月與上年同期比較，工業生產減少0.32%，其中製造業減少0.51%。

從臺灣製造業生產變動情況看，2011年全年製造業生產指數較上年增加5.12%，其中電子資訊工業、金屬機械工業及民生工業分別增加8.91%、6.64%及1.18%，而化學工業則減少4.25%。若按產值觀察，2011年製造業產值為新臺幣

14兆4489億元,較上年增加4.48%,其中化學工業為新臺幣4兆3071億元,增加6.13%,金屬機械工業為新臺幣3兆9399億元,增加9.34%,民生工業為新臺幣1兆3974億元,增加5.25%,而資訊電子工業則為新臺幣4兆8046億元,較上年減少0.72%。

表13-2 2012年1—11月臺灣工業生產變動情況

分類	權重(‰)	2012年11月生產指數(基期=2006年)	月增率(%)	季調後月增率(%)	年增率(%)	1至11月累計平均生產指數(基期=2006年)	年增率(%)
工業	1000.00	131.91	-1.43	0.60	5.85	129.68	-0.32
礦業及土石採取業	4.87	93.43	23.86	13.21	13.77	80.76	1.70
製造業	933.06	133.85	-2.06	0.02	5.47	132.48	-0.51
電力及燃氣供應業	27.43	99.24	-5.06	2.31	-2.10	105.69	0.07
用水供應業	6.79	95.23	-4.26	-0.15	-1.18	97.14	-0.47
建築工程業(註)	27.84	114.78	33.62	28.73	35.00	75.86	11.44

註:建築工程業採用臺灣「內政部營建署」統計的各縣市核發使用執照總樓地板面積數據。

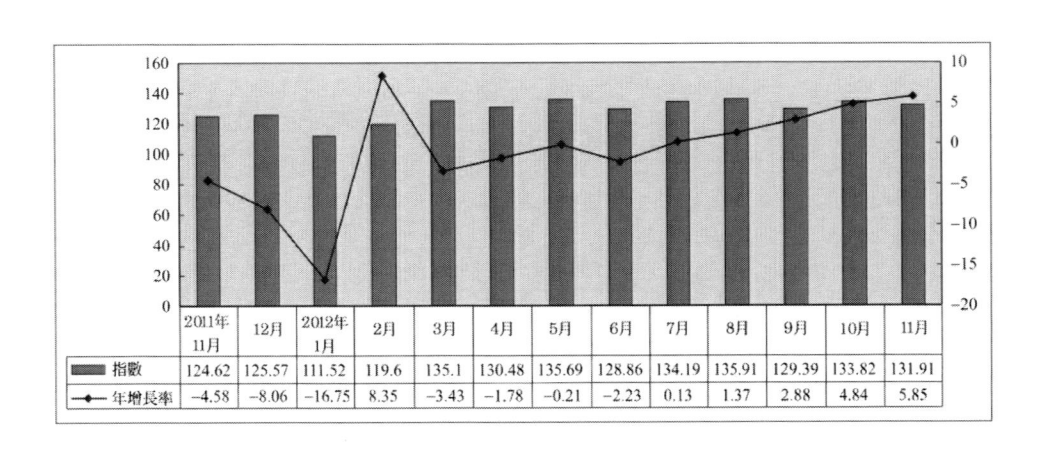

資料來源:臺灣「經濟部」統計處。

	2011年11月	12月	2012年1月	2月	3月	4月	5月	6月	7月	8月	9月	10月	11月
指數	124.62	125.57	111.52	119.6	135.1	130.48	135.69	128.86	134.19	135.91	129.39	133.82	131.91
年增長率	-4.58	-8.06	-16.75	8.35	-3.43	-1.78	-0.21	-2.23	0.13	1.37	2.88	4.84	5.85

圖13-1 臺灣2011年11月至2012年11月工業生產指數與年增長率

資料來源：臺灣「經濟部」統計處。

從當前經濟結構來看，製造業按四大業別分，2012年1—11月資訊電子工業較上年同月增加8.08%，化學工業增加6.60%，金屬機械工業增加1.54%，民生工業則減少0.74%。製造業主要行業以電子零組件業較上年同月增加11.12%，為最多；化學材料業增加7.29%，居次；基本金屬業增加7.18%，再次之；而機械設備業、電腦電子產品及光學製品業則分別減少7.82%、3.47%。各主要行業2012年1—11月生產量與上年同月比較變動情形說明如下：

電子零組件業增加11.12%，主要受惠於行動裝置需求旺盛，持續推升高端芯片及相關供應鏈產量，再加上面板因歐美聖誕節及中國農曆年節備貨需求而積極回補庫存，導致晶圓代工、TFT-LCD、構裝IC、印刷電路板等持續增產。1至11月累計較上年同期增加3.11%。

基本金屬業增加7.18%，剔除農曆春節因素後，擺脫去年11月以來的負增長走勢，主要因為國際鋼價觸底回穩，加上去年同期鋼材市場景氣走緩，主要因為熱軋及冷軋等產量明顯增多所致。1至11月累計較上年同期減少5.17%。

化學材料業增加7.29%，增幅為2010年6月以來最高，主要因為亞洲部分石化廠事故，加上去年同期部分中上游石化廠年底維修，比較基數較低所致。1至11月累計較上年同期增加0.63%。

電腦電子產品及光學製品業減少3.47%，主要因為全球定位系統及部分通訊產品受到國際競爭而抑制產出，只有電腦零件與光學組件因智慧型手持裝置新機接連上市而保持了增產趨勢。1至11月累計較上年同期減少7.07%。

機械設備業減少7.82%，主要因為全球景氣復甦遲緩，廠商設備投資意願不強，加上來自新興市場訂單持續縮減所致。1至11月累計較上年同期減少11.22%。

汽車及其零件業減少2.16%，主要因為轎車在去年同期車廠積極促銷下，比

較基期較高，只有客貨兩用車及汽車電氣零組件仍呈現增產。1至11月累計較上年同期增加1.22%。

表13-3 2012年1—11月臺灣製造業生產情況

分類	權重（‰）	2012年11月生產指數（基期=2006年）	月增率（%）	年增率（%）	1至11累計平均生產指數（基期=2006年）	年增率（%）
製造業	933.06	133.85	-2.06	5.47	132.48	-0.51
按四大業別分						
金屬機械工業	268.37	104.10	-0.54	1.54	102.68	-4.88
資訊電子工業	339.82	188.06	-2.47	8.08	185.76	1.36
化學工業	209.72	104.48	-2.63	6.60	103.85	0.00
民生工業	115.16	96.68	-2.28	-0.74	96.81	-0.62

續表

分類	權重（‰）	2012年11月生產指數（基期=2006年）	月增率（%）	年增率（%）	1至11累計平均生產指數（基期=2006年）	年增率（%）
按主要行業分						
電子零組件業	242.40	209.39	-4.20	11.12	210.92	3.11
基本金屬業	116.85	104.59	-0.23	7.18	102.52	-5.17
化學材料業	101.03	111.91	-3.45	7.29	114.28	0.63
計算機、電子產品及光學製品業	67.26	157.32	6.44	-3.47	139.48	-7.07
機械設備業	53.11	103.93	-5.56	-7.82	106.46	-11.22
汽車及其零件業	24.06	113.97	0.86	-2.16	109.20	1.22

資料來源：臺灣「經濟部」統計處

表13-4 臺灣製造業生產量動向指數：受查廠商對12月營運狀況看法

分類	動向指數(家數)	增加	持平	減少	動向指數(產值)	增加	持平	減少
製造業	43.6	10.9	65.4	23.7	47.6	5.6	84.0	10.4
電子零組件業	42.2	7.5	69.4	23.1	47.9	5.5	84.7	9.8
基本金屬業	43.2	8.0	70.3	21.7	49.2	3.8	90.8	5.4
化學材料業	43.3	9.2	68.1	22.7	42.9	1.8	82.3	15.9
計算機、電子產品及光學製品業	45.7	10.9	69.5	19.6	48.8	6.2	85.2	8.6
機械設備業	39.8	11.0	57.6	31.4	40.9	11.1	59.6	29.3
汽車及其零件業	44.2	14.6	59.2	26.2	47.9	8.0	79.8	12.2

說明：以產值計算的生產量動向指數系（預期下期增產的廠商產值比率＋預期下期生產持平的廠商產值比率×0.5）×100。

資料來源：臺灣「經濟部」統計處

展望未來，當前全球經濟增長雖然遲緩，但趨向穩定，加上消費電子產品新機接連上市熱銷，帶動半導體、面板等產業增產，再加上石化、鋼鐵產能企穩及去年同期比較基數較低，致使製造業年增長率連續第4個月正增長，且增幅逐月走高。2012年美國經濟雖受財政懸崖陰影籠罩，但第3季經濟增長優於預期，激勵聖誕節的採購需求，加上中國大陸在元旦與春節前的強勁的購買需求，第4季生產將填補上半年的減產空缺，預計全年製造業生產指數與上年水平相近。據調查，製造業者認為2012年12月生產量將較11月增加的廠商家數占10.9%，持平者占65.4%，減少者占23.7%，以家數計算的製造業生產量動向指數為43.6，按產值計算的動向指數為47.6，顯示12月生產指數將較11月略為下降。

第二節 臺灣重點產業發展歷程與成功經驗

1.重點產業發展歷程

（1）通訊電子產業

①1950至70年代——萌芽期

這一時期屬臺灣資訊電子產業的萌芽時期，廠商主要從技術水平較低的傳統消費電子產品入手，多集中於零部件生產和成品組裝，主要滿足島內需求；廠家數量有限且規模小，截至1978年不足1000家，65%—70%廠商的資產都在1000萬臺幣以下，4000萬臺幣以上的廠家只占8%左右。

②1980年代——快速增長期

臺灣對資訊電子產業的扶持非常明顯，先後建立了資訊科學工業園區（1978年）和新竹科學工業園區（1980年），並在1981年制定的《資訊工業部門發展計劃（1980—1989）》中首度認定資訊工業為策略性工業，同時加強培養和招攬高級科技人才，促進島內相關產業發展。在當局的大力支持下，資訊電子產業進入快速發展期，微電腦製造業、半導體產業、通訊產業等「全面開花」，產品產值和出口增長迅速。

然而，這一時期傳統消費電子產品產值在1987年達到1260億新臺幣後開始下降，家用電器業和照明設備業1980年代後期均呈下降態勢。資訊產品（不包括電腦業中的電腦零部件）在1987—1991年平均增長率為25%，同期電信產品為6%，而消費電器為-10%。另外，產品出口導向明顯，資訊電子產品80%以上出口，主要出口美國和西歐；同時，產品代工（OEM）特徵明顯，自我設計和研發能力較弱。

③1990年代至今——發展成熟期

1990年以後，臺灣的資訊電子產業逐漸進入成熟期。首先，資訊電子產值持續上升，資訊產品、通訊設備、半導體和電子零部件的產值持續上升，資訊產品產值2000年升至頂峰，消費類電器繼續衰落。其次，資訊、通訊和半導體的產量逐漸上升，在1990年代末期達到頂峰。再次，出口持續增長，2000年到頂峰，其後呈下降態勢。最後，產品技術含量逐步提升，如筆記本電腦取代臺式電腦、液晶顯示器替代傳統平面顯示器。資訊產品主要集中在個人電腦及周邊設備，而半導體產品則集中在集成電路，通訊類產品集中在交換設備、傳輸設備和用戶終端設備，產品呈現多元化，上、下游產品整合程度大幅提高。

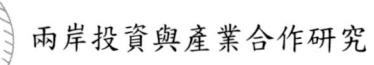

這段時期臺灣資訊電子產業特點比較鮮明：第一，資訊電子產業出現集群效應。第二，世界電子產品低價化趨勢加劇，臺灣中小資訊廠商發展困難，大型公司開始占據優勢地位，島內在1997年出現併購熱潮，規模效應顯現。第三，產品國際市場占有率逐漸擴大，1994年資訊硬體產品產值為146億美元，居美、日、德之後，居世界第四位，1995年超過德國。1997年臺灣資訊電子產品居於世界前三名的有：主板、監視器和芯片代工居第一，筆記本電腦、IC 設計、封裝和網卡居第二，臺式電腦居第三。1999年，14項電腦產品產值居世界第一，筆記本電腦和臺式電腦也躍居第一。第四，政策傾斜及新竹科學工業園成為產業發展的牽引力，產品力求向中上游過渡。第五，資訊電子產業到達頂峰，廠商開始外移，新興工業化國家和地區是臺灣資訊電子產業發展的新著力點。

專欄13-1 臺灣資訊電子產業的主要競爭對手和核心產品情況

主要競爭對手

就目前而言，歐洲和美國的資訊電子業與臺灣的競爭不多：歐洲主要側重通訊電子產品製造，美國主要側重於高技術產品的研發和製造，都處於產業鏈上游，臺灣資訊電子業與其合作互補更多。但臺灣廠商開始與日系廠商在某些領域存在競爭，如半導體生產。總體而言，臺灣廠商主要競爭對手還是韓國和大陸。

韓國主要在技術水平相對較高的領域與臺灣競爭。韓國2003年成為世界最大的TFT-LCD顯示屏生產國，占市場份額41.9%（臺灣只占36.9%），成為繼日本、美國和中國之後第四個電子出口大國。韓國廠商如三星、LG電子等規模大，資本雄厚，而且在產業鏈中所處位置與臺灣位置相當，在半導體、移動電話與液晶顯示器等方面已經對臺灣廠商構成嚴峻挑戰。

與韓國相比而言，大陸主要在資訊電子產業鏈中下游產品與臺灣競爭。雖然大陸資訊電子產業發展比較晚，但低廉的成本和廣闊的市場吸引了世界諸多大廠的投資，迅速成為硬體產品的生產重鎮，也是臺灣廠商最主要的島外生產基地。

大陸資訊電子業全面興起，不僅包括硬體製造，而且產品設計和研發也開始發展。總體而言，大陸與臺灣只涉及較低層次競爭，互補性更強，島內廠商必須加快「西移」和布局，形成合理的兩岸產業分工，提升產業鏈位次和全球競爭力。

主要通訊產品

2009年臺灣通訊產業主要產品當中，行動電話（Mobile Phone）、衛星定位產品、Ethernet LAN Switch、WLAN、DSL CPE、Cable CPE就占了總產值85%的比重。有關主要產品的產值見表13-5。在前六大主力產品當中，2009年初深受金融風暴影響，使得通訊產業整體表現不佳，所幸2009年第二季電信營運商開始回補訂單，因此，和電信產品相關的 WLAN、Ethernet LAN Switch、DSL CPE和Cable CPE於第二季已逐步回溫，所以當年增長率衰退幅度較小。屬於消費性產品的行動電話和衛星定位產品則於第三季才逐漸好轉，無法補足前兩季所造成的衰退，所以行動電話和衛星定位產品的年增長率為-20%。

表13-5 2009年臺灣通訊設備產業主力產品

單位：百萬新台幣

排名	產品	2009年產值	2008年產值	2009年增長率
1	行動電話	226146	283423	-20.20%
2	衛星定位產品	14814	189402	-21.85
3	WLAN	59144	61452	-3.80%
4	Ethernet LAN Switch	47438	47664	-0.50%
5	DSL CPE	46681	53958	-13.50%
6	Cable CPE	41628	41178	1.10%

資料來源：臺灣工研院IEK。

（2）石化產業

①臺灣石化產業萌芽階段

1950年代是臺灣石化工業萌芽階段。由於40年代末期塑料製品逐漸流行，臺灣又對塑料製品進口實行管制，島內塑料加工業發展較快，尤其以PVC塑膠工業具有一定規模。1950年成立美援工業的臺塑，1953年成立了華夏、國泰等三家PVC塑膠原料廠，打破了臺塑的市場壟斷局面。

②起步階段和規模擴張

60年代是臺灣石化工業的起步階段。由於臺灣實行出口導向和進口替代戰略，隨著美國資本和技術的進入，臺灣把石化工業作為了重要的發展對象，並積極發展石化中間原料工業，同時積極建設了島內石油裂解廠。自1968年臺灣「中油」公司第一套石腦油裂解裝置建成後，70年代又建立了幾大裂解廠。80年代後，臺灣石化工業規模進一步擴張，臺灣「中油」公司先後建成第一套二甲苯裝置和第四套芳烴裝置，1984年建成了第四套石腦油裂解裝置。島內的自給率進一步提高。80年代後，島內開始建立石化工業園區，園區內的廠家數量增加較快。臺灣石化工業的自給率逐步上升，整個石化工業達到了較高的規模，石化工業體系逐漸完整。由於市場需求規模的不斷擴張，民間資本進入石化產業，島內石化產業上游開始出現民營化。

③產業調整和成熟階段

自70年代末期世界石油危機以來，臺灣石化工業也逐漸開始調整。由於石化工業原料依賴進口，產品的附加值低，能耗高、汙染重，民眾對大力發展石化工業有爭議。臺灣開始改變工業發展重點，把能源密度低、汙染少、技術密集度高的工業作為產業發展重點。為此，臺灣確立新的石化工業發展計劃，把高性能塑膠、特用化學品以及關鍵中間材料作為未來石化工業發展重點。並要求石化工業原料以內需為主，提高產品的附加值。這個階段，美國和日本的資本開始淡出，民營石化產業發展也受到一定限制。

在這個階段，「中油」公司企業規模進一步擴張，而民營資本大步進入石化上游領域，臺塑的第六套N01和N02石腦油裂解裝置分別於1999年、2000年投產，打破了石化上游領域「中油」公司的壟斷地位。2007年臺塑公司的第六套

NO3 石腦油裂解裝置建成投產，臺塑的乙烯產能規模達到293.5萬噸/年，成為亞洲最大的石化廠家之一。臺灣的乙烯產能擴大到401.5萬噸/年，形成龐大完整的石化工業體系，成為臺灣經濟發展的重要產業之一。

專欄13-2 臺灣石化產業發展情況

目前，石化工業仍然是臺灣經濟發展的關鍵產業，同時也在海外市場具有一定的競爭力。根據2008年的統計數據，臺灣石化產業2007年的產值為17131億新臺幣，占2007年GDP的13.15%，僅次於機電電子產業。臺灣「中油」和臺塑石化是島內兩大石化巨頭，它們在島內5000 家企業營業收入淨額排名中，位居第二和第五名。

2008年臺塑六輕（麥寮六輕工業區）四期建設項目完工後，臺灣石化原料產量大幅提升。截至2008年10月底，乙烯產能達391萬噸，乙烯的產能已達世界前八強，臺灣乙烯的自給率達到98%。

臺灣石化工業的主體為化學材料業，其餘依次為石油及煤製品業、塑料製品業、化學製品業及橡膠製品業。其中，石油及煤製品業和化學材料業為臺灣近年來快速增長的重要石化工業。合成纖維在石化產品中占有較大比重，合成纖維原料產值占石化中游產業產值的18%，合成纖維和紡織產品占石化下游工業產值的44%。

臺灣石化產品有55%外銷，其中75%以大陸為外銷地點。因此大陸石化業的發展左右著臺灣石化業的景氣狀況。由於大陸2009年底乙烯產能已經達到1224萬噸，大陸石化產品進口量將逐漸減少，對臺灣石化產品出口衝擊較大。

臺灣對大陸的出口依存度高。隨著東盟自由貿易區的成立，東盟六國的雙邊關稅已降至5%，2010年產品關稅全面為零，2015年中國大陸與東盟各國將完全撤銷產品關稅，臺灣石化產品將面臨嚴重的外銷危機。

從長遠的產業布局考慮，臺灣已決定開放臺商到大陸投資設立輕油裂解廠，

臺灣石化業將得以在大陸建立上、中、下游完整產業鏈，以減少島內石化製品出口大陸的關稅障礙。臺灣也放開了去東盟國家投資設廠，以開拓東盟市場，同時在島內實行產業升級，防止臺灣石化產業被邊緣化。

在金融危機後發生後，由於出口減少，臺灣石化業遭遇「瓶頸」，石化企業紛紛另謀出路。臺灣石化工業開始向高附加值領域和多種經營延伸，進軍生化、新能源、電子資訊等高新技術領域。石化產業企業發展電子光電材料、特化品，打入高科技業供應鏈。也有多家企業，如臺灣「中油」、臺塑、臺聚、李長榮及臺苯等公司打算進入太陽能的上游原料多晶矽行業。

資料來源：臺灣石油化學工業同業工會及臺灣工研院。

（3）汽車產業

臺灣汽車工業的發展可以劃分為兩個階段。第一個階段是80年代中期以前實行高保護階段。這個階段，臺灣以保護幼稚工業為目的，實施進口替代和出口導向戰略。這個階段汽車工業研發和競爭能力弱小。第二個階段是80年代中期以後開放階段。80年代中期臺灣實行對外開放的政策，1985年開始實施《六年汽車工業發展方案》，大幅度降低汽車進口關稅，放寬整車裝配廠的設立標準，為汽車企業的競爭創造寬鬆的條件。當局積極引導汽車工業參與全球汽車產業分工，引導福特六和、「中華」、國瑞、裕隆、三陽等五家廠商擴大規模，減少車種，降低開發成本。並鼓勵汽車零部件進入美、日等國市場。儘管臺灣汽車競爭力有所提升，但總體而言汽車產業的國際競爭力仍然較弱。

臺灣重視電動汽車的發展。臺灣行政院頒布鼓勵電動汽車發展的政策，並決定實行階段性推廣。第一階段，從2010年造成2013年，選定10個區，每區300輛，共3000輛汽車實行示範運營，主要用於郵局郵務車、公務車等公共服務性質車輛。當局對示範運營車輛實行補貼。第二階段，從2014年起全面推廣使用電動汽車，並對購買電動車的消費者實行現金或者利息補貼，現金補貼額度約在

20—30萬元之間。

臺灣島內諸多汽車廠商受到政策引導，積極推出電動汽車。例如和泰汽車、豐田和凌志等都推出自己的電動汽車，裕隆集團旗下華創車電，與東元電機、金富田、致茂、臺灣能源及美國ACP攜手合作，已完成PLUG-IN（插電式）電動車及鉀電池電動車的電控系統、馬達及電池等關鍵零件模塊。目前電動車輛整車發展上已進入商業化量產階段。

受政策推動，電動汽車行業發展迅速。預計至2015年，電動汽車產業產值可達1200億元，其中900億元為整車產值，300億元為馬達、電池等零組件產值。電動汽車零部件發展已經具有一定品牌效應，美國TEXLA電動車及BMW生產MINIE電動車，均採購臺灣生產的電池、馬達及電源控制模塊等零組件。

（4）機械產業

臺灣機械工業在1945年前就已經開始出現。當時主要是日本出於戰備考慮，認為臺灣必須具備相對獨立的軍事能力，開始在臺灣發展機械器具、船舶車輛、金屬製品製造與金屬冶煉等機械項目，使得機械工業開始在臺灣出現。在1945年後，由於臺灣實行四年經濟計劃，臺灣民眾收入提高，家用電器與機動車輛等耐用性消費品需求增加，島內看到這些行業有利可圖，開始利用進口零組件拼裝，為臺灣機械業開創了一條新的出路。

自1961年起，臺灣決定實行進口替代，將機械工業列為重點發展行業，機械工業從仿製外國機器中奠定了良好基礎，縫紉機、自行車、織布機、針織機、染整機、塑料加工機、造紙機等均得到較快發展，並積極開拓島外市場。

從80年代開始，臺灣開始推動實施自動化，並選擇機械、電機、電子與塑料加工等四行業作為推動自動化工業的重點領域，機械工業在整機與關鍵零組件研發上均有突破性發展。機械工業也被定位成戰略性工業。

90年代以來，臺灣的機械工業已經具有一定競爭力。為面對經濟全球化發展，臺灣成立推動「亞太製造中心」，並於1996年配合成立「精密機械工業推動小組」，推動精密機床、半導體製造設備、高科技汙染防治設備、醫療保健儀

器設備及關鍵機械零組件等高性能器械研發，形成了島內機械工業的合理布局。從整個機械工業分布上來看，臺灣北部地區以模具、紡織機械為主，中部地區為機床、機械零部件、木工機械等產業大本營，南部地區則全力發展塑料橡膠機械、農業機械與皮革與製鞋機械等。經過近30年的發展，臺灣機械產業已經具有很強的國際競爭力，臺灣機械製造業產值排名世界第十。在模具、電子生產設備、塑膠機械、木工機械、切削機床、成型機床等領域具有世界級水準。2008年機械產值達到9100億元，工具機、橡塑料機等都進入全球前五名範圍內，木工機排名更居世界第三。臺灣機械產品已在國際市場上占有舉足較重的地位，機械工業已成為促進臺灣經濟發展的支柱性產業。

近年來，由於基礎工業不夠強大及市場擴充存在嚴重瓶頸，臺灣機械工業發展受到極大制約。隨著大陸和臺灣的經濟合作增多，臺灣機械工業開始向福建遷移。整體搬遷的臺灣機械企業總數將超過120家。此次搬遷完成後，臺灣機械工業的核心部分將基本流向大陸。

儘管臺灣機械工業發展已經取得了很大成績，但是臺灣機械工業發展本身存在不平衡。主要表現為關鍵零部件的穩定性、加工精確度、使用壽命、生產效率、系統整合能力、振動噪音及安全性設計等方面亟待加強，遠落後日本、美國與德國等機械製造大國。臺灣的機械工業雖然在零部件供應及產業配套體繫上相當完整，但是所需的關鍵零部件仍需大量依賴進口，導致其競爭力相對不高，亟須透過增加研發投入，提升關鍵機械行業的技術競爭力。

目前，臺灣積極推動機械工業發展。臺灣「經濟部」透過加強機械業的研發投入，整合當前主流產業——平板顯示器產業與機械設備業搭配發展，以及大力培育機械業所需技術研發人才，試圖開創機械業發展的新局面。當局用於機械業界科學專項、主導性新產品及中小企業等輔導經費，總計約20億元，希望透過增加機械業研發能量，藉以提升產品附加價值，也希望透過提升產品精度和品級，滿足全球3G產業與塑料製品的質量要求。

為了提高島內精密機械產業精度，以進一步提升下一階段的全球競爭力，工研院機械所投入全球最高整合性的運動控制芯片的研發，內建有CPU可實現32軸

全數位同動、1024點IO控制、奈米級解析命令與微米級軌跡精度，具備高性能實時性的運動控制能力，可應用到新興機器人、五軸加工機、高端光學加工機、線切割放電機、油電複合機、PCB鑽孔機等高值工具機與產業機械領域，創造出每年逾400億元的產值。在高值工具機的應用方面，機械所還建立整合性多軸精密控制平臺，搶回控制桌面及相關軟體值的主導權，幫助島內五軸工具機銷售量由100臺提升至1000臺，每年新增60億元的產值。

（5）紡織工業

臺灣紡織業產業體系完整，具有包括人纖製造、紡紗、織布、染整、成衣及服飾品等完整的生產體系。臺灣紡織業自1945年開始建立，經歷了復興期、出口擴張期、增長期和成熟轉型等幾個階段。在60年代以前，臺灣的紡織業以棉紡織為主。在60年代至70年代初，由於島內開始實行進口替代政策，鼓勵進口機器設備原料增加生產，臺灣開始發展人造纖維業。在70年代至90年代初，臺灣的紡織業以發展成衣為主。90年代之後，雖然仍以衣著紡織品作為發展重點，但是由於面臨東南亞國家與中國大陸低成本競爭，臺灣在一般紡織品和成衣服飾等勞動密集型產業的優勢逐漸喪失，臺灣紡織業進入轉型升級期，產業開始轉向人造纖維紡織和高科技紡織業，不斷提升紡織產品的附加值，透過產品差異化來參與全球市場競爭。並積極發展產業用纖維，這已經成為紡織業轉型升級的具體方向。

透過增加研發新產品、更新生產設備，臺灣紡織品已成為世界紡織品消費市場主要供應來源之一，從而在國際市場上占據了一席之地。

未來臺灣紡織產業將繼續沿著科技創新、產業升級的方向努力。在不斷完善產業鏈，以上游生產優勢帶動下游產品研發的同時，將朝著透過強化品牌效應，實行綠色生產，開發綠色環保和功能性紡織產品的方向發展。

近年來，由於全球消費不景氣和人們對環保節能的關注，臺灣紡織業開始關注綠色生產。以織布大廠「和友」為例，該廠是島內少數擁有中游織造及下游染整的大廠，近年來非常重視綠色生產，致力於發展寶特瓶回收紗，研發特殊功能的PET布。在生產過程中，注重建構安全製造環境，降低有害物質濃度，節省資

源，使生產出的紡織品符合生態標準。透過該廠的帶動作用，具有上下游關係的紡紗、人造纖維、染整及染機設備等10家企業進行綠色生產，每年減少二氧化碳排放量18000公噸，原物料、能源、廢棄物處理等成本減少1000萬元。

除對環保議題的關注外，臺灣紡織廠商更專注於研發及產品多樣化的發展。在2009年10月舉辦的紡織科技國際論壇暨研發成果展及臺北紡織展中，臺灣紡織廠商以「創新與整合」為主軸，使產品朝向高附加價值與產業用紡織品發展，透過技術和產品創新，提升產業核心競爭力，促進產業轉型，為產業創造新的發展契機。例如，福懋興業推出了「藍色標誌」的冷黑科技及單一或複合機能的超輕量布料、具有「視覺工藝」的聚酯纖維。還有些廠家推出了碳纖維、親水基TPEE薄膜、環保紗、功能性薄膜等新產品。

2.臺灣產業發展的成功經驗總結

（1）臺灣產業發展中相關政策的推動作用

從臺灣過去數十年來的產業結構演化和優勢產業形成軌跡，可以看出臺灣正確而適時的產業政策在其中起著積極且關鍵的作用。

臺灣產業發展的主軸，從1940年代的農業、50—60年代的輕工業、70年代的重化工業到八九十年代以後的高科技工業以及服務業，產業政策從保護、獎勵到以市場競爭為主，產業政策的重點也從生產轉為研發、創新以及全球市場布局。臺灣產業政策演變的一個明顯特點是當局干預與市場機制相結合，並在不同時期各有側重，從而使當局對產業升級的宏觀調控作用發揮得較好。綜觀臺灣各個時期不同的產業政策措施，可以認為臺灣的產業政策主要圍繞兩個方面展開：一是營造良好的產業發展環境，如擴大教育與培訓、制定法律法規、提供金融租稅優惠、加強基礎設施建設等；二是扶持企業和推動產業升級，如引進技術、協助研發、規劃工業園區、輔導中小企業、推廣資訊體系等。下面，就臺灣有特色的、成功的產業政策作一介紹。

①人力資源政策

產業技術水準和人力資源有著密不可分的關係。臺灣在很早就意識到這一

點，因此一直以來就非常重視人力資源的開發與利用，從基礎教育、職業培訓、專業人才培育到人才延攬、獎勵均有著一系列的政策措施，具體見表13-6。

表13-6 臺灣人力資源政策措施一覽

類別	政策目的	具體措施	成果
基本教育	提高教育普及率和教育水平	實施九年義務教育，提高全民素質，通過法律規定教育經費比例，保證教育投入鼓勵私人辦學，實施公私並舉的辦學方針，增加教育資源推動學教合作和國際交流，提高教育水平，建立留學制度，進行海外人才儲備	義務教育入學100%，教育經費占GNP的比重1995年達6.75%。2004年，全國有大學校院145所、專科14所，高等教育學生占總人口比率5.42%。到1993年，在美國培養的台灣留學生在8萬名以上
專業人才培訓	滿足新興產業、重點產業、跨領域的人才需求	建立重點產業學院(如半導體、IC設計和數位內容學院)，增設新興產業、重點產業和綜合領域的專業科系，提高大學相關專業的招生名額和師資人員配備	如半導體學院，2003年舉辦研討會和技術訓練課程4班，培訓在職工城市1650人次，舉辦中長期養成課程9班，培訓225人次
職業培訓	提升在職員工的工作能力和水平，提高畢業生和傳統產業人員接受新任務的能力	當局補貼、廠商配合、結合生產力中心、研究機構、學術單位、行業協會力量、多種管道開展職前培訓、在職培訓、專業訓練選派人員赴海外學習進修	僅2001年，當局補貼約新台幣2.3億元，廠家出資2.04億新台幣，開班1305次，共培育33397人
人才延攬	延攬在海外工作的留學生回台，以及擁有專業技術的非台灣籍人士來台	建立海外人才供需動態資料庫，運用海外科技團體及人力仲介公司，招攬海外人才，結合創投相關資源，吸引海外人才來台創業	大批留學生回台創業或工作，帶回寶貴的經驗，如前任台灣中研院院長吳大博士、現任院長李遠哲博士等為台灣科技產業作出不小貢獻
人才獎勵	鼓勵研發，激發潛能	制定相關科技領域的研發獎勵辦法以及專題研究補助	使科技研究與人才培育在合作、良性競爭與學習中快速茁壯成長

資料來源：臺灣「經濟部」。

　　臺灣的人力資源政策措施不僅涉及面廣，而且相關人力資源政策是根據產業發展的需求而不斷調整。例如，在發展勞動力密集型產業之初，普及全民基礎教

育；在產業技術水平上升一個臺階時，大力發展技術職業教育；在高科技產業為主時，重視高等教育，並且積極培育產業發展急需的人才。

完整的教育和培訓體系，使得臺灣人民的整體素質和從業能力得到大幅提高，再加上配套的人才引進和獎勵制度，從而使臺灣產業發展擁有了充足且高品質的人力資源。

②創新研發政策

臺灣產業技術創新升級主要依靠產、官、學、研四方面的共同參與、互動合作來進行。臺灣在推動創新研發方面做了以下幾個方面的工作；

第一，制定完整法令。從1999年1月20日「科學技術基本法」公布實行後，陸續透過「科學技術研究發展歸屬與運用方法」、「經濟部科學技術委託發展計劃成果歸屬與運用方法」，鼓勵透過大學及研究機構廣設技術移轉單位，明確研究成果的歸屬以及相關的激勵措施，鼓勵合作研發。其法令已逐漸趕上歐美等先進國家。

第二，提供財稅支持。一是補助，包括開發新技術新產品的補助、提升品質及強化成本優勢的補助、產學合作補助。二是融資，由行政院開發基金提撥專款，代替承貸銀行自有資金，辦理各項專案低利貸款。三是風險性資金，即制定法律，成立創業投資公司，參與投資高研發風險的計劃。四是稅收減免，包括投資抵減、加速折舊、個人創作發明的獎勵、海外投資、僑外投資、保留盈餘、股票股利緩課、資產重估免稅等。

第三，增加科技研發投資。當局不斷加大研發投入，同時鼓勵民間投入研發。臺灣的研發經費占GDP的比值由1978年的0.66%增加到2011年的3.02%，接近工業發達國家目前的水平。[16]

第四，設立專門機構，主導和推動創新研發活動。這些機構包括「行政院國家科學委員會」、技術移轉中心、科學工業園區、工業研究院、創新育成中心、產業智庫等，其中影響力和成效最大的是工研院。工研院是在臺灣「經濟部」指導下成立的，主要從事應用研究的研發，包括發展前瞻性技術、研究成果推廣、

輔導中小企業和傳統產業升級、提高臺灣的整體競爭力等，是臺灣進行創新活動和服務的重要機構。工研院成立30年來，為臺灣孕育了105家集中在竹科的創新企業，先後有1.6萬多人轉投官產學研各界，締造了50 多位CEO級人物。[17] 最有說服力的例子是：在臺灣半導體產業發展之初，工研院電子所率先引進技術，培訓人才，設立示範工廠，在技術成熟後進一步成立包括聯電、臺積電等衍生公司，成功地將技術移轉到民間，對臺灣電子資訊產業的增長造成了極大的示範和推動作用。

透過上述一系列政策措施，島內形成了良好的創新環境與創新氛圍，在自主創新與研發方面有了較大的進展，2012年臺灣每千名就業人口中的研究人員數為10.6人，2010年在美國申請專利數為8238件。[18] 同時，在知識創造與產業升級中，官產學研的每個參與方都扮演著不同的角色，透過綿密高效的合作機制，創造出整體產業和經濟發展的活力，不斷在世界產業舞臺上創造佳績。

③產業集群政策

一國或一地區的優勢產業往往表現為優勢產業群，而產業政策對促進產業集群起著重要作用。臺灣的產業集群政策主要體現為推動各類園區的設立以及協助中衛體系的建立。

Ⅰ.園區介紹

臺灣在較早時期就開始各類園區的建設，包括加工出口區、工業區和科學工業園等。這些園區的成立為臺灣產業集群發展造成了較大的推動和促進作用。其中又以高雄加工出口區和新竹科學工業園的成效最為顯著。

60年代，臺灣為拓展對外貿易，於1966年設立高雄加工出口區，這也是亞太地區第一個加工出口區。區內企業專做外銷，凡用於製造出口的機器、原料等一律不徵收關稅，免除各項退稅及其他繁瑣手續，而各機關集中加工區辦公，方便而有效率，這樣一來，吸引了大批廠商包括外商的入駐。高雄加工出口區的設立，不僅擴大了出口，而且對吸收外資、創造就業及引進新技術也有很大貢獻。

進入80年代後，臺灣有感於不斷創新才能維持發展，於1980年設立新竹科

學工業園。其特色為：一是地理位置優越，基礎設施完備，環境優美；二是擁有相對獨立的行政管理體制；三是學術、研究機構林立；四是申請入園企業要遵守核准驗放制度；五是被批准入園的企業可以享受優惠政策。在這些條件的吸引下，越來越多的高科技企業向該園區集中。新竹科學園區已成為世界高科技園區的典範之一。

專欄13-3 臺灣新竹科技工業園發展概況

成立於1980年12月15日的臺灣新竹科學工業園占地面積632公頃，跨越新竹縣、市兩個行政區，位於臺灣西北部的新竹境內。新竹科學工業園以促進臺灣產業升級為目標，以創建優良的投資環境吸引高科技人才和投資為宗旨，成功地將臺灣發展成為全球資訊產業第三、半導體第四的地區。如今新竹科學工業園經過30多年的發展，已成為世界高技術產業園區的技術引進再吸收模式的成功案例，被視為20世紀資訊技術時代的一個奇蹟。

新竹科學園區成功推動了臺灣的高技術產業轉型，培育了一大批在國際高科技產業領域頗負盛名的臺灣公司，使臺灣在當今世界的高科技產業中占有一席之地，被認為是亞洲三個主要科學園區到目前為止最為成功的一個。美國Site Selection雜誌評選新竹科學工業園區為2007年全球十大發展園區中的第一名。

面積只有605公頃的新竹科學工業園區內有438家廠商，主要產業類別包括半導體、電腦、通訊、光電、精密機械與生物技術；累計營業額為新臺幣11428億元，約占臺灣產業總產值的1/10，園區內許多如筆記本電腦、網卡、掃描儀、集線器等產品生產量位居世界第一，晶圓代工占世界第一，IC設計位居全球第二，許多產品的生產都占到了臺灣全部產量的100%。還應運而生了一大批名牌企業，諸如臺積電、宏碁電腦、華邦電子、旺宏電子、國聯光電等，不僅成為臺灣高技術產業的中心地帶和臺灣經濟發展的重要支柱，還被譽為是同矽谷並列的資訊技術時代的工業化中創造奇蹟的地方，是世界高技術產業發展的重要基石之一。

兩岸投資與產業合作研究

為了創新資源能夠在產業鏈的各個環節中發揮作用，使得創新網路能夠順利形成，園區管理部門在實現園區產值和國際競爭力提升的同時，注重具有發展前景產業的垂直一體化，注重主導產業的選擇與建園方針匹配。科學化、學院化、國際化的建園方針是臺灣新竹科學工業園在創建之初就確定的，並確定園區重點研發集成電路產業、電腦及周邊產業、通訊產業、光電產業、精密儀器機械產業、生物技術產業等六大高技術產業。

新竹科學工業園區內的集成電路產業是園區內的第一大產業，占園區生產總值的40%以上，最初成立時由工業技術研究院電子所進行技術研發，其後由園區提供完善的設備環境，以此在集成電路產業發展的同時，帶動上下游相關產業如IC設計、IC製造（晶圓代工）、IC材料、Sip封裝發展，從而形成了完整的專業化分工模式。

電腦及周邊產業主要包括微電腦系統、儲存設備、輸入設備、網路設備、特殊軟體以及關鍵性機電及其組件。目前，園區內已不生產低端、低附加值的產品，只保留高端產品以及研發、設計和行銷等。

通訊產業包括四個產業：無線通訊設備、用戶終端設備、局用交換設備和局端傳輸設備。主要產品為：電話機、數據機、交換機、微波組件等電信系統設備，通訊系統與半導體相關組件，光纖系統與相關組件以及衛星通訊系統。

光電產業包括光電材料組件系統、太陽能電池、平面顯示器、光學組件系統及光電電池等。目前園區內的光電產業已脫離了為島外大企業純粹代工的模式，轉變為共同開發技術為主，並以此建立自有關鍵技術再圖謀發展。

精密機械產業主要包括：自動化系統、精密儀器設備、精密組件、半導體與LCD設備。園區內的精密產業多數透過與島外技術合作等方式來進行生產。

生物技術產業是園區內規模最小的產業，其領域包括：檢驗藥劑、疫苗製藥、醫療器材及農業應用等方面。生物技術產業正利用電子產業的既有優勢，向生物電子產業方向發展。

資料來源：朱邦耀：《臺灣新竹工業園的技術創新措施及對重慶高新區發展

的啟示》,《重慶交通大學學報:社會科學版》,2008年1期。

專欄13-4 臺灣新竹科技工業園服務體系

新竹工業園按照臺灣的指示將大學、研究所和私人高技術公司組成「三角合作」,不同於矽谷的「三角合作」,新竹園區走出了具有自己特色的高技術產業園區發展道路,也就是「引進一消化一出口」型的高技術出口導向型發展道路。這種高技術產業園區模式是將臺灣的計劃性與市場相結合,同時確定高技術產品的出口戰略以及園區的創新機制。臺灣聽取某些經濟學家的意見,以優惠的政策和完善的園區服務體系吸引移居美國的臺灣籍工程師,大大增加了園區的技術人才儲備。

(1)中介機構

臺灣新竹科學工業園區的發展離不開園區內眾多的中介機構的幫助,它們是園區創新網路體系中重要的環節,代表了園區企業的利益,同時也是溝通企業與行政主管部門之間的紐帶。園區的中介組織為企業與企業、企業與行政主管部門間的協調作出了許多的努力,如加速企業學習及技術升級方面,電子製造商協會為園區IC產業和半導體產業等企業作了許多專業性的服務;產品銷售方面,貿易協會、產品發展協會為企業開拓島外市場、提升企業競爭力作出巨大的努力;園區企業良性發展方面,科學同業公會積極為園區企業員工爭取公共福利等事務,也是協調企業間、企業與行政主管部門的重要中介組織。臺灣新竹科學工業園中介組織為園區企業提供了完善的園區服務,讓企業可以毫無後顧之憂地發展,也讓新竹科學工業園在世界高技術產業園區占據重要的地位。

(2)法律法規政策

臺灣為了促進高技術產業園區的快速發展制定了一系列對高技術產業適用的法律法規政策,其中1979年頒布的《科學工業園區設置管理條例》作為園區管理的基本條例,對諸如投資商的權利義務、園區的優惠政策、行政管理等諸多方

面作出了翔實而又嚴格的規定，明確了園區的各項政策，有效地推進了新竹科學工業園的快速發展。1988年又修訂了條例內不適應高技術產業園區發展的部分，及時地調整了政策，目前使用的是2004年再次修訂的版本。隨後分別頒布了《科學工業園區外匯管理辦法》、《科學工業園區貿易管理辦法》和《科學工業園區事業派員出國辦法》。而為了吸引和規範風險投資，臺灣在1983年頒布了《風險資本條例》和《創業投資事業管理規劃》，對高技術產業的投資虧損實施政策補貼，以及鼓勵風險投資進入高技術產業園。並且在1985年和1990年分別從「開發基金」中投入8億和16億元新臺幣作為種子基金以鼓勵私人風險資本發展。為了鼓勵園區創新，臺灣還設立了「科技園區創新技術研究發展計劃獎」以及「研究開發關鍵零組件及產品計劃獎」用於獎勵企業每年的創新成果，刺激園區企業加大研發經費投入和產品創新。

新竹科學工業園區的政策主要包括稅收政策和科技人才政策兩方面。稅收政策方面，園區推行對進口設備、燃料、原材料、半成品等免徵貨物稅及進口稅捐，對出口產品免徵貨物稅及營業稅等進出口稅收優惠政策。同時還規定企業銷售技術產品5年之內免收營利事業所得稅，企業擴大規模的新增設備，按新增設備15%的成本抵減當年度的營業盈利所得稅，但營利所得稅及附加捐總額不得超過全年課稅的22%，還對園區管理局認定的對臺灣科技有特殊貢獻的企業，減免5年的土地租金。科技人才政策方面，園區允許科技人員以最高作價占總投資額15%的高比例專利權和專利技術作為股份進行投資，而且要求入區企業對臺灣本地科技人員的僱傭比例必須達到一半，否則撤銷當年對企業免徵營利事業稅這一優惠政策，有效地培養了本地科技人員的科學研究能力。

（3）園區規劃

園區分為五大區，銅鑼園區發展高科技國防工業，龍潭園區以光電產業為主，宜蘭園區為通訊服務業園區，竹北生醫園區是臺灣首座結合大學、醫院、醫研中心、研發型生物醫學產業的生技聚落，進行癌症等研究開發。園區內企業之間、企業與科學研究機構之間以及其他協調組織形成區域集群網路，從而使園區企業不斷從企業外部獲取優勢資源，得到核心競爭力的發展。企業要經過嚴格審

查，符合條件的才能在工業園區落戶。其主要條件是：a.低汙染；b.科技程度高；c.能源密度低；d.附加值高。並且明確規定園區的土地不賣，設施建設也要有關部門的批准。進入工業園區的企業，有的是利用管理局建的廠房，也有的租土地自建廠房。由於嚴格準入制度，絕大多數企業是成功的。如果進入工業園區企業的管理費按營業額交納不盡合理，可改為按企業的職工人數和占地面積來收取。工業園區之所以能控制企業進入，關鍵在於園區管理局集中管理，凡是園區內所有企業的設立、吸引外資、產品檢驗、進出口查驗、護照簽發、核准外籍和僑居外國人員的聘僱、核發減免捐稅證明、核發工商登記執照、廠房或住房興建及租售等，均由管理局統一管轄。凡海關、稅務、郵電、金融、警察、土地及水電等公用事業在園區內設立的分支機構，都要接受管理局的指導和監督。

（4）人文環境（區域創新）

新竹工業園區在創立之初就制定了一系列的政策來吸引海外留學生和華人科學家進入園區創業，大量的海外華人為新竹帶來了新技術、新思想，極大地夯實了新竹的人才基礎，幫助新竹科學工業園快速發展，成為20世紀高技術產業園的一個奇蹟。大量的海外人才的回歸為新竹和矽谷的網路聯繫造成了決定性的作用，他們與臺灣本地人才造就了新竹科學工業園區不斷創新勇於冒險的創新文化，形成了獨特的區域創新網路體系。受美國教育的海外工程師團體，以其豐富的經營和創新理念成為聯繫新竹和矽谷的橋梁，園區內許多企業在海外的分支機構透過許可證交易、戰略聯盟、合作投資等方式進入了全球高技術產業共同體，形成了全球戰略聯盟網路。在這個網路中，矽谷擁有眾多的以產品的設計和創新為理念的企業家，新竹擁有眾多的將科技產品商業化、產業化的經理人，兩個園區之中不同的園區定位形成了良好的國際合作網路。而由於這些海外科學家與矽谷之間密切的個人和專業聯繫，促使知識、技能、技術資訊以及資本在矽谷和新竹之間雙向流動，同時兩個區域之間不同而又相互聯繫的專業化分工讓「矽谷—新竹」形成了在矽谷進行產品的研發設計，而在新竹進行規模化生產的國際模式。而新竹又能夠在與發達國家高技術企業的合作中更新經營，創新理念，消化吸收引進技術，提高園區企業的國際競爭力。

（5）其他

臺灣在新竹科學工業園建設初期就將行政管理部門定位為公平、公正的市場引導者和秩序維護者，並先後投入180億新臺幣用於建設園區軟體、硬體和研究基地。在新竹科學工業園建設過程當中，當局吸收美國、日本、韓國的經驗，逐步建立行政管理部門主導下的官民學相結合的推動模式，行政管理部門負責規劃、領導、協調和調配技術、人才、市場以及生產、財政等方面，促使高技術企業與大學、科學研究機構建立「學企合作」的新型合作開發機制。以科學化、學院化、國際化的建園方針建設新竹科學工業園，並頒布《科學工業園區設置管理條例》規範各行為主體在園區中的權利義務，將當時落後的農業生產區域轉變為新型的高技術產業園區，使新竹科學工業園成為臺灣產業結構轉型的典範。為了激勵園區企業加大研發經費的投入和產品的創新，當局設置了大量科技基金和科技獎項來獎勵園區內的創新企業，每年當局投入到創新技術研發計劃的資金占到了計劃總金額的20%以上，2003年新竹科學工業園區企業投入至創新產品中的研發經費占到了企業銷售收入的6.9%，總計589億新臺幣（約17.5億美元）。

資料來源：張嘉棠：《臺灣新竹科學工業園區》，《科學對社會的影響》，1995年第4期。

II.中衛體系介紹

臺灣有鑒於島內企業大多為中小企業，缺乏產銷合作與對外競爭的能力，於是在島內推行中心衛星工廠制度（簡稱中衛體系），希望由此結合大企業（中心企業）與中小企業（衛星工廠）間的力量，透過專業分工達成各自的規模經濟，提高整個體系的生產力，增強整體對外競爭力。臺灣於1984年成立中衛制度推動小組，又於1990年成立財團法人中衛發展中心，其宗旨就是協助企業界建立中衛制度。中衛發展中心對產業最大的幫助是整體輔導資源的結合，除了中心本身龐大的專業人才與技術外，來自當局、業界、學術界，甚至國際方面的力量，都向中心匯聚，為產業界服務。臺灣的中衛體系在早期推動時，只有汽車、機

車、自行車、機械、電機、家電等幾類產業的龍頭企業登錄了14 個體系，近年來，中衛體系已成功登錄25 個以上的產業，影響層面已普及到汽車、電腦資訊、電子、航天、民生用品等產業。中衛體系經歷了20 多年的推廣與建立，證實產業或企業建立這種協同合作制度將更具效益與彈性、更能抵抗金融危機等風險。臺灣透過推行中衛體系，使得一部分中小企業聯合為大企業進行生產和服務而得以生存和發展，在一定程度上遏制了中小企業出走或破產倒閉的情況發生，促進了企業經濟實力和經濟競爭力的增強。[19]

正如許多經濟學家所言：人力資源、知識資源是產業發展的關鍵，產業集群是競爭力的核心，強大的中小企業是產業的基石。臺灣正是由於重視了這些關鍵和核心因素的發展，才使得臺灣的產業具備如今的競爭優勢。

（2）臺灣產業發展中民間力量的作用

臺灣50多年來創造令人稱羨的經濟與產業發展成就，除當局的發展策略得當外，真正創造奇蹟的，是廣大的民間企業，同時那些協助企業發展的各個產業組織也作出了不少貢獻。

①企業界的力量

臺灣企業曾經創造了加工出口的奇蹟，也曾獲得了許許多多製成品「王國」的稱號，從全世界最大的聖誕燈生產者，到最大的腳踏車生產者，最大的資訊工業商品製造者，目前也還有若干項目（至少主機板和筆記型電腦）是世界第一。臺灣企業能夠不斷順應產業環境的快速變遷，得以綿延發展，探究其原因大致有以下幾個方面：

第一，大小並存的經營業態。在臺灣，大型企業與中小型企業並存，以大企業為龍頭與骨架，它主導著經濟發展的方向；中小企業為基礎與主體，它既是大企業零部件的供應商，也是大企業產品的消費者、客戶。從而形成大中小企業之間相互補充與合作的關係。通常大型企業較注重「以量取勝」的規模發展，對於市場變動所造成的經濟衝擊，反應不及中小型企業，而臺灣的中小企業組成的「螞蟻雄兵」是帶動臺灣外銷、促進經濟增長的主要力量。在1998年亞洲金融風暴中，臺灣的這種業態結構使得其危機承受能力和恢復能力都優於韓國。

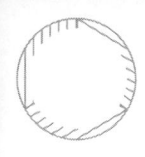

第二，開放創新的經營理念。因為臺灣島內市場空間有限，企業要發展，就必須到國際市場上尋求出路。在這種壓力下，臺灣的企業不斷學習新知識、新理念，自覺接受國際標準的管束，主動接觸國際客戶，積極參與國際市場經營和產業分工。在長期的經驗累積下，臺灣企業建立了廣泛的國際行銷網路，對國際商情有著快速反應能力和機制。在臺灣，企業的外銷比例均較高，有的甚至達100%，並且許多企業成為了跨國巨頭的長期戰略合作夥伴。臺灣企業不僅理念開放，而且講求創新，這種創新意識體現在設計、生產、工藝的方方面面，國際代工就是臺灣企業對世界製造分工模式的創新。企業一方面在引進技術後注重消化吸收與改進；另一方面在研究發展自有技術，許多代工企業已從最初的OEM走向ODM，甚至OBM。透過科技沉澱，臺灣已從當年的世界「加工廠」，躍升為「創意工廠」。

第三，專精靈活的經營方式。「專」指企業間分工細緻，臺灣的每家企業往往只從事產業鏈上的一個環節或層次；「精」指臺灣企業都向國際先進水平看齊，致力於做到行業中最好；「活」指臺灣企業應對外在環境變化時能靈活應對，富有彈性。同時，臺灣企業善於發現和開拓發達國家跨國公司不屑一顧的市場縫隙，並且願意根據顧客需要提供個性化產品，因此其產品具有相當高的專業性和獨特性，不易被競爭者取代。由於臺灣以中小企業為主體，使得它們更接近市場和用戶，而且由於其決策程序簡捷、調度靈活，因此形成了機動靈活、市場適應性較強等經營特點和優勢。

第四，聯合協作的經營策略。臺灣企業善於整合各種資源，特別重視產業網路關係，透過各種縱橫交錯的產業網路，企業可以降低成本，分散風險，有效取得關鍵資源和提高競爭地位。目前產業網路的形式主要有中衛體系和策略聯盟。中衛體系前面已介紹過，透過這個體系，中心工廠能夠獲得高品質、低成本的產品，提高本身競爭力；衛星工廠能夠透過穩定的採購關係，達到簡單化、專業化、標準化的科學管理目標，獲得真正的規模經濟。策略聯盟主要是指企業根據自己的發展策略，與其他企業形成結盟或者固定協作關係，企業之間因此而資源共享，增強對外談判的實力，提升競爭力。臺灣的產業網路使得大中小企業之間形成了高效聯合協作關係，取長補短，攜手共進，從而增強了整體產業的國際競

爭力。

第五，嚴格精細的經營管理。臺灣企業熟悉國際市場，善於最大限度地利用比較優勢，創造企業經營所需要的最低成本、最高品質、最可靠交貨期等關鍵制勝要素。臺灣企業為使產品在國際市場上具有競爭力，將成本控制貫穿於整個產業流程，並透過垂直整合，對成本進行嚴格、細緻的控制。並透過購買定製SAP、ORACLE等國際知名管理廠商產品，建立應用企業ERP、CRM、SCM、LOGISTIC等管理系統，實現電子管理與電子商務，取得顯著的競爭力優勢。臺灣企業的成本控制能力和精細管理模式深得世界產業界的認可。

第六，專業高效的經營團隊。在長期的自由經濟的薰陶下，臺灣形成了濃厚的創業敬業的氛圍。臺灣企業領導人具有冒險進取、不服輸、向外拓展的創業家精神以及「把大生意當做小生意來做、把小生意當做大生意來做」的精明。尤其是高科技產業的領導人，還都是具有高學歷及前瞻性眼光的科技專才。其中許多人在海外學習或工作過，他們不僅自己回來創業，而且還帶回來了海外先進的技術、理念以及人脈關係。臺灣企業員工的職業素養都較好，他們不僅有專業知識和技能，而且有敬業的態度。這樣一大批具有創新精神、戰略眼光、膽識魄力的傑出企業家和敬業的員工形成了一個專業、高效、協作的團隊，有了這支團隊，臺灣企業才能走向國際，並且保持增長與競爭力。

②產業組織協會和商會的作用

在臺灣產業發展中，還必須提到的是與產業相關的社會團體，它們組織完備，管理幅度廣闊，在協助企業發展、促進產業升級方面發揮了較好的作用。

臺灣有「業必歸會，一業一會」的規定，因此行業組織的覆蓋面廣，幾乎囊括了各個企業。除了法令規定之外，還有許多按「自願原則」、為著共同利益而聚集在一起的產業團體。目前臺灣最有影響力的六大工商團體分別是：工業總會、商業總會、工商協進會、工商建研會、青商會。此外，還有在各專業領域中享有較高知名度和號召力的團體，如外貿協會、紡拓會等。這些工商團體活躍在臺灣的產業和經濟活動中，為產業發展和結構調整發揮著積極作用。

第一，作為管理部門與企業聯繫溝通的管道，發揮橋梁、紐帶的作用。一方

面協調、解決企業的問題與需求,並透過座談、請願、媒體、聯誼會等方式向管理部門反映會員意見,解決行業的共同問題,提出政策建言;另一方面也傳達管理部門政策及資訊給企業,讓管理部門可以透過這樣一個中介組織更有效地傳達產業經濟政策。

第二,作為會員之間經驗、資訊交流的平臺,發揮聯誼、溝通的作用。不管是同業公會還是利益團體,相同產業或不同產業間的會員可以透過這樣一個組織進行經驗交流、資訊互換、感情聯絡,由此增加了各種關係網路建立的途徑,無形中為企業降低了交易成本。

第三,作為會員企業技術與管理升級的推手,發揮輔導、促進作用。這些社團組織通常會聯合學術機構、研究單位等,針對企業遇到的瓶頸和關注的問題,舉辦專題的培訓、講習、研討、座談等,透過這些定期或不定期的活動,共同來協助和推進企業的管理和技術升級。

第四,作為會員瞭解產業和市場動態的窗口,發揮參謀、服務的作用。一般這些組織都有自己的網站,並有專業論文和出版刊物發表,內容涉及新品研發、市場動態、貿易拓展、產業環境等,另外還經常組織會員參展和交流觀摩,透過這些出版物的發表和活動的舉辦,讓會員瞭解最新的形勢,掌握最新的資訊。

第五,作為會員集體利益的代表,發揮整合、開拓的作用。由於臺灣以中小企業為主,若論單個企業的力量較小,但小股力量經整合後,就發揮出1+1>2的效應。這種效用在開闢新戰場時尤其突出。

在當局提供的有利環境下,民間企業的努力和工商團體的協助加速了臺灣科技與產業發展的腳步。在以中小企業為主體的產業結構下,培育出臺灣企業特有的創新經營彈性與活力,尤其在高科技產業中,高效的經營團隊、敬業精神與專業能力,發展出深受國際社會肯定的製造能力。

第三節 當前臺灣產業發展特點分析

1.外銷訂單的高速增長是臺灣經濟增長最主要的支撐力

眾所周知，臺灣是以出口導向為主的經濟體，經濟增長主要依靠對外貿易的支撐。即使在遭受全球金融危機衝擊的情勢下，對外貿易仍是維繫臺灣經濟增長的「生命線」，特別是出口，對臺灣經濟發展更為重要。具體而言，現階段推動臺灣經濟增長的關鍵首先還在於隨著全球景氣的回升而導致的外銷訂單大幅度增長；其次是ECFA簽署後臺商對於進入大陸市場具有更加明確的信心，進而推動企業庫存與設備投資的增長。此外，受金融危機影響和成本上升因素的影響，發達經濟體進一步擴大海外生產比重，推動產能外移，這也是臺灣外需增長主要來源之一。

　　在外需迅速擴張的激勵下，根據臺灣「行政院主計處」公布的最新數據，[20] 臺灣2012年對外貿易總額達到5718.4億美元，其中出口總額達到3011.1億美元，進口總額2707.3億美元，年增長率達13.3%。從金額上看，全年臺灣對大陸（含香港）的出口額已達1186.7億美元，佔同期臺灣出口比重的49.4%；從大陸及香港進口435.7億美元，佔同期臺灣進口比重的16.1%；臺灣對大陸（含香港）的出超達到創紀錄的751億美元，而同期臺灣的整體貿易順差為303.8億美元，由此可見，對大陸出口的快速增長成為帶動臺灣整體對外貿易乃至經濟快速復甦的重要因素。

2.內需驅動成為推動臺灣經濟快速增長的重要基礎

　　根據相關統計分析，內需市場的提振成為近年來推動臺灣經濟快速復甦的關鍵性因素。在內需增長的構成中，投資發揮了最積極的作用。隨著兩岸關係的改善和ECFA的簽署，企業界對於臺灣經濟發展前景看好度不斷攀升，2010年民間投資呈現出31.55%的高增長，其中二季度，民間投資對GDP的貢獻率達到20.59%，創自1998年以來的新高；尤其是資本設備進口連續6個月超過30億美元，顯示企業界對於未來經濟景氣極為樂觀。

　　除投資的迅速增長外，臺灣民間消費也成為帶動經濟增長的主要推動力之一。臺灣「經濟部」統計，島內2010年12月份批發、零售及餐飲營業總額達到1.1926萬億元新臺幣，為史上單月次高。其中餐飲業的年增率達7.12%，也是近十年來的最高紀錄。與此相應，根據臺灣「中央大學」經濟發展研究中心12月

的調查，消費者信心指數（CCI）連續八個月上揚，民眾對個人經濟及景氣看法指數為86.78，創下近十年來新高。上述情況反映出，近年來，臺灣內需市場呈現出罕見的增長態勢，在一定程度上改變了長期以來臺灣「外熱內冷」的增長模式，帶動了臺灣經濟增長率持續攀升，也使臺灣對外公布的經濟預測數據出現罕見的連續修正調高的狀況。需要指出的是，大陸因素在這一過程中發揮著日益重要的作用。僅以臺灣開放大陸遊客赴臺而言，據臺灣「行政院主計處」的統計，2010年大陸遊客達163萬人次（2012年已超過200萬人次），已成為臺灣最大的遊客來源地，占臺灣外來遊客的29%（2010年臺灣外來遊客總量為556.7萬，創歷史新高），對臺灣經濟增長的貢獻率為0.28%，收入為20.6億美元（約合618億元新臺幣），超過臺灣整體餐飲業兩個月的營業額。

從反映經濟的櫥窗股市來看，臺北股市2010年封關當天，市值從去年封關當日的19.18萬億元增長至24.22萬億元（新臺幣，下同），一年來市值大約增加5萬億元，若以年增值平均分給臺灣2300萬人，每人財富可增加21.7萬元。[21]

3.高科技仍是維持臺灣經濟增長的支柱產業

儘管從臺灣經濟的基本結構看，服務業在GDP的構成中占據絕對的優勢，達到70%，而就經濟增長的動力源而言，製造業儘管在GDP的構成中僅為11.8%，卻始終是帶動臺灣經濟增長的最活躍因素。而在製造業中，發揮主導作用的主要是高科技產業，而高科技產業則仍以代工模式為主，主要集中於半導體、面板、ICT及相關產業。在此波經濟快速復甦的過程中，上述產業依舊承擔著主要的角色。從統計數據看，外銷來源地依次為大陸、美國、歐洲，而出口最大產品集中於電子產品、資訊與通訊產品（由於相關電子產品熱銷導致對智慧手機、平板電腦產品需求旺盛，帶動接單的熱絡）。由此分析，臺灣在東亞區域產業分工中依舊承擔著高端裝配加工基地的角色，同樣面臨著經濟結構的調整與經濟增長方式的轉變。

快速擴張的需求和兩岸關係改善的利好消息有效地刺激了高科技產業的投資，2010第一季度為擴充產能及強化競爭力，高科技廠商積極擴增資本支出，使得第一季度資本設備進口快速增長 63.85%，而整體的民間投資實質增長率也

高達37.11%。受這一波大企業的投資帶動,再加上出口的迅猛增長,出口企業新增的投資也有較快增長。在高科技產業的帶動下,臺灣勞動力生產指數達到124.1(而2008年僅為106.6),勞動生產率的提升為此波經濟復甦奠定堅實的基礎,也為兩岸產業合作的深化提供了更有利的條件。[22]

4.以代工為主的高科技產業發展模式短期內難以改變

臺灣高科技產業在發展過程中,充分利用自身製造技術較高、生產成本較低、中小企業眾多的特點,選擇了一條為國際大企業代工生產(OEM)和(ODM)的獨特發展道路。這一產業發展模式在電子資訊和半導體產業領域迅速取得成功,並進而形成臺灣高科技產業發展的基本模式,包括新興產業在發展上也基本依循這一模式演進。以代工為主的生產模式,其成功關鍵是人才、管理體制、企業模式與社會環境的整合,具體體現在產業鏈接、應用研發、品質管理、成本控制與客戶溝通等方面總體優勢的整合,而臺灣在這方面已經形成明顯的競爭優勢,透過這一模式,不僅使臺灣能夠在短期內迅速形成與國際科技產業最新趨勢的緊密結合,帶動臺灣高科技產業集群的形成和出口的迅速擴張,而且也帶動了臺灣服務業等其他產業的發展。但其致命的缺陷在於導致臺灣高科技產業發展難以形成品牌競爭力和原創性的自主研發體系,並對國際市場、島外資金與技術形成嚴重的依賴,整體經濟發展亦極易受到國際經濟景氣波動的影響。目前臺灣ICT、面板、光電等產品60%以上的最終消費地是歐、美、日,而關鍵設備與零部件90%的進口也基本依賴於歐美與日本。以代工為主的產業結構模式,構成了臺灣高科技產業「兩頭在外」的特徵,也決定了臺灣經濟對國際市場的嚴重依賴。資訊電子業受制於人。例如2001年世界知名的電腦廠商戴爾(DELL)宣布,將把其亞太採購總部(IPO)由臺灣轉移至香港,就引起了島內資訊電子廠商的一片恐慌,因為超過70%以上的臺灣電腦硬體產業產值是為國際大公司做代工。[23] 隨著國際大企業採取全球運籌式管理體系(Global Logistic,即將製造、庫存、銷售等下游環節外移海外廠商,自己僅負責研發和市場開放等上游環節)的加強,臺灣廠商更進一步被納入國際大企業的全球供應鏈體系,代工模式現階段還看不到能夠得到根本性調整的跡象。

在東亞產業分工梯度態勢下，臺灣的代工產業模式尚有一定的發展空間。但在新的國際競爭與區域經濟一體化加快的壓力下，這一模式會對臺灣構建創新型經濟體的目標形成制約與阻礙，因此，向產業鏈高端延伸、創建自主品牌是臺灣產業模式調整的重點，而在ECFA完成簽署的條件下，盡快構建起新型的兩岸產業合作模式將成為臺灣產業發展模式得以順利轉型的關鍵。

5.製造業結構短期內難以得到有效調整

目前，臺灣高科技產業主要集中於半導體、光電、TFT-LCD三大領域，2008年上述三大產業的產值占臺灣製造業的40%、出口的60%、民間投資總額的70%，成為帶動製造業增長的關鍵性觀察指標，在很大程度上也成為觀察臺灣經濟走勢的重要指標。[24] 正是由於引導臺灣經濟發展的產業門類過於集中，以致有人將臺灣經濟發展的形態稱為「刀鋒經濟」，亦即顯示出上述產業榮衰對於臺灣整體經濟的發展具有直接的影響。從製造業的內部構成分析，軟體設計領域相對薄弱，而且，如前所述，臺灣高科技產業的發展以代工為主要模式，產業鏈主要集中於中間製程段，且以「大進大出」為主要特點，生產設備、原材料、關鍵零配件及半成品主要依賴進口，對其他行業的拉動較為有限，由此導致臺灣製造業產業內的集聚度高，但產業間關聯度有限的狀況，尤其需要指出的是，儘管占據製造業的大部分資源（投資的70%），但其附加價值僅占製造業的42%，這也是臺灣高科技產業具有強烈對外依賴性的基本原因。

為了避免潛在市場風險，推動經濟的可持續發展，臺灣確定了發展包括文化創意、生物科技、新能源、醫療照護等在內的六大新興產業，還通過「產業創新條例」以取代「促進產業升級條例」，進一步推動創新型經濟的發展。但總體而言，從當前的發展態勢看，由於新興產業難以在短期內發揮產業引領效應，ICT、面板、光電產業仍處於上升勢頭，尤其半導體、面板產業的大型投資案還是民間投資的主體，因此這種產業布局短期內仍然難以改變。這也使得新興產業的發展在社會資本的認同度、空間布局與資源使用等方面尚無法迅速得以提升，尤其是難以形成大型的產業群落，進而使島內新興產業與國際新的產業發展態勢之間出現相對脫節的現象。

2011年3月5日,溫家寶總理在政府工作報告中提出,要繼續推進兩岸協商,積極落實兩岸經濟合作框架協議,加強產業合作,加快新興產業、金融服務業等現代服務業的合作發展,支持有條件的企業赴臺投資,並將與臺灣的經濟合作明確納入「十二五」國民經濟與社會發展規劃綱要之中,兩岸在這一領域的合作空間很大。由此分析,隨著ECFA的簽署和後續協商的開展,兩岸在高科技產業及新興產業領域將進一步整合彼此優勢,從而為臺灣製造業結構調整與分工地位提升創造更有利的條件。

表13-7 兩岸推動的新興產業類別對照

中國大陸七大戰略性新興產業	台灣相對應的產業	
	名稱	類別
節能環保產業	綠色能源	六大新興產業
新一代資訊技術產業	雲計算	四大智慧產業
生物產業	生物科技	六大新興產業
高端裝備製造產業		
新能源產業	綠色能源	六大新興產業
新材料產業		
新能源汽車產業	智慧電動車	六大新興產業

資料來源:林祖嘉,《ECFA評析與兩岸產業深化合作探討》,「紀念辛亥革命100週年與兩岸關係研討會」,華東師範大學主辦,第172頁。

6.服務業競爭力弱,對經濟的拉動有限

自1990年代以來,臺灣快速進入後工業化社會,到2011年,臺灣服務業增加值占地區生產總值比重約70%,接近發達國家和地區的水平。但與發達經濟相比,臺灣服務業存在著明顯的差距,主要體現在以內需服務為主、國際競爭力不強、傳統業態比重高、新興業態的發展空間有限等。更重要的是,臺灣服務業比重的迅速提升與製造業加速外移、海外生產比重高密切相關,再加上政策與功能

性的限制,缺乏延伸服務的能力,導致服務業發展的空間進一步收窄,制約了臺灣服務業的規模經濟的形成和競爭力的提升。在此情況下,服務業對整體經濟發展的拉動作用也相對有限。目前,臺灣服務業勞動生產率不及臺灣工業勞動生產率的一半,且服務貿易比重持續下降,在服務出口全球排名中不但位居亞洲四小龍之末,甚至被波蘭、土耳其等新興經濟體超越。由此分析,臺灣服務業以占GDP的67.08%的比重卻僅能創造59.21%的就業量,也就不難理解。[25] 從這一角度來看,儘管臺灣已進入後工業化階段,但在經濟結構、社會形態、發展模式與市場開放等方面尚難以完全適應這一階段的發展需求,需要從多個角度進一步推動社會經濟向服務業轉型升級。尤其是藉助ECFA簽署後的新情勢,利用大陸市場開放的有利時機,實現服務業市場空間的有效擴展和競爭力的全面提升。顯然,上述的領域的拓展還需要臺灣各方面的共同努力,從而為臺灣經濟實現穩定與可持續的發展奠定基礎。

從臺灣經濟的上述發展態勢與制約瓶頸分析,其外向型的經濟結構特徵在全球化的推動下愈加明顯。在這種情勢下,臺灣經濟對大陸依賴程度不斷深化是不可避免的;同時,臺灣還將面臨新的經濟結構調整,尋機向運籌中心、高附加值中心以及高端服務業等領域演進,以更好地適應東亞區域經濟合作與兩岸分工的新態勢,在這一過程中,兩岸經濟制度性一體化的建構與發展將成為臺灣最有利的外部條件,而ECFA的簽署及生效則將更有效地推進這一進程。

第四節 臺灣中小企業發展情況分析

臺灣擁有全球比例最高的中小企業,並享有「中小企業王國」之美稱。從1960年代起,臺灣中小企業進入了出口導向時期,並從80年代中期起,初步完成了中小企業發展的自由化、國際化和制度化。戰後數十年以來,臺灣的中小企業在島內經濟發展中一直扮演著舉足輕重的角色,是臺灣經濟的重要支柱,其成功的發展經驗已為世人矚目。

1.臺灣中小企業的發展階段

（1）初興發展時期（1945—1961）

①戰後重建時期（1945—1952）

1945年，臺灣從日本的殖民統治之下光復，被壓抑達50年（1895—1945）之久的民族工業獲得新生，臺灣接管了大部分日本在臺的企業，並先後將一些零星企業售於私人經營。由於長期戰爭的破壞和殖民政策的影響，臺灣經濟普遍缺乏資本和技術，生產落後於戰前水平。為了穩定經濟，克服困難，臺灣在實行幣制改革的同時，一方面恢復各項建設，另一方面實行土地改革。此時土地資本開始導入工商業，民間有限的資本開始投入商業，中小企業的發展開始起步。

1949年國民黨當局自大陸遷臺後，島內人口激增，消費資料需求旺盛，大批生產經營日常生活用品的中小企業應運而生。在這一時期，臺灣把主要的注意力放在農業改革上。為了發展農業生產，還用很大精力來發展紡織工業、化肥工業以及電力工業。

②進口替代時期（1953—1961）

從1953年開始，臺灣推行四年經濟建設計劃，此時經濟發展策略是「以農業培養工業，以工業發展農業」，大力提高農業生產技術，增加農業產品生產，從而做到農產品自給有餘，用農產品出口換取發展工業生產所需要的設備和原料，同時，充分利用充沛的人力資源，發展勞動密集型產業，以替代進口產品。這樣，由於發展生產所需的資金較少，易於籌措，生產設備和技術層次較低，企業管理簡單，加之有利的國際環境，經濟穩定增長，中小企業得到迅速發展。同時，臺灣還實施了進口替代的工業發展戰略，中小企業也因此獲得了初步發展。

在這一時期，輕工業的勞動密集程度不斷加強，技術工藝較為簡單。在該時期開展了「耕者有其田」運動，開始實現經濟建設的中期規劃，還實行了國有企業私有化，採取各種措施刺激投資和稅收的增加，廣泛建立可以大力促進中小型私營企業發展的借貸資金。所有這一切都幫助了農業生產的發展。此外，透過農產品的出口獲取了更多的外匯，以滿足臺灣市場需求為宗旨的中小企業開始顯露出生機。

但總體而言，1945年至1961年，由於臺灣資金嚴重短缺，整個金融體系又極不健全，實力弱小的中小企業因借貸無門，基本上是處於慘淡經營的初創階段。促進這一時期中小企業萌芽並初步發展的因素主要有：第一，當局售讓政策的扶持與進口替代發展戰略的推動；第二，大陸私人資本的流入為臺灣中小企業的生成與發展提供了物質基礎；第三，1949—1953年間的「四七減租」、「公地放領」與「耕者有其田」等土地改革政策的實施，在促進農業發展的同時，也使土地價格下降，促進土地資本轉向工商業，從而促進了民營企業特別是中小企業的發展。

（2）蓬勃發展時期（1962—1984）

①出口擴張時期（1962—1973）

臺灣中小企業的迅猛崛起甚至蓬勃發展起始於1960年代。進入1960年代後，臺灣的商品市場已經開始飽和，為了尋求海外市場，推動工業生產的持續發展，臺灣便開始實行出口導向的工業發展策略，採取了一系列獎勵出口的政策，如擴大出口退稅等。因而，在這一時期，隨著臺灣推行的經濟發展戰略從進口替代轉向出口擴張，在臺灣對中小企業輔導政策的扶持下，各種以出口為導向的中小企業相繼崛起，並藉助廉價勞動力的比較成本競爭優勢，迅速進占國際市場。中小企業生產經營的勞動密集型產品取代傳統農產品成為臺灣出口產品的最主要部分，中小企業成為臺灣產品進軍國際市場的主力軍。同時，隨著出口擴張政策的實施，中小企業在製造業、服務業中所占的比重日益擴大。

該時期制定和通過了一系列旨在鼓勵島外投資和建立出口生產基地的法律法規。出口企業的經營目標主要是生產食品和輕工業品。後來，一些生產電器機械和電器器材、儀器的企業以及生產塑料產品的企業也加入到出口企業的行列中來。這期間相繼出現了一些大的公司，而這些大公司產品的零部件和組裝件則主要是由中小型企業來生產。中小企業的靈活性加上廉價的勞動力，使得臺灣中小企業成為在國際市場上具有強大競爭力的企業。這一時期，在臺灣的所有企業總數中，小型企業占70%，中型企業占25%，大型企業占5%。

②穩定增長時期（1974—1984）

進入1970年代後，臺灣民眾收入有了很大的提高，儲蓄率增加，資本積累較快。此時，國際經濟因全球性石油危機而漸趨蕭條，原料成本上漲；臺灣內部也開始出現了工資的大幅度增長，勞動力緊缺，所以臺灣的出口導向經濟也受到很大打擊。面對世界經濟格局的變遷，為了促進經濟發展，臺灣及時調整了產業結構，實行「穩定中求發展」的發展策略，實施第二次進口替代政策，特別是在輕工業部門尤其如此。對外貿易開始帶來可觀的效益，這時臺灣著手實現十大建設項目，在實施重大工程建設、擴大公共投資的同時，積極推進資本密集型產業的發展，其中包括要求官方進行大量投資的冶金工業、石油化學工業、機械製造工業。在這一時期，臺灣的各項基礎設施日臻完善。此外，臺灣還成立了臺灣工業技術研究院。此時的中小企業也順應產業調整的趨勢穩定增長，有的發展成為大型企業的衛星工廠和加工車間，有的發展成為高科技跨國廠商的代理工廠。但就大多數中小企業而言，仍然維持自己的本行業，致力於產品品質的提升與產品種類的更新，積極拓展海外市場。中小企業在全臺灣GDP中所占比重、在勞動力市場和資本市場所占比重都有顯著增長。

　　總之，隨著國際經濟環境的變化及臺灣調整產業結構的政策，臺灣中小企業在整個經濟中的地位日益重要。

（3）轉型發展時期（1985年至今）

①工業結構改革時期（1985—20世紀末）

　　臺灣中小企業從1980年代中期到20世紀末進入了工業結構改造時期，在這一時期，具有高精尖技術工藝的工業開始出現，臺灣島內島外的環境都發生了很大的變化。在島內，工人工資有了大幅度增加，臺灣的貨幣更加堅挺，土地和不動產不斷升值。在島外，世界科學技術加快發展，高科技新產品不斷湧現，生態環境保護呼聲日益高漲，而且一些發展中國家的勞動密集產業開始發展起來，並將其產品打入國際市場，而發達國家的國際貿易保護主義抬頭，區域性的經濟組織對外排他性顯現。並且一些大型跨國公司，擁有雄厚的經濟實力，能夠機動地利用不同地區的比較優勢，與同類企業開展競爭；還有一些近年來形成的從生產到分銷一體化作業的企業，以雄厚的資本、較低的邊際成本、精良的產品參與市

場競爭。這些變化都導致了臺灣周邊國家和地區的競爭漸趨激烈。對於臺灣中小企業而言，由於其生產經營成本不斷提高，產品銷售日益困難，管理不善的弊端日顯突出，自有資金少而融資能力弱，生產經營越來越困難，處境越來越艱難。

針對這些變化，臺灣行政當局開始注重刺激那些具有戰略意義的工業部門的發展，以及刺激那些技術工藝裝備水平高、增加值高而能源消耗低的部門的發展。在該時期，臺灣還成立了在世界上享有盛名的工業科學園區（如新竹科學園區）。企業開始大力開展和從事科學研究與開發工作，努力提高勞動生產率，提高產品質量，鞏固和保持了臺灣企業在國際市場的競爭能力。

在這一時期，臺灣的中小企業開始了對外投資，出現了臺灣中小企業的新生代，即新一代的中小企業。為了促進中小企業對外投資，臺灣行政當局著重改善投資環境，大力吸引外國投資以及引進外國的先進技術。由於工資較大幅度的增長，臺灣在生產增加值不高和勞動密集型商品方面逐漸失去了原有的競爭力，因此，臺灣制定了關於發展工業和發展中小企業的一系列法律法規，以及制定和通過了「六年計劃」。在這些法規文件中都列有詳細的嶄新的經濟數據。

為刺激科學研究和開發工作，培訓幹部，實現生產的自動化以及保護環境，臺灣在這些方面都制定了專門的稅收優惠政策，還專門為中小企業提供了電子商務和互聯網服務。總之，當局竭盡一切努力，創造一切條件，使知識轉換成商品，轉換成勞務，轉換成收入。

②實現挑戰計劃時期（21世紀初至今）

2002年為了應對大陸和全球經濟飛速發展的挑戰，臺灣制定了「全臺灣經濟與社會發展規劃」。該規劃對中小企業的發展專門制定旨在吸引外國投資，建立科學研究基地和提高生產性工業產品價值的附加計劃。「規劃」規定將分撥出10000億臺幣（合302億美元）用於發展中小企業，其中500億臺幣用於中小企業的技術革新和技術改造以及從事科學研究與開發工作。還專門為中小企業設立網路諮詢系統，組織各種展覽和博覽會，對企業家進行培訓或再培訓，大力提高人才中心的活動效率等等。其根本目的就是提高臺灣在世界市場的競爭能力。

概括地說，隨著臺灣經濟自由化與國際化發展戰略的實施，臺灣中小企業自

1980年代中期進入了升級轉型的發展時期。眾多的中小企業正致力於實現技術升級與產業轉型，以此來提高其國際競爭力。在技術層次上，中小企業致力於提高企業的技術檔次與企業生產自動化作業的程度，由勞動密集型產業向技術密集型產業轉型，提高產品的科技含量與附加值；在組織結構上，中小企業由分散經營走向聯合發展，實行網路化分工協作；在投資方向上，紛紛將資本、設備轉移到鄰近的大陸以及東南亞國家或地區，掀起了一股股「西進」、「南向」的投資熱潮。[26]

2.臺灣中小企業發展現狀

在全球經濟增長動力趨緩的形勢下，2011年臺灣整體經濟較上年僅小幅增長，而依據營業稅徵收資料及「行政院主計總處」人力資源數據顯示，2011年臺灣企業家數、銷售產值（包括內銷值及出口值）、就業及受僱人數仍呈正增長。

2011年臺灣中小企業家數、銷售值、內銷值、出口值、就業及受僱人數均較2010年增長，家數有 1279784 家，占全部企業家數的 97.63%，較 2010年增加31786 家，或增加2.55%。其中，中小企業家數、銷售值、內銷值、出口值較2010年分別增長2.55%、4.84%、5.37%、1.85%；不過除家數增幅高於2010年之外，銷售值、內銷值及出口值的增長幅度，都不及2010年，分別滑落11.7、10.07、21.22 個百分點；大企業2011年也均呈正增長，但跌幅均比中小企業大（表13 8）。2011 臺灣經濟增長由強轉弱，景氣由年初的過熱轉變為11月、12月趨冷，這影響了中小企業及大企業的經營，不過總體來看仍呈小幅增長。

表13-8 2010年和2011年企業家數、銷售值、就業及受僱人數規模概況

單位：家；百萬元；千人；%

	全部企業		中小企業		大企業	
	2010 年	2011 年	2010 年	2011 年	2010 年	2011 年
家數	1277585	1310791	1279998	1279784	29587	31007
比例	100.00	100.00	97.68	97.63	2.32	2.37
年增率	1.54	2.60	1.30	2.55	12.78	4.80
銷售值	36239637	37881681	10709005	11226933	25530632	26654748
比例	100.00	100.100	29.55	29.64	70.45	70.36
年增率	20.87	4.53	16.54	4.84	22.79	4.40
內銷值	26216138	27754779	9088972	9576948	17127166	18177832
比例	100.00	100.00	34.67	34.51	65.33	65.49
年增率	18.20	5.87	15.44	5.37	19.71	6.13
出口值	10023499	10126901	1620033	1649985	8403466	8476916
比例	100.00	100.00	16.16	16.29	83.84	83.71
年增率	28.48	1.03	23.07	1.85	29.57	0.87
就業人數	10493	10709	8191	8337	1253	1334
比例	100.00	100.00	78.06	77.85	11.94	12.46
年增率	2.09	2.06	1.56	1.78	6.77	6.50
受僱員工人數	8104	8328	5805	5958	1250	1332
比例	100.00	100.00	71.63	71.54	15.42	15.99
年增率	2.72	2.77	2.22	2.64	6.73	6.58

註：表中「全部企業」的就業人數及受僱員工人數及比率，包括受當局僱傭的104萬人及其比率（當局僱傭人數占就業人數的9.69%，占全部受僱人數12.48%）。

資料來源：（1）家數及銷售值資料整理自臺灣「財政部」財稅資料中心，營業稅徵收原始資料，2011年。

（2）就業及受僱人數資料整理自臺灣「行政院主計處」，《人力資源月報》原始資料，2011年。

近6年中小企業銷售值變化情況顯示，2008 及2009 受金融海嘯的影響，兩年銷售值及內銷值都衰退，2010年景氣強勢反彈，兩者均大幅回升，2011年景氣趨緩，但仍約有5%的增幅；出口值在2009年大幅滑落近2 成，但2010年因景

氣強勢反彈及比較基數較低,增幅高達23.01%,2011年出口值又因為比較基期較高,及經濟復甦腳步趨緩,影響出口,增幅大幅滑落21.22 個百分點,但仍呈正增長。

表13-9 2006年至2011年中小企業家數、銷售值變動情況

單位:家;千人;百萬元;%

年別 指標	2006年	2007年	2008年	2009年	2010年	2011年
家數	1244099	1237270	1234749	1232025	1247998	1279784
比例	97.77	97.63	97.70	97.91	97.68	97.63
年增率	1.47	-0.55	-0.20	-0.22	1.30	2.55
銷售值	10241215	10481910	10462696	9189463	10709005	11226933
比例	29.84	28.34	29.69	30.65	29.55	29.64
年增率	2.51	2.35	-0.18	-12.17	16.54	4.84
內銷值	8678992	8842983	8817989	7873111	9088972	9567948
比例	33.91	32.49	34.23	35.50	34.67	34.51
年增率	2.33	1.89	-0.28	-10.72	15.44	5.37
出口值	1562224	1638927	1644707	1316352	1620033	1649985
比例	17.89	17.06	17.36	16.87	16.16	16.29
年增率	2.86	4.91	0.35	-19.96	23.01	1.85

資料來源:整理自臺灣「財政部」財稅資料中心,營業稅徵收原始資料,2006年至2011年。

從產業部門結構觀察,2011年中小企業家數以服務業最多,所占比率超過8成,近6年來中小企業服務業的家數,維持在80.99%至80.09%之間;2011年中小型工業企業數占19.01%,但其營業收入占全部中小企業5 成(50.13%),出口值所占比率更高達72.50%;農業中中小企業所占比率各項指標都不及1%。

3.臺灣中小企業的發展特點

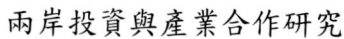

臺灣中小企業之所以在臺灣經濟中發揮著重要的作用，並在臺灣的扶持下快速發展，主要原因之一就在於其自身的特點和優勢。臺灣中小企業的特點概括起來主要有三個方面，即靈活性、外向性以及濃厚的家族色彩。

（1）靈活性

①創業時所受到的限制較少

在資金與技術方面，中小企業無須較大的資金額和較強的技術力量便可開業。就其生產的領域來說，無論是製造業、商業、手工業、服務業，還是適合以較大規模經營或本身更適合中小規模經營的行業，中小企業均可加入經營，特別是對於大型企業經營範圍之外的市場空隙，中小企業的填補作用就顯得更加靈活。就分布的地區而言，中小企業要比大企業更廣泛，其所受到的市場、原料、交通運輸以及其他基礎設施的限制都比較少，即使是原料資源和勞動力資源比較少、比較分散的地區，也可發展中小企業。

②具有較強的應變彈性

早在1970年代初中期，兩次全球性能源危機所帶來的經濟衰退和通貨膨脹，曾經使很多大型企業難以生存，然而臺灣的中小企業卻多能很快地適應；80年代後半期，受經濟自由化的衝擊，新臺幣對美元大幅升值，使臺灣產品的競爭力大為減弱，然而多數中小企業卻能及時調整其生產結構，將比較優勢的生產設備，以投資的方式，轉移到其他地區繼續生產，並創造更多的附加價值。這一方面是由於臺灣中小企業所提供的產品或服務大多系單一品種，產量小，多屬加工層次較少的輕工產品；另一方面是由於其規模小，決策層次少，時效性強，管理成本低，管理也比大企業靈活，創新意識強。再加上臺灣長期以來實施以出口帶動經濟的發展，企業根據訂單來制定銷售計劃，因此，中小企業可以在較短的時間內調整產品結構，改變生產方向，對市場的應變能力強，風險性較小，從而可以盡快地適應新市場、新產品、新款式，始終保持「少量多樣」的生產方式，以適應變化紛繁的國際市場的需要。

③經營管理成本普遍較低

臺灣中小企業的經營規模普遍偏小，大部分企業的固定資產設備投資所占比重都較低，特別是大型專用機械設備投資更少，大多採用通用機械設備，具有高度的自給能力與應變能力，可隨時根據市場和社會需求的變化相應調整產銷業務，使得企業生產成本較低，競爭力優勢明顯，短期效率高。臺灣中小企業的經營方式極其靈活，其中尤以「中衛體系」與「策略聯盟」最為著名。它們採取產、供、銷分工協作的網路化經營模式，不僅大大降低了整體生產的經營成本，而且有力地提升了中小企業的市場競爭力。此外，以電子、資訊、醫藥等技術密集型產業為代表的部分中小企業，也往往在科學研究機構或同業工會的主導下，互相聯合結成技術聯盟，發揮各自獨特的技術資源優勢，共同合作從事新產品開發與技術創新，藉以減少產品開發的成本與風險，維持並強化自身的技術競爭優勢。

　　臺灣中小企業多為家族式企業，企業40%的從業人員由家庭成員充任，且多擔任各部門的主管。這種以家庭網路關係為根基的企業文化一方面增加了企業的穩定性，使從業人員多富有忠誠、奉獻的精神理念，另一方面也減輕了企業監督管理的成本。

（2）外向性

　　臺灣的中小企業帶著顯著的外向性特點，其產品大部分直接或間接外銷。臺灣產業第一個突出的特點就是「大廠主內，小廠主外」，即大企業以島內市場為主，中小企業以國際市場為主，具有高度的出口導向。促成臺灣中小企業外向性特點形成的因素主要有兩個：

　　第一，與臺灣推行以對外貿易為導向的經濟戰略有關。早在1955年，臺灣便公布了《外銷品退還稅捐辦法》，對於產品出口使用的原料的進口稅、貨物稅、防衛捐和港工捐等，在出口時予以退還。進入1960年代後，臺灣更積極鼓勵廠商拓展外銷，向國際市場輸出產品。1960年9月公布的《獎勵投資條例》中明確規定，給予外銷工業以免徵營業稅、減輕印花稅等一系列優待。而且，在對中小企業的輔導過程中，對於主要外銷工業也予以優先考慮。上述政策的制定與推行，都對引導中小企業向外向型企業發展起了重要作用。

第二，內銷市場狹小而且大多為大企業所壟斷。1980年代前後，臺灣大企業對內銷市場的占有率曾高達95%以上。儘管1990年代後中小企業在內銷市場的比重有所提高，但占有率也僅為8%。此外，在內銷市場上，中小企業的同一行業間的競爭也非常激烈，特別是某一產品有利可圖時，各家更是蜂擁而上，造成生產過剩的現象。在這種情況下，大量的中小企業只好向外尋找市場。

中小企業在產品外銷方面也存在著一定的弱點。與大企業相比，中小企業限於資金、技術、設備等條件，其出口的產品還多屬勞動密集型，加工層次較少，附加值也比較低，從外銷產品和外銷市場的結構看，又相對集中在紡織、電子、食品等幾個行業以及美、日等西方國家，很容易受到各種保護主義的打擊。

（3）濃厚的家族色彩

在臺灣，除少量大型企業、財團以外99%以上的都屬於中小企業，其中屬家族企業的中小企業又占企業的95%以上。除此之外，臺灣一些在表面上已具有公司組織形態的企業，實際上也是掌握在家族手中。

最能體現臺灣中小企業的家族色彩的是這些企業所表現出的強烈的排他性，這主要表現在兩個方面。第一，在用人問題上，企業的重要職位大多由家族成員擔任。家長往往是企業主，而董事、經理也為其親屬所擔任。企業的經營、生產、銷售、財務、人事等重要環節，都控制在家族手中，家族外的人員很難受到重用，這種任人唯親的狀況，加之企業本身在生產條件、福利待遇等方面不甚理想，便造成企業中人員（包括優秀的技術與管理人員）流動率偏高的現象。以1981年的製造業為例，僱員為100—499人的企業，其人員流動的平均進入率和平均退出率分別為4.9%和 4.4%；而 30—99 人的企業的平均進入率和退出率已分別達 9%和7.9%；1—29人的企業更高達15.8%和13%。勞動力流動率如此之高，造成企業的產量、質量的不穩定，顯然不利於企業的正常生產活動。

第二，家族企業對於吸收外來資金也多持拒絕態度。臺灣中小企業多由個人獨資或少數親友集資創辦，這並不能適應企業的發展需要。另一方面，家族企業的規模小，信用差，而且又不易透過銀行渠道進行融資。儘管如此，大部分家族企業為保持本身的「獨立性」，並自享利潤，而並不願吸收其他外來資金。

臺灣中小企業的這種家族性特徵，一方面是由於中小企業創業較易，另一方面則主要是根源於「秉承祖業」與「寧為雞首、不為鳳尾」的傳統思想觀念。濃厚的家族色彩，使中小企業不易擺脫其落後與保守的經營方式，難以延攬人才並盡快地引進新技術，建立起現代化的經營管理制度。[27]

4.臺灣當侷促進中小企業發展的政策

臺灣的中小企業以98%的企業數占比、60%左右的就業數占比、50%左右的產值占比以及約65%的出口值占比在臺灣經濟中占據了大半壁江山。但相較於大企業而言，中小企業在發展過程中，尤其是面臨急劇變動的環境時，常會因融資不足、管理欠缺、研發薄弱等問題而造成競爭力下降。因此臺灣早期就意識到發展中小企業的重要性，頒布了多項扶持政策與措施，主要如下：

（1）建立法律法規保障

從1967年的《中小企業輔導準則》、1987年的《輔導中小企業方案》到1991年的《中小企業發展條例》，上述法律法規明確規定臺灣應對中小企業在市場的調查及開發、經營合理化的促進、相互合作的推動、生產因素及技術的取得與確保以及人才的培育等方面給予輔導與獎勵，從而為中小企業建立了公平合理的法規環境。

（2）設立專門的管理、輔導和服務機構

臺灣從1966年設立「中小企業輔導工作小組」以來，先後成立了多個各條線的專門機構。目前臺灣「經濟部」是中小企業的主管機關，設有「中小企業處」，「經濟部」下屬工業局為輔導機關，它又聯合「財政部錢幣司」、行政院青年輔導會、國際貿易局、生產力中心、中小企業協會等11個單位成立「中小企業聯合服務中心」。另外行政院設有「中小企業諮詢委員會」、各縣市設有「中小企業服務中心」。這些機構為中小企業提供商務、技術及行政服務的支持體系。

（3）設立中小企業金融體系

針對中小企業融資困難的情況，早在1954年臺灣就辦理美援小型民營工業

貸款,其後一直積極提供幫助,不僅建立「中小企業發展基金」,還專門制定了「協助中小企業融資行動方案」,形成了以中小企業專業銀行與一般銀行等金融機構為骨幹,再配合中小企業信用保證基金、公營行庫、中小企業聯合輔導中心共同組成的中小企業金融體系。透過融資、保證、輔導三者相輔相成,為中小企業提供不少幫助。

(4)協助創業和技術升級

臺灣為協助中小企業克服技術研發及產業結構轉型的困難,制定了「經濟部所屬事業協助中小企業推動研究發展計劃」,並在大學中設置中小企業研訓中心。在這些措施中,尤其值得一提的是「創新育成中心」(又稱孵化器)的設立,它主要為企業在創業之初提供空間、設施、技術支持、商業服務、管理訓練甚至資金注入的協助與服務,目的是降低創業風險,提高成功幾率。育成中心在1996年即開始推動,隨後8年成功輔導1883家中小企業創業,且有12家在育成後陸續上市,所誘發的投資額累計285億元。到2004年底,臺灣育成中心約計82所,由中小企業發展基金投資設置的有3所,補助設立的有71所。在臺灣育成中心的發展上面,62家接受輔導的育成中心總營運經費已達4.49億,總計共進駐1117家廠商於其中,而全臺灣74家育成中心,更已促成243家廠商的畢業。[28]

健全的中小企業輔導體系,為臺灣中小企業的發展營造了良好的經營環境,使中小企業得以克服自身問題,並且提高了應對環境變遷的能力和獨自發展的能力,從而使得中小企業在面臨內部經濟結構轉型及國際競爭日益激烈的情況下,依然保持活力和競爭力。

第十四章 兩岸產業分工合作的發展歷史和現狀

第一節 兩岸產業分工合作的發展演進

經濟學一般把國際或區域間的產業分工分為三種模式。第一,是垂直型產業

分工，一般指經濟技術發展水平相差懸殊的國家（如發達國家與發展中國家）或區域之間的國際分工。它又分為兩類。一類是指部分國家供給初級原料，而另一部分國家供給製成品的分工形態，初級產品與製成品這兩類產業的生產過程構成垂直聯繫，彼此互為市場。另一類是指同一產業內技術密集程度較高的產品與技術密集程度較低的產品之間的國際分工，或同一產品的生產過程中技術密集程度較高的工序與技術密集程度較低的工序之間的國際分工，這是相同產業內部因技術差距所引致的國際分工。

第二，是水平型國際分工。這一般是指經濟發展水平相同或接近的國家（如發達國家以及一部分新興工業化國家）或區域之間在工業製成品生產上的國際分工。水平分工可分為產業內與產業間水平分工。前者又稱為「差異產品分工」，是指同一產業內不同廠商生產的產品雖有相同或相近的技術程度，但其外觀設計、內在質量、規格、品種、商標、牌號或價格有所差異，從而產生的國際分工和相互交換，它反映了寡占企業的競爭和消費者偏好的多樣化。後者則是指不同產業所生產的製成品之間的國際分工和貿易。由於發達資本主義國家的工業發展有先有後，側重的工業部門有所不同，各國以其重點工業部門的產品去換取非重點工業部門的產品。工業製成品生產之間的分工不斷向縱深發展，由此形成水平型國際分工。

第三，是混合型國際分工。混合型國際分工是把「垂直型」和「水平型」結合起來的國際分工方式。主要是指一些發達國家和地區參與國際分工的方式，其對第三世界是「垂直型」的，向發展中國家進口原料，出口工業品；而對發達國家則是「水平型」的，進出口商品主要是機器設備和零配件，其對外投資也主要集中在發達國家和地區。例如，德國參與國際分工的方式就帶有較為明顯的混合型特徵。

從1980年代臺商赴大陸投資開始，經過20多年的迅速發展，臺商投資領域和投資區域不斷拓展和深化。兩岸產業分工由最初的垂直分工模式，到90年代中期逐漸演化為兼具垂直分工和水平分工內容的混合型特徵，進而到進入新世紀以後演化為以水平分工為主要特徵的多元化分工格局，其內涵不斷調整升級，表

現為一個動態的快速演進過程。迄今為止，由於兩岸投資貿易關係尚未實現完全正常化，兩岸產業尚不存在真正意義上的雙向互動分工，這裡所探討的兩岸分工模式主要是指由於臺商赴大陸投資所形成的臺資在兩岸布局而反映的兩岸產業之間的分工關係。在這一過程中，用國際上關於外商投資和產業分工的傳統理論，如比較優勢理論、邊際產業擴展論、生產折中論、產品生命週期理論、競爭優勢理論等，似乎都只能部分地或階段性地對兩岸產業分工合作模式作出解釋。[29]

1.垂直分工主導階段（1980年代至90年代初期）

這一階段基本上是兩岸產業合作的試探和起步階段。由於當時大陸開放程度和製造業發展水平較低，兩岸經濟發展階段總體上存在較為明顯的落差，且當時轉移到大陸的臺資項目主要是在臺灣已經處於飽和或不具競爭力的勞動密集型企業，因此很自然地使兩岸之間的產業呈現出某種垂直分工的關係。

這裡所指的垂直分工，表現在兩個層面：一是臺商在大陸的工廠與臺灣母廠之間形成垂直分工關係。屬於產業上游的原料、主要機器設備等由臺灣母廠提供，屬於下游的產品加工裝配則在大陸進行，形成兩岸垂直分工模式；二是臺灣和大陸的產業在發展階段上呈現垂直分工特徵，由於生產技術水平的差異，大陸重點發展勞動力密集型產業，產業技術層次和附加價值較低，臺灣重點發展資本及技術密集型產業，技術層次和附加價值較高。

2.兼具垂直和水平特徵的混合型分工主導階段（1990年代中後期）

這一階段，隨著大陸發展社會主義市場經濟取向的確立、對外開放的持續擴大和製造業水平的快速提升，大陸不僅總體經濟實力迅速增長，而且產業整體技術水平與臺灣的差距也顯著縮小，兩岸產業互有長短、各具優勢的特徵更加明顯，兩岸產業分工關係也更多地表現為兼具垂直分工和水平分工內容的多元化特徵。一方面，在製造業的部分行業，臺灣仍具有一定的相對優勢，相當部分臺資企業除了生產製造功能在大陸進行外，其研發、管理、行銷等高附加值環節仍由臺灣母公司掌控，兩岸產業內垂直分工的特徵尚未完全改變。另一方面，隨著臺灣中上游產業和資訊電子產業加快向大陸轉移，在兩岸分工上，大陸臺資企業主要從事生產較低端產品，島內企業生產較高端產品，臺資在兩岸的布局開始呈現

產業內水平分工特徵。更重要的是，這一階段兩岸產業的階梯型層次已顯著淡化，大陸不僅形成了完整的製造業體系，產業結構顯著優化，技術水平也得到了跨越式提升。特別是在大陸沿海地區若干經濟板塊的快速崛起，培育了一些具有競爭優勢的產業集群，兩岸產業間水平分工的格局逐步成型。

在這一階段，兩岸製造業發展階段雖然仍有一定落差，但差距已顯著縮小。例如，在化學品製造業和半導體、電子零組件等電子資訊業方面，臺灣仍具有較強的優勢，兩岸在這些產業內的分工仍以垂直分工為主要特徵；在金屬製造、機械設備、電子電器製造業等領域，兩岸基本上處於同一水平，各具優勢，呈現水平分工的特徵。在傳統的食品、紡織等勞動密集型產業，大陸的優勢地位繼續得以鞏固；而在太空技術、核能技術、超導研究、基因生物工程等高科技領域，以及航天、礦冶、無機化工等基礎產業方面，大陸已經形成了具有世界領先水平的產業基礎。在服務業領域，大陸的發展則仍然較為緩慢，臺灣的優勢地位較為明顯。因此，海峽兩岸在這一階段的分工，呈現較為複雜的混合型特徵。

3.多元化分工格局主導階段（兩岸加入世貿組織以來）

進入21世紀以來，在知識經濟的快速發展和發達國家產業結構升級需求的推動下，新一輪國際產業轉移的熱潮方興未艾。與以往國際產業轉移所不同的是，這一輪產業轉移是發生於經濟全球化進程加快推進的背景下，並且極大地得益於資訊技術的推動。隨著兩岸在2001年相繼加入世貿組織，新階段的兩岸產業分工合作受這一潮流的影響，也自然地成為國際產業轉移和分工中的一個環節，並帶有這一時期國際產業轉移的一些顯著特徵。

縱觀新世紀以來的國際產業轉移，不難發現有以下新趨勢貫穿其中。一是產業轉移主體的變化。在跨國公司作為國際產業轉移主體的地位更加凸顯的同時，新興經濟體和發展中國家或地區開始成為產業轉移主體中的新成員。二是產業轉移目的的變化。產業轉移的目的不再侷限於衰退產業的轉移和加速培育新的主導產業，被動地配合國內或地區產業結構升級的完成，而是更注重整個產業在全球的優勢整合，主動尋找最有利的增值點，以尋求全球競爭優勢。三是產業轉移內容的變化。產業轉移的重心由過去以資源開發導向型、結構轉換導向型為主向技

術創新導向型、全球布局投資型轉變，轉移的產業結構呈現高度化和知識化趨勢，其中資本和技術密集型產業（電子資訊產業）成為當前國際產業轉移的重點領域。四是服務業成為國際產業轉移的焦點。隨著跨國公司開始新一輪全球產業布局調整，服務業透過項目外包、跨國公司業務離岸化等途徑向新興市場國家或地區轉移的趨勢日趨明顯，跨國公司所控制的價值增值環節只集中於少數具有相對競爭優勢的核心業務。五是集聚式的產業鏈轉移趨勢日益明顯。要素自由流動推動下的「全球在地化」或「在地全球化」趨勢，使產業的國際轉移呈現更為明顯的企業「集聚」特徵。外移企業改變以往單個企業、單個產業、單個項目、單個價值鏈環節分散尋找投資地的資本轉移方式，而是採取上、中、下游完整產業鏈群體的跨國或區界複製方式，龍頭企業的投資可以帶動一批相關行業的大量投資。

兩岸先後加入WTO至今，臺灣產業鏈的製造端加快向大陸轉移，兩岸在同一產業內形成大陸主要從事生產製造環節，島內主要從事管理、研發、財務運作、市場營銷等為主的功能性分工。絕大部分到大陸投資的臺商都維持母公司在臺灣繼續營運，並在兩岸均設有製造部門，大陸投資事業是其全球投資的重要一環。以電子資訊產業為例，臺灣廠商依據本身所具有的所有權和內部化優勢，發揮兩岸之間的區位優勢，大多採取如下分工形態：即臺灣母公司著重承擔全球運籌管理功能，包括擬定集團經營管理策略、財務調度、研發和行銷；大陸企業則專注於製造環節，特別是產量大、附加值相對較低、勞動密集度相對較高，以及大陸具有技術、人才優勢，或符合大陸市場特定需求的產品，而母公司的製造活動只保留少量處於產業價值鏈高端的高附加值產品。從這一趨勢看，臺資企業在兩岸的布局結構使得兩岸產業已呈現明顯的功能性分工特徵。

同時，從兩岸產業的整體發展上看，目前大陸沿海地區正大力發展高、精、新產品和出口創匯產品，特別是在國際市場上有競爭力的優質名牌產品，並逐步打造大陸高新技術產業基地和出口產業基地。隨著大陸沿海地區的產業結構的優化和競爭力的提升，兩岸之間已具備發展以水平分工為主要分工形態的條件；而對於廣大中西部地區，由於製造業發展水平還明顯低於臺灣，臺資企業在當地的發展與臺灣島內的關聯企業之間仍然主要呈垂直分工特徵。顯然，基於大陸經濟

發展的區域差異性和特殊性，現階段只有多層次、多元化的對外經濟合作，才符合兩岸經濟發展的現狀與趨勢，也才符合大陸經濟發展的需要。決定產業分工形態的諸多因素及其在兩岸經濟中的展開，充分說明兩岸產業分工是垂直分工與水平分工縱橫交錯且呈多元化、多層次的分工合作結構，其中水平分工是主導形態，是分工發展的基本趨勢。實踐證明，這種分工結構符合兩岸經濟發展的長遠利益，並且呈現出不可阻擋的必然趨勢。也惟其如此，才能促進兩岸經貿關係健康順利向前發展。

第二節 兩岸產業合作的效應分析

1.兩岸產業合作促進經濟增長

經濟增長是產業合作的重要動因。兩岸產業合作可以使兩岸生產要素和資源配置更加合理，從而提高各自的經濟效率，拉動經濟增長。海峽兩岸自然條件、資源狀況、經濟發展和科技水平存在一定的差異，許多產業的關聯性與互補性強，透過經貿交流，將各自的比較優勢結合起來，進行合理的資源配置和有效的分工合作，可以充分發揮互補、互利的經濟效果，從而帶動兩岸經濟的發展和共贏。

兩岸比較優勢的互補，主要是透過不同產業分工形態的生產要素交換實現的。雙方以經濟利益為動力，以產業對接為內容，把各自的相對優勢組合成整體優勢，逐步建立具有比較利益優勢、規模效益和市場競爭力的優勢產業，形成「垂直分工與水平分工」相結合的產業分工體系。從1980年代中後期臺灣中小企業大量湧入大陸東南沿海地區設立加工出口基地，到90年代大型企業不斷進入大陸拓展市場空間，再到21世紀初期技術密集型企業紛紛到大陸投資設廠，[30] 由臺灣投資大陸和兩岸貿易引發的兩岸產業合作及其發展，對兩岸經濟增長、產業結構的優化、投資的增加、就業的擴大等起了重要的作用。例如，兩岸產業合作將顯著擴大臺灣就業。在兩岸貿易自由化推進過程中，大陸將不斷給予臺灣農產品更大的開放度，以支持臺灣農民就業。減少和降低10＋1自由貿易區減稅計劃實施之後，大陸可減免或降低相關行業的關稅稅率，進而使相關行業保持發展，帶動就業。兩岸簽署經濟合作協議後，將有效降低總失業人口數，再加上貿易自由化，島內投資拉動的就業效應，兩岸合作機制對臺灣就業促進效益將進一步增大。

兩岸產業合作促進了兩岸的經濟增長與產業升級。從臺灣方面看，臺商投資大陸為臺灣轉移落後產能提供了機會，使臺灣本土順利實現產業升級。兩岸的產業合作為臺灣經濟的發展提供了充沛的資源、廣闊的市場以及不斷提高的技術與

管理水平。臺灣是高度的外向型經濟體，出口貿易對臺灣GDP的貢獻度大。大陸是臺灣最大的出口市場，近年來臺灣對大陸出口基本占其出口總額的30%左右，大陸對臺灣出口有積極拉動作用。臺灣對大陸貿易的比較優勢主要是資本技術密集型產品，對大陸有大量貿易順差的部門主要集中在石化、機械設備、電子、光學儀器等部門。兩岸產業合作的進一步發展將帶動臺灣對大陸出口有更大幅度的增長。從大陸方面看，臺商投資大陸和兩岸貿易的發展促進了大陸地區尤其是臺商投資密集地區的經濟發展。臺灣經貿發展與產業結構轉型是兩岸經貿互動的主要原因，其中臺灣經營環境的轉變，導致生產成本上升，是臺商到中國大陸投資的主因原因，而在全球各大企業「中國戰略」的驅動下，臺商與跨國企業合作網路延伸至中國大陸。其中「科技進步」則是支撐臺商在大陸營運的重要基礎。但另一方面，兩岸經貿的發展卻又是影響臺灣經貿發展的重要變數，特別是臺商帶動大陸產業外部投資和國際貿易發展，且臺商引進技術轉移也促成大陸產業升級，進而使臺灣傳統勞動力密集、中低科技產品出口市場被大陸所取代。臺灣產業階梯型地轉移大陸，一定程度上促進了大陸經濟的增長、就業的增加和產業的升級。

特別是加強兩岸產業合作，將顯著提升大陸產品和技術的國際競爭力。兩岸經濟發展處於不同的階段，臺灣工業化進程對大陸有一定的借鑑意義。兩岸產業合作使大陸獲得一定程度的先進技術和管理等要素的外溢效應，臺資企業赴大陸發展也為大陸產業的發展帶來了新的活力。隨著兩岸自由貿易進程的加速，尤其是擴大高新技術產品市場開放，不僅能促進大陸對臺貿易發展，同時，進出口貿易所帶來的資源轉換效應，將使大陸產品市場競爭力進一步增強，進而帶動大陸總體對外貿易發展。兩岸現代服務業與高新技術產業合作深化將帶動大陸投資增長。兩岸建立經濟合作機制後，產業合作將持續拓展、深化。尤其是大陸對臺灣擴大服務業市場開放，將會加強兩岸在金融、旅遊、物流等多個服務業領域合作。與此同時兩岸製造業合作水平和層次將進一步提升。兩岸推出的「搭橋專案」將在中草藥、太陽光電、風力發電、汽車電子、航空、紡織與纖維、通訊、電動自行車、生物技術等領域展開合作。兩岸高新技術產業合作的規模、領域和層次將有較大提升，進而推動大陸投資增長。

2012年上半年大陸GDP為人民幣 227098億元,較2011年同期增長了7.8%,雖為三年來首次跌破8%大關,但仍在亞洲排名第一,而臺灣第二季呈現負增長,為-0.18%。由於兩岸製造業大部分以代工製造為主,並出口至歐美市場,適逢2012年上半年全球市場受到歐債危機、美國財政懸崖等問題打擊,導致兩岸經濟增長趨緩甚至衰退,嚴重衝擊兩岸製造業,其中臺灣工業指數2012年上半年增長率出現衰退,顯示島內經濟發展狀況較差。同一時間,大陸也受全球經濟發展欠佳所影響,外銷現狀不如以往風光,所幸島內的內需仍可支撐經濟增長。當前加強兩岸產業合作,可望刺激臺灣景氣逐步回穩。

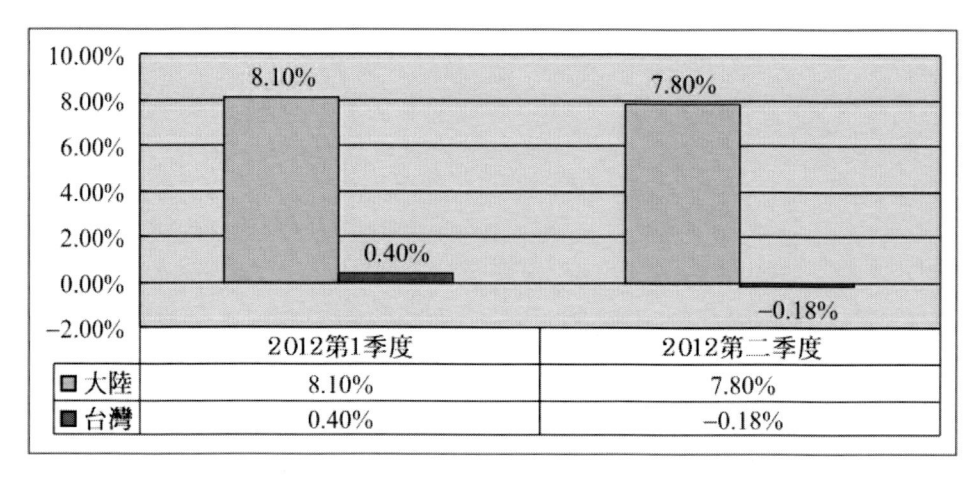

	2012第1季度	2012第二季度
大陸	8.10%	7.80%
台灣	0.40%	−0.18%

圖14-1 2012年第1、2 季度兩岸GDP增長率情況

資料來源:「中華徵信所」

	2011年第4季	2012年第1季	2012年第2季
大陸	13%	12%	10%
台灣	-4%	-4%	-2%

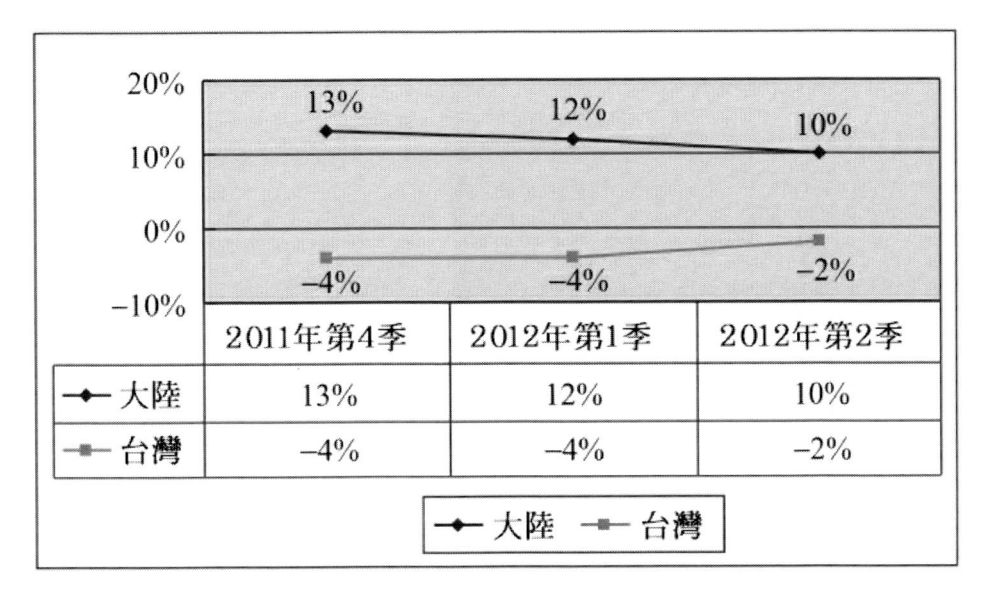

圖14-2 2011—2012年兩岸工業指數年增長情況

資料來源：同上

2.兩岸產業合作促進兩岸經濟相互依賴

根據李鵬對經濟相互依賴和海峽兩岸經濟相互依賴的定義，經濟相互依賴是指各個國家、地區或其他經濟體之間，以及它們與區域經濟或世界經濟體系之間發生的、且難以擺脫的一種相互影響、相互制約、相互作用的關係。它是一種靜態的客觀狀態和事實，也是一種動態的發展趨勢；它既是一種經濟現象，也是一種政治現象。海峽兩岸經濟相互依賴，無論是作為一種靜態的客觀狀態和事實，還是作為動態的發展趨勢，在狹義上是指大陸與臺灣之間形成的且難以擺脫的一種相互影響、相互制約和相互作用的經濟關係；在廣義上還包括兩岸經濟關係與區域經濟和世界經濟之間的一種難以擺脫的相互影響、相互制約和相互作用的關係。[31]

自1979年兩岸關係解凍以來，臺商以各種方式不斷擴大對大陸投資及由此開始的兩岸貿易高速增長，使臺灣與大陸的產業合作及其經濟關係的功能性整合

不斷深化發展，大陸以積極開放的態度鼓勵臺灣同胞赴大陸投資設廠，開展與臺灣之間的貿易。兩岸經貿依存度和經濟整合程度逐漸加深，兩岸經濟交流為臺灣提升競爭力參與國際產業分工提供了巨大的空間，兩岸經濟合作對臺灣外貿與經濟增長貢獻度巨大。1979年臺灣對大陸的貿易依存度只有0.25%，自2001年大陸加入世貿組織後，臺灣對大陸的貿易依存度逐年上升，到2008年已上升至19.66%，其中對大陸的出口依存度達26.24%。顯然，在兩岸產業分工、投資帶動貿易的經濟環境下，臺灣對大陸的出口依賴持續升高。伴隨著臺灣對大陸貿易順差的不斷增多，對大陸市場依存度也不斷增強。但臺灣長期嚴格限制大陸赴臺投資和產品入島，在兩岸經貿上制定了諸多限制性的政策，兩岸在貿易、投資及產業分工等方面表現出長期「不對稱的相互依賴」。在強大的市場機制作用下，近年來臺灣當侷限制島內資金和產業西進大陸的實際影響力呈下降趨勢，且籌碼不斷流失，選擇餘地越來越小。[32] 馬英九上臺後，在島內經濟面臨嚴重的內憂和外患的背景下，為重振島內經濟，避免在地區整合中「被邊緣化」，推出了擱置爭議，把擴大兩岸經貿交流、推動兩岸建立制度性合作架構作為經濟政策的重點。兩岸透過海協會與海基會啟動對話與合作的機制，使相互依賴的經濟體之間逐步擺脫合作的制度化障礙。兩岸簽訂綜合性經濟協定，以及臺灣對大陸資本入島的漸進開放等政策的實行，使得兩岸不對稱的相互依賴關係在未來也會有所緩和，從而有利於形成兩岸互相開放、雙向交流的互利合作關係。

3.兩岸產業合作有利於推動兩岸政治互信

2000年，在臺灣第一次政黨輪替之後，臺灣島內政局發展深刻變化，兩岸關係在民進黨執政的八年面臨更加嚴峻的考驗。兩岸在政論上相互對立甚至互不接觸，然而在經濟上卻暗潮洶湧，相互合作，兩岸之間出現了「政冷經熱」的局面。經濟上的合作為兩岸民眾提供了更多交流與接觸的機會，成為兩岸民間或團體接觸對話最重要的因素。在某種程度上由經濟上的交流合作加深了兩岸民眾對彼此的認識與瞭解，有利於推進兩岸民間的互信與認同。同時，下野的國民黨痛定思痛，積極尋求與大陸的合作，島內其他泛藍陣營為了擴大自己的影響也積極與大陸官方進行接觸與協商，2005年在野的國民黨、親民黨、新黨領袖相繼訪問大陸，開啟了在民進黨執政時代兩岸政黨合作與對話的先河。在承認「九二共

識」的基礎上，經濟合作與產業互動成為兩岸政黨協商合作重要的議題。同時兩岸經貿論壇的定期舉行為海峽兩岸深化合作與增加互信提供了良好的平臺。而不斷擴大與日益加深的兩岸經濟關係是這些對話渠道開啟的重要基礎。

2008年臺灣第二次政黨輪替，國民黨執政，兩岸關係在國共幾年的合作醞釀下取得重大突破，兩會重啟對話與商談，經過兩年多的對話協商，兩岸不僅實現了兩岸同胞期盼已久的「三通」，並於2009年6月簽署了在兩岸經濟與產業合作問題上具有里程碑意義的《海峽兩岸經濟合作框架協議》，標幟著兩岸在經濟、事務性方面的協商談判取得階段性的成果。以民促官，以民間交流網路的建設促進兩岸高層的制度化協商機制的建設，是兩岸關係發展的重要特點。

根據《海峽兩岸經濟合作框架協議》第十一條規定，雙方成立「兩岸經濟合作委員會」，負責處理兩岸經濟合作的相關事宜，並定期召開例會，監督評估協議的執行。2011年1月6日，兩岸經濟合作委員會在海協會和海基會的框架下正式成立。委員會採取雙首席代表制，成立由雙方指定人員組成的委員會，「大陸方面首席代表為海協會特邀顧問、商務部副部長姜增偉，代表包括商務部、國臺辦、發改委、工信部、財政部、海關總署、質檢總局等7個部門的海協會理事、專家。臺灣方面首席代表為『經濟部』常務次長梁國新，代表分別來自臺灣經濟、兩岸事務、金融管理、經濟建設、財政部門和海基會」。[33] 兩岸經濟合作委員會的建立，不僅有利於進一步擴大兩岸經貿合作，推動兩岸經濟關係制度化的發展，而且在處理經濟合作問題的同時，為兩岸公務部門的接觸協商提供了平臺，以兩岸在職官員為主體的經濟合作委員會代表，在以後的交流合作中將有更進一步的瞭解與接觸，有利於兩岸官方互信的累積。

2009年7月，臺灣正式開放部分大陸資本入臺，兩岸開啟雙向投資的時代。簽署兩岸投資保障協議也隨著「江陳會」會談的不斷深化而進入第七次會談將要解決的議題。長期以來，大陸資本被禁止進入臺灣投資，而臺商投資大陸所依據的法律在兩岸各有不同，大陸方面為《中華人民共和國臺灣同胞投資保護法》及其細則，臺灣方面為《臺灣與大陸地區人民關係條例》及其施行細則。雙方在稅制、具體投資經營的政策上有較大不同，由於兩岸關係的不穩定性和複雜性，兩

岸一直未能建立經過雙方協商制定的關於投資保障方面的協定。《海峽兩岸經濟合作框架協議》簽署之後，建立兩岸投資保障機制提上日程。框架協議第五條規定，在協議生效後半年內建立至少包括以下四方面的關於投資保障協議的事項，即：「（1）建立投資保障機制；（2）提高投資相關規定的透明度；（3）逐步減少雙方相互投資的限制；（4）促進投資便利化」。兩岸協作共同探討建立兩岸投資保障協議來為兩岸的經貿合作提供制度化的保障，將為兩岸產業合作的便利化和有序化創造良好的條件。同時，若能簽訂投資保障協議，兩岸官方將會合作處理瑣碎而複雜的經濟事務，在頻繁的交流過程中將進一步增進對彼此的瞭解和認識，兩岸的差異化與同一性在合作中將更進一步展現出來，有利於兩岸官方形成積極務實的態度，在此基礎上處理更進一步的問題。

隨著臺灣放開大陸民眾赴臺旅遊與准許部分大陸資本進入臺灣，以及「兩岸經濟合作委員會」的建立，2012年8月9日《海峽兩岸投資保障和促進協議》的終於正式簽訂，兩岸之間的交流與合作逐步走向雙向的互動。兩岸產業合作的深入發展，使兩岸之間貿易、投資關係進一步強化，人員的交流往來更加頻繁。兩岸高層的合作與商談，增進了政治互信，隨著兩岸經貿關係的加強，未來兩岸關係進一步發展的動力將逐步凸顯。如何協商、談判敏感的政治議題，推動兩岸關係向縱深發展，成為兩岸必須面對的重要問題，兩岸經濟上的協商雖然不能取代兩岸存在分歧的政治商談，但由經濟議題協商取得的政治互信一定程度上為兩岸政治商談創造了條件，預作了準備。

第三節 兩岸產業合作的分工機制與合作模式

1.兩岸產業合作的形成機制

發展水平、政策導向、體制因素、資源稟賦、產業目標的巨大差異，使得兩岸產業結構存在諸多的差異。這主要體現在四方面。首先，產業發展的階段不同，大陸仍處於工業化的中後期階段，製造業在整體經濟發展中所占比重偏高；而臺灣已基本進入服務經濟時代，服務業比重高達七成，與發達經濟體接近。其次，製造業的內部結構不同，大陸傳統產業仍是製造業的主體，而臺灣製造業中

高科技產業所占比重高，尤其是電子資訊產業和光電產業已成為製造業中的支柱性產業。再次，大陸作為具有全球性影響的經濟體，已經逐步形成門類齊全、發展相對均衡的產業結構，而臺灣的產業構成則具有明顯的集中性特徵，例如，2009年的半導體與面板產業產值占臺灣製造業產值的一半以上，具有舉足輕重的影響。最後，兩岸產業的發展模式不同，大陸產業仍以投資驅動型為主，主要依靠資本、勞動力與資源的投入帶動產業實現規模擴張，而臺灣產業發展已基本進入創新驅動階段，以發展知識密集型產業見長。而這些差異性正是推動兩岸產業互補合作的基本驅動力。當然，在上述差異中，兩岸產業發展還有一個最主要的共性，就是在經濟發展過程中，製造業依舊是推動經濟增長的主要動力。目前，大陸第二產業比重仍是GDP主要構成部分，高於服務業約4個百分點。儘管臺灣的服務業比重高達70%左右，但在GDP構成中，對外貿易仍是帶動經濟增長的主要來源，顯示出口行業對經濟發展具有舉足輕重的影響；而在臺灣的出口結構中，貨物貿易占90%，因此，製造業作為經濟發展核心動力的重要地位尚難以撼動。從這一角度分析，兩岸產業合作的基本內容必然是以製造業為主體的，這一點從臺商對大陸投資的產業結構就可以得到驗證。

值得關注的是，兩岸產業合作的動因來源於內外兩方面。從內部因素看，由兩岸產業資源稟賦的巨大差異所引致的產業合作比較利益以及臺灣經濟環境變化引起的產業外移，使得兩岸產業合作存在巨大的互補合作空間，這是推動兩岸產業合作不斷深化的原動力。從外部環境看，面對日本、韓國的激烈競爭，以及東盟各經濟體、中國大陸的快速趕超，臺灣產業發展面臨著前後「夾擊」的巨大壓力，迫使其必須透過與大陸合作實現優勢互補，獲得新的發展空間。事實證明，無論是臺灣的夕陽產業（傳統產業）、策略性產業（高科技產業，尤其是電子資訊產業）還是新興產業大多都透過對大陸的投資與合作達到延緩衰退週期、促進產業增長的目標，顯示透過產業合作，確實能夠實現兩岸在要素資源、產業結構、技術水平三方面的優勢互補，從而形成產業之間強大的利益驅動機制，推動著兩岸產業合作的深化。[34]

2.兩岸產業的合作模式

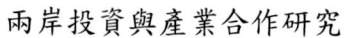

從已有的資料分析，當前的兩岸產業合作主要有三種模式，即產業分工、投資與貿易。產業分工是兩岸產業合作的基本形式。兩岸產業結構、要素稟賦、比較利益優勢的差異，決定了兩岸分工將呈現出垂直分工和水平分工並存的特點，這兩種分工方式在兩岸各類產業合作中均存在。從產業門類來看，在以出口導向為主的高科技產業的合作中，垂直分工仍是最主要的形態；而在以內銷導向為主的產業中，水平分工最為普遍。總體而言，隨著大陸經濟的快速發展以及兩岸合作的深化，水平分工將成為兩岸分工的常態。投資是當前實現兩岸產業合作的主要途徑。由於產業發展的水平差異，現階段兩岸產業合作仍以臺商對大陸的投資為主導，再加上臺灣對陸資入臺的限制，使得現階段兩岸相互投資的失衡仍是兩岸產業合作最顯著的特徵。貿易是推動兩岸產業合作的主要動力。在東亞產業分工網路中，缺乏最終產品的消費者，因此，兩岸產業合作的重點並非生產最終產品在當地消費，而是以生產零組件和中間製成品在大陸加工裝配成最終產品並實現出口為主，具有典型的「投資帶動貿易」特徵，屬於加工貿易方式，這種方式是兩岸產業合作的重要形式，具體模式就是臺灣母公司投資大陸的子公司，而子公司的產品直接或經返臺再加工後供出口。由此產生出東亞區域產業分工中典型由出口帶動的第二次乃至第三次出口需求拉動的效果，這既是兩岸產業合作的重要方式，也是臺商投資「出口極大化」效應產生的源泉。

需要指出的是，高科技產業是兩岸產業合作的重要組成部分，處於兩岸產業合作中的核心地位，這種細緻、綿密的合作也為兩岸經濟合作的深化提供了有利的條件。從目前情況看，在高科技產業發展方面，兩岸各具優勢，大陸的優勢在於產業發展門類齊全、基礎研發能力強，臺灣的優勢在於與國際市場結合度高、製程先進、獲利能力強。具體到兩岸產業合作，臺灣仍居於主導地位，這主要是由於合作載體是以臺灣的優勢產業為主，以出口導向為主，合作主要圍繞臺灣具有比較優勢的產業展開。從現階段兩岸高科技產業的合作的態勢看，主要體現出五方面的特點：一是以大企業為主，二是以電子資訊產業為核心，三是產業地區集聚度高，四是本地化趨勢明顯，五是以加工裝配為主（也就是臺灣承擔國際代工的延伸）。上述特徵具有典型的東亞區域產業分工特點，因此，對國際產業分工背景下的兩岸產業合作進行研究就具有重要的理論意義和現實意義。[35]

當前，應以「兩岸產業搭橋」計劃為載體，透過深化兩岸產業合作，進一步提升兩岸經濟合作的層次，實現兩岸在東亞產業分工中各自地位的提升，以有效彰顯兩岸制度性一體化建設的實際效應。產業合作是兩岸經濟合作最主要的內容，深化兩岸產業合作不僅有助於兩岸經貿互動的深化，也是兩岸提升在東亞產業分工地位過程中核心競爭力的重要方面。在此基礎上，2008年8月，臺灣啟動的「產業搭橋項目」可以成為深化兩岸產業合作的切入點。該計劃的內容主要包括以下方面：

（1）合作的方式

以舉辦兩岸產業交流會議的方式為兩岸產業合作建立平臺，項目的規劃時間為「一年交流，二年洽商，三年合作」，由兩岸輪流舉辦產業合作交流會議。其中，第一年進行兩岸產業項目的交流，第二年為合作洽談期，第三年達成實質性的合作。會議由兩岸專門機構（國臺辦經濟局與臺灣的「經濟部」技術處）具體負責，參與「搭橋」。

表14-1 兩岸產業合作的方向與方式

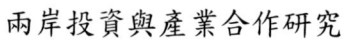

合作方向	新興領率(綠能、LED、電子書、電動車、雲端計算、生技等)	1.合資或專門機構合作,共同投資於商品化前期的技術研究,以取得IP 2.合作或共同營銷、交互授權與進行品牌合作 3.共同制定標準、規格、實行認證,合作進軍全球市場 4.共同開展醫療器械、醫療照護的R&D及軟、硬體技術的合作
	傳統產業	1.提升合作的品質(如台灣的裕隆汽車/大陸的東風汽車) 2.結合技術/營銷的優勢開展分工合作 3.按照市場調節實際產業的整體轉移
	服務業	1.以授權、合資方式在大陸和海外加強連鎖經營方面的合作 2.開展文化創意產業合作 3.實行醫療照護、金融服務的拓展(以兩岸市場為基礎)
合作方式		1.區域試點(海西、成渝等)與進行基地試驗相結合 2.以重大項目為突破口(以世界市場為目標) 3.開放服務市場 4.文化創意產品、食品飲料等內需型產業形成兩岸聯接的市場管道

資料來源：陳添枝（2010）：《後ECFA時代的兩岸產業政策》、劉震濤（2010）：《深化產業合作,擴大共同利基》,2010.9.24,兩岸經濟產業合作大趨勢論壇。

（2）合作的目標

以兩岸企業直接交流、促成兩岸產業合作項目為目標,力求發揮臺灣企業的創新能力,進入大陸的內需供應體系,進行全球創新,構建新的生產網路,推動實現兩岸合作並建立相關高科技產業的標準。在具體的合作方式上,「搭橋專案」強調以妥善結合與運用兩岸和區域內的產能為基礎,採取多樣化的合作機制,推動兩岸企業以這一平臺為基礎,進行產業的共同研發、共同生產、產銷合作、共同投資,還包括兩岸合作進行跨國企業管理、產業集資、金融服務、倉儲轉運等方面的合作,在全球產業網路中建構起新形態的創新網路。

（3）合作的具體項目

兩岸產業「搭橋」項目初步選定的項目，包括中草藥、太陽光電、車載資通訊、航空、通訊、LED照明、光儲存、資訊服務、風力發電、車輛、設計、流通服務、食品、精密機械15個產業進行交流合作；2010年還增加了電子書、廢舊電子清潔生產項目。

（4）合作的成效

自2008年12月至2010年底，兩岸已舉辦過21場次的產業搭橋會議。2011年一年促成520家企業參與洽商，130 多家企業進行合作，簽署50項產業合作意向書。[36] 典型的案例包括，大陸第二大單晶太陽能矽晶圓廠——陽光能源公司投資臺灣的納米龍模塊廠，就是搭橋專案的具體成果。陽光能源為合晶公司在香港轉投資企業（以港資企業身分），在錦州設廠生產太陽能電池用矽晶圓。陽光能源投資臺灣納米龍模塊廠後，新公司更名為景懋光電，陽光能源收購景懋光電78.93%的股份，正式涉足太陽光電模塊製造。從上述進展可以看出，儘管「產業搭橋」計劃體現出以臺灣為主、以拓展大陸內需市場為目標的產業合作方向，但只要善加運用，透過雙方的優勢互補，完全可以藉此推進兩岸產業的深化和競爭力的共同提升，從而提高兩岸在全球產業分工中地位的目標，推動經濟一體化建設的深化。其中需要強調的問題有三：首先，兩岸產業合作必須以大陸市場為依託，實現自創品牌、自主創新的目標，以便在共同制定技術與製程標準方面占據更有利的地位，透過雙贏進一步提高兩岸合作的意願。其次，在產業合作中，以促進兩岸企業之間的合作為主要方向，在市場機制下，提升兩岸企業的合作效率，拓展產業合作的領域和範圍，推動兩岸合作進一步從製造業向服務業領域發展，從而進一步增強經濟一體化建設的微觀動力。再次，以加強新興領域的合作為目標，透過占據產業發展制高點取代以往的「趕超戰略」，從而使兩岸在國際產業分工中居於更有利的地位，為兩岸制度性一體化的發展奠定更有利的基礎。[37]

表14-2 兩岸「產業搭橋」專案場次安排

台灣場次(5場)

場次	日期	交流項目	地點	指導單位	主辦單位聯繫窗口
1	2010/5/25-26	生技與醫材	台北圓山	技術處	海峽兩岸醫藥衛生交流協會與台灣生技中心
2	2010/8/10	紡織與纖維	台北圓山	技術處	中國紡織工業協會與台灣紡織研究所
3	2010/9/7	數位內容(含電子書、動畫、遊戲)	台北國際會議中心	工業局	中國電子信息產業發展研究院與台灣資策會
4	2010/10/18-19	電子業清潔生產暨廢電子產品資源化	台北張榮發基金會	工業局	中國再生資源回收再利用協會與台灣綠基會
5	議題協商中，順延2011/4/27第一季辦理	中草藥	台北	技術處	中醫藥學會、國家中醫藥管理局與台灣工研院生醫所

大陸場次(10場)

場次	日期	交流項目	地點	指導單位	主辦單位聯繫窗口
1	2010/6/8-11	通訊產業	北京	工業局	中國通訊企業協會與台灣工研院資通所
2	2010/6/23-27	綠能產業(LED照明)	北京	能源局	中國半導體照明協會與台灣工研院能環所
3	2010/7/26-8/1	可再生能源產業(太陽能、風電)	南京	能源局	北京鑑衡認證中心與台灣工研院太電中心和機械所
4	2010/6/23-27	食品產業	北京	技術處	中國食品科學技術學會與台灣食品研究所
5	2010/9/2-5	資訊服務	南京	工業局	中國電子信息產業發展研究院和台灣資策會
6	2010/9/5-7	物流	天津	商業司	中國國際貨運代理協會與台北市計算機公會
8	2010/10/24-28	電子商務	上海	商業司	中國機械工業聯合會與台灣資策會產支處
9	2010/10/12-13	精密機械	南京	技術處	中國互聯網協會與台灣工研院機械所
10	2010/12/7-8	車輛產業(含電動車)	杭州	技術處、工業局	中國汽車協會與台灣車測中心

資料來源：根據臺灣「經濟部」技術處的資料整理。

第十五章 ECFA與兩岸產業合作

第一節 ECFA 簡介

1.背景

隨著交通通訊技術的快速發展，世界各國經濟貿易往來日益頻繁，在各方力量的推動下，世界經濟一體化已經成為當今世界的主要潮流。然而，由於世界各國利益分歧較大，南北之間、地區之間很難達成共同協議。於是很自然地，區域經濟一體化便成為了可行的替代選擇。當前，區域經濟一體化發展最成熟的莫過於歐盟。其次，各地還簽署一大批雙邊或多邊的經濟合作協議。例如，東南亞國家聯盟、亞太經合組織和北美自由貿易區。還包括一些國家簽署的FTA（Free Trade Area）自由貿易區，如美國與韓國簽署的自貿協定，中國與新西蘭簽署的自貿協定等等。這些區域貿易協定都是對全球經濟一體化的有益補充。

2001年中國成為WTO的成員國，2001年11月5日，臺灣提出十年內與東盟形成「中國—東盟自由貿易區」，2002年東盟10＋1會議簽署了《中國與東盟全面經濟合作框架協議》，2003年中中國國內地分別與中國香港和澳門地區簽署CEPA，標幟著在東亞與東南亞範圍內自由貿易區雛形的形成。由於政治問題，臺灣一直以來很難與主權國家簽訂自貿協定。隨著中國與東盟相關協定的生效，臺灣在中國大陸的市場將受到東盟國家和日韓相關產品的擠壓，面臨邊緣化的危險。臺灣若能與中國大陸簽訂貿易協定，便可利用大陸所簽署的一系列協定，開拓更多的市場份額。

兩岸建立經濟合作機制的研究始於1990年代初，當時已有學者提出在一個中國原則下，加強大陸與港、澳、臺經貿合作的構想。其中較有影響的有香港亞太二十一學會會長黃枝連的「中華經濟共同體」、留美學者鄭竹園的「大中華經濟圈」、臺灣學者高希均的「亞洲華人共同市場」和大陸學者金泓汛的「海峽兩岸經濟圈」，[38] 目的都是為打破兩岸政治僵局，為構建兩岸制度性一體化尋找合適的途徑。這些提法與模式對於推動和建立兩岸經濟合作機制有著積極意義。

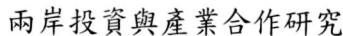

2000年11月12日，蕭萬長在臺北提出建立「兩岸共同市場」的構想，並於次年3月26日籌資1億元新臺幣組織「共同市場基金會」，推動「兩岸共同市場」的研究。[39]這成為臺灣民間推動兩岸經濟合作機制化建設的先聲。2001年12月和2002年1月，大陸與臺灣先後加入WTO，使兩岸的經濟合作格局面臨著新的外部衝擊和影響，但同時也為兩岸經濟一體化的發展提供了新的契機。WTO的本質是有規則的、開放的經濟，在這一主旨下，兩岸經濟合作必然要突破以往的「民間、單向、間接」的框架，朝制度化、規範化方向發展。而且，隨著東亞經濟格局的變化，尤其是區域經濟一體化建設的加快，兩岸經濟交流交往的民間性模式已經成為阻礙合作深化的瓶頸，有必要進行相應調整。針對這一情勢，國務院副總理錢其琛首次代表大陸正式提出建立「兩岸經濟合作機制」的構想。對這一構想，錢副總理進行了深刻的闡述，指出「兩岸雙方已先後加入世界貿易組織，這是雙方一件大事，也是進一步發展兩岸經貿關係的新契機。當前，經濟全球化程度不斷加深，區域經濟合作的趨勢更加突出。雙方都面臨著巨大的發展機遇，也將接受相當程度的挑戰。面對共同的機遇與挑戰，兩岸同胞理應甘苦共嘗，相互扶持……進一步發展兩岸經濟關係，是客觀趨勢所致，是兩岸同胞所願，是雙方利益所在。我們主張不以政治分歧干擾兩岸經貿交流。限制兩岸經濟合作的人為障礙，應當盡快拆除。兩岸經貿問題應該也完全可以在兩岸之間解決……為推動兩岸經濟關係上升到一個新的水平，我們願意聽取臺灣各界人士關於建立兩岸經濟合作機制、密切兩岸經濟關係的意見和建議，以加強兩岸經濟合作的方式推進兩岸共同提升國際競爭力」。[40]錢副總理的講話當即在臺灣引起強烈反響，島內許多的專家、學者以及部分官員紛紛撰文或講話，對大陸官方的這個正式提法發表各種看法，並據此提出一系列相應的主張。時任臺灣金融研訓院院長的臺灣著名經濟學家薛琦則從另一角度指出，兩岸關係若停滯不前，且島內經濟改革遲緩，則臺灣在亞太經濟分工中將處於邊緣化地位。

2003年6月30日，大陸與香港簽署CEPA協議（更緊密經貿關係安排），就兩地貨物貿易、服務貿易和貿易便利化作出安排。隨後大陸與澳門也簽署了CEPA協議。同年11月12日，國臺辦新聞發言人李唯一表示，願以CEPA模式促進兩岸經濟的進一步合作。

2005年8月與2006年4月，大陸相繼舉辦了首屆「兩岸菁英論壇」與「國共經貿論壇」。兩大論壇的《新聞公報》均強調要加快建立兩岸經濟合作機制。自2005年以來，大陸一直將建立兩岸經濟合作機製作為對臺開展經濟合作的主要目標，並正式列入十七大報告。2008年12月31日，胡錦濤主席在人民大會堂舉行的紀念《告臺灣同胞書》發表30　週年座談會上發表重要講話，強調要在尊重歷史、尊重現實的基礎上，以更加靈活務實的態度來解決兩岸之間的分歧；在對當前兩岸現狀進行深入分析與準確把握的基礎上，提出了發展兩岸關係的六點意見，並將簽署兩岸綜合經濟合作協議、建立有兩岸特色的經濟合作機製作為其中的重要內容，這為兩岸制度性經濟合作的建構提供了更加明確的方向。

　　從這一時期有關兩岸經濟合作機制討論所涉及的議題上看，其目的在於：第一，促進兩岸經貿合作制度化、規範化，推動兩岸經貿關係從以市場導向為主的、民間自發的方式逐漸向規範化、制度化的方向。第二，推進兩岸經貿關係正常化，完善兩岸經貿交流格局，實現兩岸全面直接雙向「三通」和雙向直接投資。第三，促進兩岸經貿合作的進一步深化，積極推動兩岸在農業、金融、旅遊、運輸及醫療等服務領域的合作，擴大及促進人才交流，實現在社會、文化、教育、體育等與經濟相關領域的無障礙往來與合作，最終實現兩岸經濟的全面融合。這也是當時大多數從事兩岸問題研究的學者所主張的。由此可見，兩岸經濟合作機制與「兩岸經濟合作框架協議」一樣，均是以建構兩岸經濟制度性的合作機製為指向的，從而為ECFA的推進與簽署作了充分的輿論和思想準備。

　　但由於當時在臺灣主政的是主張「臺獨」的民進黨，因此，儘管這一議題始終在兩岸熱議，但限於當時的兩岸政治關係的對立與僵持，一直未能有效推進。

　　簽署「兩岸綜合經濟合作協議」（即 Comprehensive Economic Cooperation Arrangement，簡稱為CECA）是馬英九在競選期間所提出的發展兩岸經貿關係的基本主張，但囿於島內政局的紛爭，馬英九當選後沒有直接將此列為兩岸政策的內容。2009年2月12日島內六大工商團體聯合發表聲明，要求當局盡快與大陸簽署CECA；聲明指出，自2009年1月1日起，大陸與東盟之間的關稅稅率在10%以下的項目均降至零關稅，到2010年，10＋1自由貿易區正式形成後，隨著關稅的

逐步取消，貿易轉移效應將進一步增強，臺灣的石化、機械、塑膠、汽車零部件等產品的出口將受到嚴重衝擊。2月19日，馬英九在接受英文報紙《臺北時報》專訪時指出，一定要推動與大陸簽署CECA。20日，臺灣行政部門負責人院長劉兆玄在接受島內民意機構質詢時表示，有關部門已經在具體規劃推動CECA。這一系列的動作顯示，盡快與大陸簽署CECA已成為島內執政黨的主流意見。[41] 但隨著民進黨與部分民眾反對聲浪的逐步擴大，馬英九及其執政團隊被迫在CECA議題上進行調整。2009年3月2日，馬英九的發言人王郁琦提出簽署「兩岸經濟合作框架協議」（Economic Cooperation Framework Agreement，簡稱 ECFA）以取代在島內備受爭議的CECA，由此，臺灣各相關部門均著手以建構ECFA為基本政策目標，ECFA由此成為臺灣主張進行兩岸合作的主要議題與拓展兩岸經濟合作的基本途徑，使兩岸經濟制度化合作模式由綜合、全面型轉向原則性與框架化，以循序實現兩岸經貿關係的規範化、正常化和機制化，避免過早開放使某些產業受到損害，並根據10＋1的開放項目，確定對可能受到損害的產業採用早期收穫方式予以盡快開放，以解決其面臨的實際困難，從而緩解臺灣經濟發展所面臨的壓力。

經過兩岸的共同努力，2009年12月，有關開展ECFA協商的內容正式列入兩會（海協會、海基會）協商議程，2010年1月份進行第一次工作會談，這標幟著兩岸公權力正式啟動兩岸經貿制度性合作架構的協商。截至2010年6月24日，經過四次工作協商，兩岸完成具體文本的討論。29日，兩會領導人在重慶正式簽署EC FA，兩岸經濟一體化進入新的發展階段。

從有關ECFA簽署的基本進程看，相關協議之所以能夠順利進行，其核心因素包括以下三方面：

首先，金融危機和中國—東盟自由貿易區正式實施的衝擊。從臺灣經濟發展的角度看，國際金融危機的發生對島內各界均產生極大的震動。在危機的衝擊下，臺灣經濟的脆弱性一覽無遺。據臺灣方面統計，2008年上半年臺灣對大陸出口還保持兩位數增長，僅僅過了半年時間，12月份對大陸出口就大幅下降54%，遠高於日韓、香港等周邊經濟體對大陸出口的下滑幅度。[42]

此外，從2010年1月1日起，中國—東盟自由貿易區正式生效，平均關稅稅率降至0.1%，而臺灣則需要面對7%—11%的平均關稅。短期內，紡織、機械、化工等產業將受到衝擊，涉及產品約700多項；從中期看，臺灣將由於貿易轉移效應顯性化而出現產業加速外移的現象；長期而言，由於兩岸經濟合作的機制化建構無法完成，更將導致臺灣經濟的邊緣化，基本被排斥於區域經濟一體化的協商進程之外。[43] 由此可能產生的嚴重後果使得島內經濟界人士憂心如焚，強烈呼籲當局加快與大陸協商ECFA的進程。

其次，兩岸領導人在推進ECFA問題上均持積極的態度。由於ECFA的核心是由兩岸公權力介入以協商建構經濟合作的制度性架構，因此，協商必須建立在政治互信以及由市場機制驅動所形成的共同利益基礎上。兩岸間密切而熱烈的經貿交往以及功能性一體化的合作形態，使得制度性協商本身就具有推動合作深化的直接效應，所以問題的關鍵還在於兩岸高層能否在共同的政治基礎上開展溝通與協商。

2008年5月，馬英九在就職典禮上明確表示願意在「九二共識」的基礎上與大陸展開協商，這就使得兩岸開展經濟合作制度性協商的基礎基本具備。2008年12月，馬英九在面對媒體時，明確指出「ECFA簽署越快越好」；臺灣行政機關負責人吳敦義在接受「立法院」質詢時直截了當地表示「ECFA對臺灣有利」，海基會董事長江丙坤在接受採訪時也強調「簽署ECFA有助於臺灣避免邊緣化」。而大陸方面更是將推動ECFA的協商簽署與促進兩岸關係「和平發展」緊密結合起來，胡錦濤總書記春節在福建考察時強調「對臺灣民眾有利的事一定要做，而且要做好」，溫家寶總理在2009年3月的政府工作報告中指出要「透過商簽兩岸經濟合作框架協議，促進互利共贏，建立具有兩岸特色的經濟合作機制」；國臺辦主任王毅則將此具體化為「平等互利（符合WTO規範）、合情合理（符合兩岸經濟發展實際需要、符合民眾關切）、釋放善意（承諾不開放大陸勞工與農產品赴臺）、好事辦好（造福民眾、產生實效）」16字方針。正是在兩岸政治互信逐步建立和兩岸高層的積極努力下，ECFA的協商進程得以順利推進。[44]

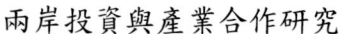

最後，兩岸各界對強化產業合作訴求的推動。隨著兩岸關係「求和平、求穩定、求發展」主軸的確立，兩岸經濟的合作範圍和領域不斷得到提升，兩岸經貿的密切互動日益成為推動兩岸經濟一體化發展的重要動力源。隨著兩岸經貿交流交往的擴大，兩岸之間的經濟融合程度不斷提升。在貿易往來日益密切的情勢下，兩岸產業合作範圍和領域得到進一步拓展，尤其是東亞經濟一體化趨勢不斷深入的背景下，兩岸經濟的聯動效應也不斷加強，這就決定了兩岸經貿關係必然進一步深化發展的客觀性、聯動性與不可逆轉性。臺灣各界已充分認識到，臺灣以加工貿易為主體的「兩頭在外」的貿易模式，以及結構單一的製造業和競爭力有限的服務業必須加以調整，而在這方面唯一可以藉助的就是大陸的市場及與兩岸產業合作的深化。隨著兩岸經濟全面合作條件的逐步成熟，兩岸經貿關係將呈現以全面的要素合作取代垂直分工，以共同進行技術研發和制定技術標準取代單純的技術、產能移轉，以項目整合和共同拓展內需市場取代單純的接單生產的基本態勢。這一發展態勢表明，只要制度性一體化的建設取得突破，則兩岸經濟合作將會呈現更廣闊的發展空間。

正是基於上述原因，兩岸在有關ECFA的協商過程中，很快形成相應的共識，並在基本原則上達成一致，完成相關簽署工作，從而使兩岸經濟合作進入正常化、規範化、制度化的發展階段。更重要的是，儘管目前簽署的是框架性合作協議，但依循「先易後難、循序漸進」的原則，兩岸將在此基礎上進一步充實具體內容，照顧彼此關切，以使這一協議充分發揮優化資源配置、提升競爭力和增進民眾福祉的作用。2010年6月國臺辦主任王毅在第二屆海峽論壇上所提出的ECFA「有利於臺灣經濟更好地應對區域經濟一體化帶來的機遇與挑戰」，更是對於有效解決ECFA簽署後的發展深化與衍生問題的解決提供了新的思路與空間。

專欄15-1 ECFA大事記（臺灣方面公布）

時間	重要事件
2012-12-11	經合會第四次例會在廣州舉行，雙方檢視ECFA各項工作推動進展，規劃下階段工作，並就因應全球經濟情勢變化與加強兩岸經濟合作等經驗交會意見。本次會議，雙方肯定各項議題的推動成果，包括：ECFA早期收穫效益持續顯現；ECFA後續協議協商進展順利；積極落實海峽兩岸投保協議及海關合作協議；兩岸產業合作成果持續深化；兩岸經貿團體互設辦事機構獲得進展，雙方各已核准第一家經貿團體設立辦事機構等
2012-08-09	第八次「陳江會談」於台北舉行，簽屬「海峽兩岸投資保障和促進協議」和「海峽兩岸海關合作協議」
2012-04-26	經合會第三次例會在新北市(淡水)舉行，兩岸雙方欣見ECFA早期收穫計劃成效顯現，兩岸經貿團體互設辦事機構正式啓動，兩岸投保協議及海關合作協議簽屬有望，ECFA貨品貿易、服務貿易及爭端解決協議協商進展順利，產業合作初見成效等議題之推動成果
2011-11-01	經合會第二次例會在杭州舉行，兩岸雙方就ECFA貨品及服務貿易早期收穫計劃之執行情形、ECFA後續四項協議之協商，產業合作、海關合作及兩岸經貿團體互設辦事機構宜等經濟合作事項之推動，以及ECFA未來半年工作計劃等議題深入交換意見
2011-10-20	第七次「陳江會談」於天津舉行，簽屬「海峽兩岸核電安全合作協議」
2011-02-22	經合會第一次例會在中壢舉行，正式啓動ECFA貨品貿易、服務貿易、投資保障及爭端解決等四項後續協議之協商，並展開產業合作、海關合作及兩岸經貿團體互設辦事機構等經濟合作事項之推動

續表

時間	重要事件
2010-12-21	第六次「陳江會談」於台北舉行，簽屬「海峽兩岸醫藥衛生合作協議」
2010-09-12	兩岸經濟合作框架協議生效實施
2010-06-29	海峽兩岸關係協會會長陳雲林與海峽交流基金會董事長江丙坤在重慶簽屬了《海峽兩岸經濟合作框架協議》
2010-03-31	台灣「經濟部」國際貿易局局長黃志鵬擔任主談與海協會理事、商務部台港澳司司長唐煒擔任團長進行兩岸經濟合作框架協議第二次協商
2010-03-15	台灣「經濟部部長」赴「立法院」報告第二次正式協商準備工作
2010-02-03	台灣「經濟部部長」赴「立法院」拜會王院長報告兩岸經濟合作框架協議第一次正式協商情形
2010-01-20	台灣「經濟部部長」赴「立法院」拜會王院長說明兩岸經濟合作框架協議正式協商準備工作相關事宜
2010-01-04	台灣「經濟部部長」赴經濟委員會專案報告「兩岸經濟合作架構協議(ECFA)正式協商準備工作說明」，並備詢
2009-12-18	台灣「經濟部」貿易局局長出席潘孟安委員召開之「兩岸簽屬ECFA對台影響」公聽會，說明ECFA可能內容及配套措施
2009-11-18	台灣「經濟部部長」邀請經濟委員會委員，說明ECFA非正式意見交換相關情形
2009-11-16	台灣「經濟部次長」代表「經濟部」赴「立法院財政委員會」，就金融MOU與爭取金融服務列入ECFA早期收穫之相關說明進行專案報告，並備質詢
2009-11-13	台灣「經濟部次長」陪同「行政院金管會」拜會「立法院」王院長說明金融MOU及ECFA之關係，爭取對MOU之支持

續表

時間	重要事件
2009-11-09	台灣「經濟部」梁「次長」代表「經濟部」赴「立法院財政委員會」，就ECFA推動進展專案報告，並備質詢
2009-11-16	台灣「經濟部次長」代表「經濟部」赴「立法院經濟委員會」，就ECFA推動進展暨爭取金融服務業列入ECFA早期收獲相關情形進行專案報告，並備質詢
2009-10-23	台灣「經濟部」貿易局副局長出席邱鏡淳委員舉辦的「兩岸經濟合作架構協議(ECFA)對產業勞工就業之影響「研討會」，說明ECFA及應對措施
2009-10-07	台灣「經濟部」貿易局局長出席侯彩鳳委員舉辦的「兩岸經濟合作架構協議(ECFA)對產業與勞工就業之影響」研討會，說明ECFA及應對措施
2009-08-27	台灣「行政院公民投票審議委員會」召開會議審查「你是否同意台灣與大陸簽訂之經濟合作架構協議(ECFA)，政府應交付台灣人民公民投票決定？」公民投票，以13票認定，不符規定，駁回前述「公投」案
2009-08-18	台灣「行政院公民投票審議委員會」召開「你是否同意台灣與大陸簽訂之經濟合作架構協議(ECFA)，政府應交付台灣人民公民投票決定？」全島「公民」投票案公聽會
2009-07-29	台灣「經濟部部長」召開「ECFA經濟影響評估報告」記者會
2009-04-13	台灣「經濟部部長」赴「立法院經濟能源委員會」專案報告ECFA進展
2009-03-17	台灣「經濟部」貿易局局長出席潘孟安委員召開之「ECFA對台灣產生存發展之影響」公聽會說明推動ECFA立場

續表

時間	重要事件
2009-03-03	台灣「經濟部部長」出席「立法院經濟委員會」國民黨立委會前會，說明推動ECFA立場
2009-02-22	台灣「經濟部部長」召開記者會說明「推動兩岸經濟合作架構協議方案」

2.定義

ECFA的名稱被定為「兩岸經濟合作框架協議」，是規範兩岸之間經濟合作活動的基本協議，正式的中、英文名稱需要等到未來兩岸雙方協商後才能確定，目前暫時的英文名字為ECFA（Economic Cooperation Framework Agreement）。

「框架協議」是指簽署正式協議之前所擬訂的綱要，僅先定框架及目標，具體內容日後再協商，因為要協商簽署正式協議曠日持久，為了考慮實際需要，所以，先簽署綱要式的「框架協議」，並針對重要的產業，可先進行互免關稅或優惠市場開放條件之協商，協商完成者先執行，這部分稱為「早期收穫（Early Harvest）」，可立即解決臺灣面臨國際經營困境，產業亟須排除關稅障礙的需求。國際上，也有其他國家簽署框架協議之案例，例如，東協分別與中國大陸、韓國、日本、印度等國都簽有框架協議。

3.主要內容

（1）ECFA概述

ECFA文本由序言與總則、貿易與投資、經濟合作、早期收穫、其他共五章十六條組成，其內容涵蓋了兩岸間的主要經濟活動，是一個具有兩岸特色的綜合性的經濟協議。

一是貿易與投資，針對貨物貿易、服務貿易、投資制定了雙方進一步協商的原則和項目，包括貨物貿易協議的關稅減讓或消除模式、原產地規則、海關程序

及非關稅壁壘、貿易救濟措施等；服務貿易協議的逐步減少或消除兩岸間的服務貿易限制措施、繼續擴展服務貿易的深度與廣度、增進兩岸在服務貿易領域的合作；以及投資的建立投資保障機制、提高投資相關規定的透明度、逐步減少兩岸相互投資的限制、促進投資便利化。

二是經濟合作，制定了後續的合作事項，包括知識產權保護與合作、貿易促進及貿易便利化、金融合作、電子商務合作、海關合作等內容。

三是早期收穫，包括貨物貿易早期收穫和服務貿易早期收穫。在貨物貿易早期收穫方面，大陸同意列入臺灣貨物早收清單的貨品共有539項，金額超過了120億美元，不僅包含石化、運輸工具、機械產品、電子產品、汽車零部件、紡織等與臺灣傳統產業、中小企業利益相關的貨品，也包含了18項臺灣的農漁產品。而臺灣同意列入大陸貨物早收清單的項目共有267項，包含石化產品、紡織產品、機械產品及其他產品等四類，約30億美元。兩岸將在早期收穫計劃實施後最多兩年的時間內，分成三步對早期收穫產品實現零關稅。在服務貿易的早期收穫方面，大陸承諾，對會計、研究和開發、會議、電腦及其相關服務、專業設計、醫院、民用航空器維修、進口電影片配額及銀行、保險、證券等多個服務行業，對臺灣施行更加開放的政策措施。臺灣對大陸承諾進一步開放研究與發展、特製品設計、會議、展覽、進口影片配額、航空電腦定位系統、經紀商以及銀行等九個服務業。

四是其他，主要包括例外、爭端解決、機構安排、文書格式、附件及後續協議、修正、生效等內容，以保障兩岸經貿合作的順利進行。五個附件依次為：貨物貿易早期收穫產品清單及降稅安排、適用於貨物貿易早期收穫產品的臨時原產地規則、適用於貨物貿易早期收穫產品的雙方保障措施、服務貿易早期收穫部門及開放措施、適用於服務貿易早期收穫部門及開放措施的服務提供者定義。

表15-1 大陸對臺灣早期收穫計劃產品的降稅安排

2009年進口關稅(%)	早期收穫產品 項目	比重(%)	協議稅率(%) 第1年	第2年	第3年
0%—5%	76	14.1	0		
5%—15%	433	80.3	5	0	
>15%	30	5.6	10	5	0

資料來源：根據《海峽兩岸經濟合作框架協議》附件一：貨物貿易早期收穫清單及降稅安排整理。

表15-2 臺灣對早期收穫計劃產品的降稅安排

2009年進口關稅(%)	早期收穫產品 項目	比重(%)	協議稅率(%) 第1年	第2年	第3年
0%—2.5%	67	25.1	0		
2.55%—7.5%	187	70.0	2.5	0	
>7.5%	13	4.9	5	2.5	0

資料來源：同上表。

（2）ECFA的文本內容

《海峽兩岸經濟合作框架協議》全文如下：

序言

海峽兩岸關係協會與財團法人海峽交流基金會遵循平等互惠、循序漸進的原則，達成加強海峽兩岸經貿關係的意願；

雙方同意，本著世界貿易組織（WTO）基本原則，考慮雙方的經濟條件，逐步減少或消除彼此間的貿易和投資障礙，創造公平的貿易與投資環境；透過簽署《海峽兩岸經濟合作框架協議》（以下簡稱本協議），進一步增進雙方的貿易與投資關係，建立有利於兩岸經濟繁榮與發展的合作機制；

經協商,達成協議如下:

第一章 總則

第一條 目標

本協議目標為:

一、加強和增進雙方之間的經濟、貿易和投資合作。

二、促進雙方貨物和服務貿易進一步自由化,逐步建立公平、透明、便利的投資及其保障機制。

三、擴大經濟合作領域,建立合作機制。

第二條 合作措施

雙方同意,考慮雙方的經濟條件,採取包括但不限於以下措施,加強海峽兩岸的經濟交流與合作:

一、逐步減少或消除雙方之間實質多數貨物貿易的關稅和非關稅壁壘。

二、逐步減少或消除雙方之間涵蓋眾多部門的服務貿易限制性措施。

三、提供投資保護,促進雙向投資。

四、促進貿易投資便利化和產業交流與合作。

第二章 貿易與投資

第三條 貨物貿易

一、雙方同意,在本協議第七條規定的「貨物貿易早期收穫」基礎上,不遲於本協議生效後六個月內就貨物貿易協議展開磋商,並盡速完成。

二、貨物貿易協議磋商內容包括但不限於:

（一）關稅減讓或消除模式；

（二）原產地規則；

（三）海關程序；

（四）非關稅措施，包括但不限於技術性貿易壁壘（TBT）、衛生與植物衛生措施（SPS）；

（五）貿易救濟措施，包括世界貿易組織《關於實施1994年關稅與貿易總協定第六條的協定》、《補貼與反補貼措施協定》、《保障措施協定》規定的措施及適用於雙方之間貨物貿易的雙方保障措施。

三、依據本條納入貨物貿易協議的產品應分為立即實現零關稅產品、分階段降稅產品、例外或其他產品三類。

四、任何一方均可在貨物貿易協議規定的關稅減讓承諾的基礎上自主加速實施降稅。

第四條 服務貿易

一、雙方同意，在第八條規定的「服務貿易早期收穫」基礎上，不遲於本協議生效後六個月內就服務貿易協議展開磋商，並盡速完成。

二、服務貿易協議的磋商應致力於：

（一）逐步減少或消除雙方之間涵蓋眾多部門的服務貿易限制性措施；

（二）繼續擴展服務貿易的廣度與深度；

（三）增進雙方在服務貿易領域的合作。

三、任何一方均可在服務貿易協議規定的開放承諾的基礎上自主加速開放或消除限制性措施。

第五條 投資

一、雙方同意，在本協議生效後六個月內，針對本條第二款所述事項展開磋商，並盡速達成協議。

二、該協議包括但不限於以下事項：

（一）建立投資保障機制；

（二）提高投資相關規定的透明度；

（三）逐步減少雙方相互投資的限制；

（四）促進投資便利化。

第三章 經濟合作

第六條 經濟合作

一、為強化並擴大本協議的效益，雙方同意，加強包括但不限於以下合作：

（一）知識產權保護與合作；

（二）金融合作；

（三）貿易促進及貿易便利化；

（四）海關合作；

（五）電子商務合作；

（六）研究雙方產業合作布局和重點領域，推動雙方重大項目合作，協調解決雙方產業合作中出現的問題；

（七）推動雙方中小企業合作，提升中小企業競爭力；

（八）推動雙方經貿社團互設辦事機構。

二、雙方應盡速針對本條合作事項的具體計劃與內容展開協商。

第四章 早期收穫

第七條 貨物貿易早期收穫

一、為加速實現本協議目標，雙方同意對附件一所列產品實施早期收穫計劃，早期收穫計劃將於本協議生效後六個月內開始實施。

二、貨物貿易早期收穫計劃的實施應遵循以下規定：

（一）雙方應按照附件一列明的早期收穫產品及降稅安排實施降稅；但雙方各自對其他所有世界貿易組織成員普遍適用的非臨時性進口關稅稅率較低時，則適用該稅率；

（二）本協議附件一所列產品適用附件二所列臨時原產地規則。依據該規則被認定為原產於一方的上述產品，另一方在進口時應給予優惠關稅待遇；

（三）本協議附件一所列產品適用的臨時貿易救濟措施，是指本協議第三條第二款第五項所規定的措施，其中雙方保障措施列入本協議附件三。

三、自雙方根據本協議第三條達成的貨物貿易協議生效之日起，本協議附件二中列明的臨時原產地規則和本條第二款第三項規定的臨時貿易救濟措施規則應終止適用。

第八條 服務貿易早期收穫

一、為加速實現本協議目標，雙方同意對附件四所列服務貿易部門實施早期收穫計劃，早期收穫計劃應於本協議生效後盡速實施。

二、服務貿易早期收穫計劃的實施應遵循下列規定：

（一）一方應按照附件四列明的服務貿易早期收穫部門及開放措施，對另一方的服務及服務提供者減少或消除實行的限制性措施；

（二）本協議附件四所列服務貿易部門及開放措施適用附件五規定的服務提供者定義；

（三）自雙方根據本協議第四條達成的服務貿易協議生效之日起，本協議附件五規定的服務提供者定義應終止適用；

（四）若因實施服務貿易早期收穫計劃對一方的服務部門造成實質性負面影響，受影響的一方可要求與另一方磋商，尋求解決方案。

第五章 其他

第九條 例外

本協議的任何規定不得解釋為妨礙一方採取或維持與世界貿易組織規則相一致的例外措施。

第十條 爭端解決

一、雙方應不遲於本協議生效後六個月內就建立適當的爭端解決程序展開磋商，並盡速達成協議，以解決任何關於本協議解釋、實施和適用的爭端。

二、在本條第一款所指的爭端解決協議生效前，任何關於本協議解釋、實施和適用的爭端，應由雙方透過協商解決，或由根據本協議第十一條設立的「兩岸經濟合作委員會」以適當方式加以解決。

第十一條 機構安排

一、雙方成立「兩岸經濟合作委員會」（以下簡稱委員會）。委員會由雙方指定的代表組成，負責處理與本協議相關的事宜，包括但不限於：

（一）完成為落實本協議目標所必需的磋商；

（二）監督並評估本協議的執行；

（三）解釋本協議的規定；

（四）通報重要經貿資訊；

（五）根據本協議第十條規定，解決任何關於本協議解釋、實施和適用的爭端。

二、委員會可根據需要設立工作小組，處理特定領域中與本協議相關的事宜，並接受委員會監督。

三、委員會每半年召開一次例會，必要時經雙方同意可召開臨時會議。

四、與本協議相關的業務事宜由雙方業務主管部門指定的聯絡人負責聯絡。

第十二條 文書格式

基於本協議所進行的業務聯繫，應使用雙方商定的文書格式。

第十三條 附件及後續協議

本協議的附件及根據本協議簽署的後續協議，構成本協議的一部分。

第十四條 修正

本協議修正，應經雙方協商同意，並以書面形式確認。

第十五條 生效

本協議簽署後，雙方應各自完成相關程序並以書面通知另一方。本協議自雙方均收到對方通知後次日起生效。

第十六條 終止

一、一方終止本協議應以書面通知另一方。雙方應在終止通知發出之日起三十日內開始協商。如協商未能達成一致，則本協議自通知一方發出終止通知之日起第一百八十日終止。

二、本協議終止後三十日內，雙方應就因本協議終止而產生的問題展開協商。

本協議於六月二十九日簽署，一式四份，雙方各執兩份。四份文本中對應表述的不同用語所含意義相同，四份文本具有同等效力。

附件一 貨物貿易早期收穫產品清單及降稅安排

附件二 適用於貨物貿易早期收穫產品的臨時原產地規則

附件三 適用於貨物貿易早期收穫產品的雙方保障措施

附件四 服務貿易早期收穫部門及開放措施

附件五 適用於服務貿易早期收穫部門及開放措施的服務提供者定義

海峽交流基金會董事長 江丙坤

海峽兩岸關係協會會長 陳雲林

4.ECFA與CEPA、FTA等的區別

ECFA、CEPA在本質上都屬於FTA的性質，而其最關鍵的區別在於主權問題。FTA是獨立關稅主體之間以自願結合方式，就貿易自由化及其相關問題達成的協定，而臺灣自古以來就是中華民族不可分割的一部分，不具有獨立主權，因

此，中國大陸不可能與臺灣簽訂FTA。CEPA是大陸與香港、澳門在「一國兩制」的架構下簽訂的更緊密經貿夥伴關係協議，臺灣迫於島內「臺獨」勢力的壓力，也不可能與大陸簽署CEPA。為瞭解決這一矛盾，臺灣有關方面建議，兩岸在特殊關係下簽訂貿易協議ECFA，當然ECFA的內容在實質上與FTA基本無異，只是為了避免兩岸在主權意見上產生分歧，阻礙兩岸經貿一體化的進程，所以協議的名字就不使用FTA或CEPA，而採用ECFA。

根據以上分析可以知道，ECFA是介於FTA與CEPA之間的，適用於兩岸特殊關係的一個自由貿易協議形式。ECFA、CEPA、FTA都是以降低關稅、減少貿易壁壘、開放市場為目的，是自由貿易協議的不同表現形式，同樣具有國際法的效力，都能夠促進協議各方的經貿發展。

總之，ECFA具有鮮明的兩岸特色，既不同於以往WTO成員間簽署的一般性自由貿易協定（FTA），也不同於中國大陸與港澳地區簽署的CEPA（《關於建立更緊密經貿關係的安排》）。其特色突出表現在：第一，兩岸經濟自由化是在尚未完全實現經濟正常化的條件下推動的。截至2009年3月，總共153個WTO成員間共簽署並報備了421個區域貿易協定（RTA），相互提供比當初加入WTO時所承諾的更優惠的關稅減讓條件，即「超WTO協議（WTO-Plus Agreement）」。但兩岸由於其特殊的背景，在逐步實現WTO承諾的同時便展開了「超WTO協議」的談判，這與一般FTA談判僅限於「超WTO協議」的自由化內容不同。第二，一般國家之間的早期FTA內容僅限於貨物貿易關稅減讓，而較少涉及服務貿易與投資，即使近年來服務貿易和投資內容也經常出現在FTA內容中，但依然很少涉及經濟合作，而ECFA的內容不僅涵蓋貨物貿易、服務貿易和投資，還包括了經濟規劃、政策支持、產學研一起參與的新型產業合作與經濟合作，其意義遠遠超過一般的FTA。第三，兩岸雖同為WTO成員，但卻有著極其特殊的關係，不可能完全按照WTO規則處理兩岸之間所有的經濟問題，只能是在「WTO精神」指導下簽署ECFA。就拿兩岸之間農產品問題來說，在臺灣農產品開放問題上大陸需要作出適當讓步和妥協，而不是完全按照「對等開放」的WTO規則要求臺灣全面開放，這是從兩岸的實際情況出發在WTO原則內作出的調整。總之，該協議的特點是既要符合WTO原則，得到兩岸各界支持，受到國際社會歡迎，同時也要考慮到

兩岸關係特色,適應兩岸共同發展需要。[45]

專欄15-2 WTO 框架下ECFA的法律依據

2001年11月10日中國被批准加入WTO,按照WTO規定,成員被批准加入後30天才成為正式成員,所以在2001年12月10日中國正式成為WTO第143個成員。2002年1月1日,臺灣以「臺澎金馬單獨關稅區」名義成為WTO第144個成員。作為WTO的兩個正式成員,兩岸經貿往來必須在WTO框架下運作,而非僅僅是兩岸官方或民間意願即可。這裡就WTO的有關規定分析兩岸簽署ECFA的合法性。

最惠國待遇(Most Favored Nation,簡稱MFN)是 WTO 的一項基本原則,最惠國待遇原則自引入國際多邊貿易體系以來,已成為貫穿於WTO多邊貿易各個領域的一條總的指導思想。關於MFN 的含義,概括地說就是「一國在貿易、航海、關稅、國民法律地位等方面給予另一國的優惠待遇不得低於現時或將來給予任何第三國的優惠待遇」。WTO的最惠國待遇原則不同於以往雙邊或多邊貿易協定中規定的最惠國待遇。它確立的是一種無條件的普適的最惠國待遇,即作為WTO的成員只要給予另一WTO的成員的任何貿易優惠都立即無條件地提供給予所有其他成員,從而使最惠國待遇多邊化,這就保證了所有成員在同一水平上進行公平的貿易競爭。

然而最惠國待遇原則也有一些例外,其中之一就是以關稅同盟和自由貿易區等形式出現的區域經濟一體化安排,在這些區域內部可以施行比「最惠國」還要優惠的政策。

WTO所轄之法律文件GATT 1994 版本之第XXIV 條明文規定了「區域經濟一體化」的合法性,該條款規定,GATT先前的(其他)條款並不妨礙RTA合約簽署方構建關稅同盟或自由貿易區,值得注意的是XXIV:5(c)條,對於旨在構建關稅同盟或自由貿易區的過渡階段,應該有構建關稅同盟或自由貿易區的計劃

及時間表,而該計劃及時間表應規定合理的時限。

在GATT1994XXIV條款中並沒有規定經濟一體化協議所需採取的具體名稱,實際上WTO對於其成員簽署的一體化協議,統稱為RTA,以區別於全球一體化的貿易協定。因此,只要是在實質上符合GATT1994XXIV條款要求,即以建立關稅同盟或自由貿易區為目的的區域經濟一體化協定,都不違背WTO原則。

一般來說WTO成員簽署RTA並不會一步到位,而是先簽署經濟合作框架協議,以制定雙方經濟合作的法律基礎和基本構架,明確雙方合作的宗旨、目的和基本原則,確立進一步談判所涉及的領域和大致的時間框架。至於具體的詳細的安排,則透過進一步簽署貨物貿易協定、服務貿易協定等一系列協定來實現。

此外,框架協定還涉及的一個重要方面是早期收穫計劃(Early Harvest Program),即為了使雙方儘早享受到自由貿易區關稅降低所帶來的利益,在尚未正式簽訂貨物貿易一體化協議的情況下,對某些商品先行實施降稅。早期收穫計劃的作用不但在於讓有關締約雙方提前分享建立自貿區的好處,更有利於增強進一步協商談判的信心。

綜上所述可以看出,從WTO的法律依據角度看,ECFA的簽訂是符合WTO有關文件的規定,兩岸作為WTO正式成員,能夠尊重WTO的基本原則。

資料來源:根據網路資料整理。

第二節 ECFA 對兩岸產業合作的影響

兩岸簽署ECFA,目的在於促進兩岸經濟的共同發展,增進兩岸同胞的共同福祉,最大限度地實現優勢互補,追求互利雙贏。根據兩岸研究單位有關「兩岸經濟合作框架協議」研究得出的結論與建議可知,ECFA的簽署,對兩岸經濟發展都會產生正面的效益,特別是臺灣的正面效應更為明顯。「中華經濟研究院」經過調查研究發現,簽署ECFA,會對一些不同的產業帶來不同程度的正、負面影響,但從整體來考慮的話,它將促使臺灣的GDP增長,並對貿易、福利、就

業、產值等總體經濟產生積極影響。美國彼特森國際研究院2010年6月28日發表研究報告指出，兩岸簽署ECFA後臺灣的GDP在2020年可增加4.5%。[46] 而大陸的研究單位經過評估也認為，簽署ECFA總體上對大陸經濟發展具有正面效應，與此同時，大陸產業發展也將因競爭力強弱不同而從中獲益或受到衝擊，但總體上仍是有利於產業結構的調整與升級。

兩岸簽署ECFA對於提升臺灣的國際競爭力、避免被邊緣化尤其重要。世界範圍內，RTA的成立有利於本區域內企業的對外貿易與投資，但同時，也會對RTA區域外的企業競爭力產生相對不利的影響。以臺灣為例，在2010年「中國—東盟自由貿易區」啟動後，中國大陸與東盟大約有90%的商品逐漸實現零關稅，而臺灣出口產品的65%集中在這兩個市場，但由於沒有簽訂RTA，所以不能享受關稅減讓，這必然會使臺灣產品出口競爭力受損，臺灣經濟將面臨被邊緣化的危機。因此，如果兩岸能儘早簽署ECFA，臺灣將可利用協議中的「早期收穫」條例為其石化、紡織、面板、機械、汽車及零配件等產業爭取前期的關稅減讓，提升產業競爭力。按照臺灣方面的研究結果，兩岸簽署 ECFA 將使臺灣經濟增長率提高1.65—1.72個百分點，總出口量上升4.81—4.99 個百分點，總進口量上升6.95—7.07 個百分點，社會福利增加77.1億美元，就業人數可增加25.7—26.3萬人。[47] 此外，該協議還將有助於臺灣成為跨國企業的「全球創新中心」及「亞太經貿樞紐」和臺商運籌經營的「營運總部」。

ECFA簽署對兩岸的產業的影響力不可忽視，除部分重點產業及敏感產業外，大多數產業都被列入早期降稅清單。在目前簽訂的早期稅收計劃中，大陸方面降稅的產業共涉及石化產業、紡織產業、機械產業、運輸工具、農業及其他部分產業，總計539項，這些項目2009年大陸從臺灣進口總金額達到138.38億美元；而臺灣方面降稅也包括部分石化產業、紡織產業、機械產業、運輸工具及其他產業，總計267項，2009年臺灣從大陸進口總金額達到28.58億美元。據臺灣中經院的研究，在簽署ECFA之後經濟的經濟增長將提高1.65%—1.72%，臺灣未來七年可能增加FDI注入規模達89億美元。ECFA主要在以下幾個方面對兩岸之間的產業合作與發展造成影響：

1.為兩岸產業合作提供了全面保障

ECFA簽署最主要的目的在於建立一個保障兩岸經貿關係正常化和深入發展的制度。在這個框架下，按照兩岸經貿交流的實際情況分階段逐步進行，有共識的可以先簽署，沒有達成共識的可以再繼續談判。ECFA的基本內容涵蓋海峽兩岸之間的主要經濟活動，包括貨物貿易和服務貿易的市場開放、原產地規則、避免雙重徵稅、早期收穫計劃、知識產權保護、貿易救濟、貿易爭端解決、投資保障協議等，今後還將按照業務議題進行協商。海峽兩岸還可以就稅則和有關經濟管理規定與統計數據等進行交換。

ECFA的簽署基本解決了兩岸之間的經貿合作的正常化、機制化和制度化問題，雙方確立了開展合作的基本精神、合作規範和推進步驟。協議的實施將逐漸減少或消除兩岸之間的貿易壁壘，合理地配置資源，拓展合作領域。它的簽署改善了兩岸交流中長期存在的不合理的「民間、單向、間接」的交流模式，從法律的高度規範了兩岸交流的秩序，推動兩岸經貿關係從民間自發交流和純粹以市場導向為主的模式，逐漸向規範化、機制化方向發展，從而有效解決當前兩岸經濟合作中存在的不均衡、不對稱狀況，使兩岸全體民眾可以共享經濟合作的成效，推動兩岸經貿合作正常化。ECFA的簽訂，兩岸經貿關係機制化、制度化正式確立，給產業提供了一個公平的環境和穩定的基礎，同時也標幟著兩岸的經濟關係進入到一個穩定運行和不斷深化的成熟期，有助於建立起投資雙向化、產業合作化和形態多元化的新模式，也將對兩岸經濟的發展產生重大和深遠影響。

2.兩岸產業轉移實現由「單向」向「雙向」的轉變

從理論上說，自大陸入世以後，臺灣對大陸產品進口的限制措施會逐步減弱甚至解除。但實際上，由於政治及其他因素影響，臺灣在大陸貿易政策方面繼續推行限制性措施，實行「出口放寬，進口嚴控」的貿易政策。儘管迫於政治壓力也採取過一些具體措施放寬兩岸貿易往來的限制，但總體上來說兩岸之間貿易仍然呈現一種單向性，導致了臺灣對大陸的貿易順差日益增加，臺灣對大陸的依賴性也日漸增強，兩岸貿易嚴重失衡。再加上臺灣產業發展水平普遍比大陸要高，所以導致兩岸在產業合作方面也呈現相同的趨勢，即只有臺灣向大陸的產業轉移

而並沒有大陸向臺灣的產業轉移。發達地區向不發達地區的產業轉移本也無可厚非，在某些方面來說有利於兩岸的產業發展，但臺灣向大陸的產業轉移大多只是製造業，並且只是在大陸地區設立工廠，生產和研發中心仍留在臺灣。這種產業轉移是不完全的，不僅影響臺灣自己的產業升級和轉型，也對大陸的產業升級起不了太大作用。沒有達到產業轉移本身的目的，兩岸的產業合作仍然有更多的擴展空間。

ECFA的簽署使更多的產業解禁，使臺灣對大陸的投資可以更加完全徹底，也使大陸的一些優勢產業可以進入臺灣，完全發揮各自的比較優勢，使兩岸的產業合作可以更加自由，更加徹底。一方面，ECFA擴大了兩岸產業合作的範圍，以前許多限制性產業現在可以轉移到大陸，為臺灣的產業升級騰出更多的空間，也可以使臺灣的新理念、新技術為大陸產業升級提供幫助；另一方面，可以變更以前的「單向」為現在的「雙向」產業轉移，不僅臺灣可以向大陸產業轉移，也可以讓大陸實現對臺灣投資，使之前蘊藏的巨大的經濟合作潛能得以激發，各自發揮自己的比較優勢，共同促進兩岸的產業升級與合作。

3.促進臺灣對外貿易的發展

近年來，中國大陸經濟迅速崛起，並以其經濟實力推動東亞區域經濟整合，使得對於仍然依賴貿易帶動經濟增長或產業發展的臺灣而言，其參與國際社會區域整合將面臨更大挑戰，有逐漸被「邊緣化」的危險。從2010年1月1日起，中國和東盟協議正式啟動，中國大陸和東盟的絕大多數貨物貿易將為零關稅，貨物貿易已經實現無門檻的自由往來，對大陸和東盟來說當然是互利的，但對於沒有參與其中的臺灣來說卻衝擊極大，特別是以出口為主的紡織業和塑化業影響最大。可以從以下幾個方面加以分析：

（1）進口增長率：2010年1—5月大陸自東盟進口額高達590.1億美元，增長70.2%，自臺灣進口額為459.6億美元，增長66.7%，表明「10＋1」自由貿易區生效後，東盟在大陸市場進口增長率高於臺灣。

（2）進口市場占有率：東盟在大陸的進口市場的占有率從2009年的10.3%增至2010年的11.1%，增長0.8%；而臺灣在大陸的進口市場占有率則由2009年

的8.2%增至2010年的8.6%,增長0.4%,也可以表明在東協「10+1」協議生效後,東盟貨物在大陸市場的進口市場占有率優於臺灣。

(3)大陸前十大貨品的進口增長率:2010年1—5月大陸前十大進口貨物中,從東盟進口的電機設備、塑料產品、有機化學、鋼鐵、銅及其製品、人造纖維、礦物燃料、無機化學等七項產品,分別增長 61.4%、47.6%、95.7%、45.8%、72.2%、40.9%、120.2%,優於從臺灣進口的增長率的59.5%、44.9%、85.4%、5.6%、68.3%、13.5%、10.9%;而臺灣只在另外三種貨物的進口增長率上略高於大陸從東盟的進口增長率。

表15-3 大陸自臺灣及東協十國的進口情況

年度	2004	2005	2006	2007	2008
大陸從台灣的進口額	647.59	746.55	872.40	1009.85	1033.25
大陸從東協的進口額	629.54	750.16	895.37	1083.81	1169.33
大陸從台灣進口的比重	11.55%	11.31%	11.01%	10.56%	9.13%
大陸從東協進口的比重	11.23%	11.36%	11.31%	11.33%	10.34%

資料來源:歷年中國統計年鑑。

以上數據表明,2005年東協—大陸FTA開始降稅,大陸自東協的進口值首度超臺灣,而未來幾年大陸從東協進口的比重也一直高於臺灣。由此可見,臺灣貨物在大陸已經面臨嚴峻的考驗,由於大陸是臺灣最大的貿易夥伴,對大陸出口的減少會減緩臺灣的經濟發展。再加上臺灣無法與主權國家簽署FTA,更使得臺灣更加孤立無援,如果不採取措施則臺灣會被邊緣化。而ECFA是臺灣加入亞洲區域合作的入場券,能夠透過與大陸的貿易正常化融入整個亞洲地區的區域合作中,有助於提高其競爭力。

4.有利於打造完整產業鏈,促進兩岸產業深層次合作

1980年代以來,臺灣發生過三次較有代表性的產業轉移,分別是以紡織為

代表的勞動密集型產業、以石化為代表的資本密集型產業和以資訊電子為代表的技術密集型產業。兩岸之間逐漸形成產業內的垂直分工格局，大陸與臺灣分別占據價值鏈的不同生產環節和生產工序，大陸企業處於價值鏈的低端環節，主要從事終端產品的組裝和低檔次零部件製造，技術含量小，附加值低。

但當前形勢下，國際分工格局已經由線性框架下的垂直分工或水平分工概念轉向網路化發展，也反映出了跨國企業的資源布局的多元化，以及以製造活動為基礎的廠商，經由專業價值向價值鏈整合能力、創造能力等競爭優勢的轉變。所以兩岸之間不能僅僅停留在以往的分工格局上，而是要發展網路化分工格局。目前，大陸與港臺在全球供應鏈中基本已經建立了明確的分工合作關係，臺灣接單—大陸生產—香港（大陸）出口，ECFA一方面對大陸與港臺已經形成的全球供應鏈的穩定性提供了制度保障，另一方面也可以擴大和強化全球供應鏈，進一步提升大陸與港臺區域產品在國際市場中的競爭力。在後ECFA時代，臺灣的企業可以把整個公司遷往大陸，並且帶動相應的供應商一起轉移，這樣可以在大陸形成一個完整的產業鏈，一改過去垂直分工格局帶來的高成本，並且有助於產業的整合與升級，也為臺灣發展自己的優勢產業騰出了空間。在國際分工新局勢下，ECFA的簽署必然為兩岸進行深層次的產業合作，促進兩岸產業形成更合理產業鏈並為大力發展雙方優勢產業掃清障礙。

5.降低兩岸經貿合作與產業合作的成本

ECFA是一個過渡性的雙邊區域貿易協定，要求雙方在10年的時間內免除90%的商品服務關稅，並相互開放市場，包括排除關稅和非關稅壁壘的商品貿易、服務貿易、投資保障等的解決機制。所以，ECFA最直接的經濟意義就是關稅的減免，可以降低兩岸經貿合作與產業合作的直接成本，有利於兩岸更大範圍和更深層次的合作，特別是在臺灣對大陸依賴程度逐漸加強的情況下，ECFA的簽署對臺灣經濟意義最為直接。在產業合作方面，由於成本的降低，兩岸在產業合作方面也會較以往有更大的發揮空間，許多由於關稅太高而以前不能進行轉移或合作的領域現在都可以重新思考合作的可能，對臺灣產業的轉出和產業升級影響巨大。而對於大陸來說，也可以以更低成本接收臺灣的產業轉移或以低成本對

臺灣進行投資，對大陸的產業轉型與升級也有積極作用。[48]

（1）石化產業

在ECFA早收清單中，石化產業中大陸方面降稅項目達到88項，這些項目2009年大陸從臺灣進口總金額達到 59.44億美元，占大陸自臺灣進口總額的6.93%；臺灣方面石化產業降稅項目也達42項，2009年臺灣從大陸進口金額為3.29億美元，占臺灣從大陸進口總額的1.21%。從以上可以看出，石化產業對兩岸經貿起著舉足輕重的作用，而隨著ECFA簽署之後兩岸關稅的降低，兩岸石化產業的貿易總額必定會有大幅提高。

中國大陸的乙烯自給率不到50%，大部分石化產品的自給率僅為需求量70%—80%，而中東的石化產品外銷地主要為美國和歐洲，外銷中國大陸的不到20%。而臺灣石化產品有55%是外銷的，並且75%銷往中國大陸，ECFA簽訂後，臺灣與大陸雙邊關稅降至為零，以大陸為主要市場的臺灣石化廠商免除了平均6.5%的關稅成本，並具有貼近主要市場與銷往東協零關稅的優勢，因此簽署ECFA無疑對臺灣石化產業有積極影響。在東協方面，市場規模雖不如大陸，但增長快速，且勞動力與土地成本低廉，最吸引下游塑料製品廠商進行布局。而臺灣具備高水平的人力素質與技術研發能力，是臺商與外資設立技術密集產業的首選地點，在ECFA簽訂後與大陸免除關稅障礙，在臺灣生產技術密集的特用化學與高值化產品，再出口大陸的模式一旦形成，有利於吸引大量外資與臺商投入，亦有助於臺灣石化產業升級，同時也將給臺灣石化產業帶來巨大的衝擊。而對於中國大陸石化產業來說，由於PE（聚乙烯）、PVC（聚氯乙烯）等大陸短缺的資源暫時還未納入ECFA，所以對大陸的石化市場衝擊不是太大，但可以帶來更多的臺商的投資和技術升級。

（2）機械加工業

雖然以往臺灣機械加工出口以歐美地區為主，但近年來中國大陸市場已經逐漸受到臺灣的倚重。大陸是全球第二大的機械設備消費市場，世界各地都想要把產品賣到大陸。再加上大陸與東盟的協議，有214項機械產品稅率將調降，這對臺灣產品出口競爭力已形成壓力。臺灣機械產品過去銷往大陸享有免徵9.7%進

口關稅、17%增值稅等優惠，但大陸調高免稅門檻後，優惠幾乎全面取消，合計臺灣機械產品將被課徵近30%關稅及通關手續費，嚴重影響競爭力。海關統計，大陸調高機械產品進口免稅門檻後，去年大陸進口臺灣機械工具首度衰退，甚至被德國超越，排名由第二退至第三位。而今年前五月，臺灣機械產品總出口值，較去年同期衰退30%，其中出口大陸就衰退近50%。據瞭解，兩岸有關工具機產品的關稅稅率多達80餘項，大陸稅率最高為15%，臺灣最高為6%。

　　ECFA早收清單中，機械加工產業中大陸方面降稅項目達到107項，這些項目2009年大陸從臺灣進口總金額達到　　　11.43億美元，占大陸自臺灣進口總額的1.33%；臺灣方面機械加工產業降稅項目也達69項，2009年臺灣從大陸進口金額為4.74億美元，占臺灣從大陸進口總額的1.75%。ECFA簽署之後，關稅效應與競爭力優勢就會馬上顯現出來，將會極大促進臺灣機械加工業對大陸的出口，而大陸市場的開放也將有助於臺灣機械加工業向大陸的延伸及產業升級，在經濟效益及發展趨勢上都會有很大的推動作用。對於大陸的機械加工業來說，臺灣的市場相對狹小，ECFA簽署後不會對大陸的機械加工業帶來很大的影響，因為臺灣並不是大陸機械加工業貿易的重要地區；而機械加工方面雖然臺灣部分產業相對於大陸來說是走在前面，但是大陸現在已經有超越之勢，對大陸的技術推動作用也不會很強烈；當然兩岸機械加工業從廣度和深度方面的合作也會對大陸的機械製造業的生產流程、技術升級和產品品質上有一定程度上的提高，並且臺灣機械加工業前期的一些經驗也值得大陸企業借鑑，在產業升級和技術創新方面將會有進一步的提高。

　　（3）紡織業

　　ECFA早收清單中，紡織業中大陸方面降稅項目達到136項，這些項目2009年大陸從臺灣進口總金額達到15.88億美元，占大陸自臺灣進口總額的1.85%；臺灣方面紡織業降稅項目也達22項，2009年臺灣從大陸進口金額為1.16億美元，占臺灣從大陸進口總額的0.46%。這些項目中涉及紡織中上游產品、紡織下游產品、紡織製品和鞋類等多種項目。臺灣每年外銷紡織品高達60億美元，其中有接近四成出口至大陸，但由於受到勞動力成本上升的影響，臺灣一度強大的紡織

業近年來不斷萎縮。當ECFA簽署後，紡織業的原料、半成品和成品有部分將逐漸實施零關稅，臺灣的紡織業可以從大陸進口低成本原材料，也可以到大陸開設生產基地，享受低成本的勞動力和更寬闊的市場，這對臺灣的紡織業來說是利好的。但ECFA簽署後也可能對臺灣和紡織業帶來一些競爭，但這些競爭應該不會產生太大影響，一方面由於臺灣的市場有限，對紡織業要求並不高，二是由於臺灣在紡織技術和創意方面也遠遠領先於大陸，所以應該不會對臺灣的市場造成太多影響。

所以總體來說，ECFA的簽署對臺灣紡織業來說，絕對是利大於弊，可能極大地促進臺灣紡織業產業升級和技術創新，帶來更好的發展。而ECFA的簽署又會對大陸紡織業帶來多大的影響呢？ECFA早期收穫計劃中的產品將以兩年分三期的方式降稅，最後將全部為零關稅。兩岸相互降關稅的早收產品清單涉及紡織中上游棉紗、棉布、人造纖維紗線等產品，這些產品一旦實行零關稅，進口價格也會有較大幅度的下降，無疑對大陸市場也會產生一定的影響，但影響極為有限。一方面，臺灣紡織產業規模不大，產能有限，無法跟大陸相提並論；另一方面，臺灣原材料、勞動力等各種成本較高，沒有特別的優勢，並且很多企業已經把工廠轉移到大陸。即使有部分產品進來，對大陸的紡織業來說也並不會產生太大影響。但是也不是一點影響都沒有，外部壓力會促使大陸紡織業淘汰落後，不斷升級進步。與此同時，大陸紡織企業還可以學習對方的長處，臺灣紡織企業在染色、整理等面料後加工領域做得更好，產品品質比較穩定而且設計理念更加貼近歐美，產品更時尚，而大陸很多企業設計的產品單純地把時尚理解為花哨，顯得比較膚淺。另外，臺灣企業對於品牌的運作管理較之大陸也有優勢，在全球資源整合、新產品研發、開拓市場、接單方面確實有許多可借鑑之處。

（4）電子產業

兩岸電子產業的進出口關稅比較低，中國大陸關稅為0.58%，臺灣的也僅為0.71%，而一些比如IC設計、LED、網通、電子設備及零部件的關稅幾乎不存在，因此從關稅上面來看ECFA簽署對現階段的電子產業影響有限，但對未來兩岸電子產業發展卻有不可估量的影響。

在節約成本方面，以崑山為首的臺資電子資訊企業最為集中的地區，已從電子基礎材料、印刷電路板、覆銅基板、面板、電子元器件到整機生產，構成了一條較為完整的IT產業鏈。業內人士分析，每一環節由一家甚至多家臺灣龍頭企業組成，但這些企業核心產品的原物料多從臺灣進口，原材料成本較高，而ECFA的簽署，無疑有助於降低成本，促進企業轉型升級。

而更大的影響還在於，ECFA正式簽署後，兩岸經貿合作將實現從單一形態到多元化形態，從內循環到產業鏈的深層次合作。未來，在電子產業領域，臺灣很有可能取代日韓，成為全球液晶顯示器產業的龍頭，而大陸的聯想、創維、TCL、海爾等IT、家電巨頭，將不再因液晶顯示器而受制於日韓，其與臺灣高科技行業的合作將日益緊密。臺灣與大陸產業轉移與融合，極有可能形成臺灣的技術、大陸的製造與市場這樣的分工。這一趨勢已經在服務業和高科技產業上有所體現。2009年4月，中國移動認購臺灣遠傳電信12%股權，是期望藉助遠傳的3G技術平臺。中國移動還希望藉助聯發科和宏達電在TD方面的技術。在手機製造方面，臺灣憑藉其全球芯片之王的地位，也可與中國移動進行廣泛的合作。

兩岸科技產業對於ECFA的最大期待，莫過於半導體代工、液晶面板、芯片設計等仍未完成向大陸轉移的三大產業是否會進入免降稅清單。不過，從早期清單來看，答案仍然是否定的。但後ECFA時代，這一情況將有機會改觀。ECFA簽署後，在電子產業方面，臺灣和日韓可能會進入「全面對戰時代」。兩地廠商勢必要在中國大陸市場正面廝殺，臺商之前輸在起跑線上，但ECFA的簽署使臺灣具有一定的通路優勢，必須趕緊提出策略，整合戰力，盡全力與在中國大陸市場扎根已久的日韓廠商競爭。

（5）服務業

在兩岸簽署和ECFA早收清單中，大陸同意開放11項服務業，包括3項金融服務業和8項非金融服務業；而臺灣同意開放9項，包括1項金融服務業和8項非金融服務業。兩岸因為享受超 WTO 的待遇，從而有機會在服務業方面有進一步的合作。

在金融服務業方面，在ECFA簽署之前，兩岸已經簽訂了金融監管合作諒解

備忘錄（MOU），再加上現在已經簽署的ECFA，兩岸的金融合作有了實質性的進展。而ECFA的簽署對兩岸金融業來說絕對是一加一大於二的。首先，臺灣受制於地區限制，金融業發展已經飽和，要擴大經營規模只有走出去，而大陸又是一個極具潛力的超級市場，並且兩岸的語言互通和文化同種也使得合作更具有優勢。其次，兩岸貿易往來密切，大量臺商在大陸投資，特別是ECFA簽署後，貿易合作會更加緊密，金融合作也是必不可少。而臺灣在金融開放程度上優於大陸，如果金融業合作可以使大陸接觸國際最先進的金融管理理念，可以更好地與世界接軌，無論在服務、技術還是監管方面都能取得更好的進步。因此ECFA和MOU的簽署將極大促成兩岸金融的密切合作，並創造無限商機。

對於非金融服務業，兩岸的商業服務業、配銷服務業、通訊服務業、娛樂、文化及運動服務業、健康相關服務業和社會服務、運輸服務業方面都進入了早期稅收清單，對於相關產業在兩岸市場的發展有所幫助。服務業目前占臺灣GDP的比率已經超過70%，但很少具有出口能力，要讓臺灣服務業具備全球市場競爭力，目前來看難度較大，但如果要將服務業出口到亞洲地區，則是切實可行的策略。再者，如果臺灣無法讓臺灣服務業出口，就難以取得規模經濟的優勢，無法提高生產力，服務業也將永遠陷於低報酬的困境中。而大陸正好為臺灣服務業的出口提供了一個廣闊的市場，一方面大陸在服務業方面發展比臺灣落後，正好有接納臺灣服務業的足夠市場；其次，臺灣服務業來大陸可以為大陸服務業的發展提供更好的幫助。這是一個合則兩利的貿易，所以ECFA簽署對非金融服務業的發展確實造成了助推的作用。

6.小結

ECFA（兩岸經濟合作框架協議）簽署兩年多來，兩岸貨物貿易規模持續擴大，服務貿易自由化進程不斷加快，兩岸的產業合作愈發緊密，在兩岸特別是在臺灣獲得良好的經濟、社會效益，得到了大多數民眾的肯定與支持。ECFA早期收穫計劃自2011年1月1日全面實施以來，進展順利，帶動了兩岸貿易發展。在貨物貿易領域，大陸方面統計，截至2012年4月，臺灣對大陸出口享受ECFA早收優惠關稅待遇的產品共計45234批次，金額約66.14億美元，關稅優惠約2.73億美

元。特別是2012年1至4月，超過94%的早收清單產品實現零關稅，臺灣對大陸出口享受ECFA早收優惠關稅待遇的產品金額約達24.94億美元，同比增長110%，關稅優惠約1.5億美元，同比增長349%；據臺灣方面統計，截至2012年4月，大陸對臺灣出口享受ECFA早收優惠關稅的產品共計22575批次，金額約14.68億美元，關稅優惠約3882萬美元。在服務貿易領域，截至今年3月底，有6家臺灣會計師事務所獲得臨時執業許可證，131家臺灣企業獲准設立獨資或合資企業，大陸引進了8 部臺灣電影。在金融領域，涉及19家臺灣金融機構，包括3家臺資銀行籌建分行，1家臺資銀行獲准經營大陸臺資企業人民幣業務，13 家臺資金融機構獲得QFII（合格境外機構投資人）資格，2 家臺灣保險公司設立了子公司。與此同時，ECFA項下的大陸資本赴臺投資案有43件，投資或增資金額1.08億美元，其中中國銀行臺北分行、交通銀行臺北分行已獲准營業，6月27日中國銀行臺北分行正式開業。[49]

從當前的發展情勢看，對臺灣經濟發展產生直接的影響的，除全球經濟復甦外，就是兩岸簽署ECFA所引致的直接經濟效應。事實上，協議的簽署不僅使兩岸經濟合作進入正常化、規範化和機制化的新階段，而且也為兩岸透過優勢互補更好地參與國際分工與區域經濟合作奠定堅實基礎。從ECFA的具體內容看，內容涵蓋兩岸關稅減讓、貿易與投資便利化、經濟合作、爭端解決機制等，基本涉及兩岸經濟合作的各方面內容，具有前瞻性、務實性、互惠性。更重要的是，隨著兩岸政治互信的日漸積累，依據兩岸已達成的共識，在具體協商進程中，還可以參照FTA的協商模式，分階段逐步加以推進，進一步充實具體內容，減少負面影響，妥善解決爭端，以使協議發揮更大的效應。

整體而言，ECFA的簽署對兩岸經濟合作存在著多方面的影響。大陸目前已成為臺灣最大的出口地區、貿易順差來源地和最大的對外投資地。長期以來兩岸經濟合作始終是以「投資帶動貿易」模式為重心，以「招商引資」為手段，而其中以出口導向為主的電子資訊產業一直是臺商投資的主體。在這一經貿互動的過程中，儘管透過優勢互補，使兩岸在很大程度上實現資源整合，互蒙其利，但此種狀況也導致了兩岸經濟合作的侷限性，包括投資區域集中（80%以上的投資集中在沿海地區）、產業集中（60%以上為電子資訊產業）、對外依賴度高（80%

的產品以出口為指向)、合作模式單一(投資帶動貿易方式)等。從兩岸的產業內貿易指數看,1990年間約為23%,到1995年時已上升至41%,自2000年以來則多維持在50%以上,[50] 顯示彼此產業分工與貿易整合程度已愈來愈緊密,使臺灣對大陸的經濟依賴不斷深化。現階段,隨著大陸經濟的發展及兩岸經濟合作層次的深化,諸如成本快速上升、土地儲備不足、政策優惠弱化、國際競爭壓力增大等問題也日漸凸顯,從而在一定程度上減弱了兩岸經濟合作的動力與要素配置的效率,而改變這一狀況的關鍵就是要調整兩岸經濟合作的方式,實現更合理的要素結構調整與配置效率的提升。而ECFA的協商簽署為兩岸經濟合作方式的調整與變化提供了有利的契機,其具體影響體現在以下方面:

從有利方面看,包括四方面:一是隨著合作的深化,兩岸經濟的整體優勢將得到有效的整合,合作的層次和領域會進一步擴展,產業集聚效應愈加顯現,有利於兩岸經濟在現有的基礎上推動合作層次的提升,例如在合作領域與範圍(金融業、資訊服務、物流直通、物聯網、高等教育、職業人才培訓、文化創意、共同研發、合作制定標準等)的拓展等,尤其是可以有效地做大做強雙方在商貿服務領域的合作,實現要素更合理有效的配置,從而進一步提升資源利用的效率,擴大經濟增長的內涵與空間;二是有利於在既有的產業合作平臺進一步擴大生產服務功能,推動產業合作向上下游延伸,提升合作的層次,強化生產基地與生產性服務的輻射中心的功能,促進經濟結構調整和產業升級,尤其是重點新興產業發展目標的確定,更使兩岸在相關領域的合作空間進一步擴展;三是有利於進一步拓展新的合作空間,尤其是在構建陸資入臺的綜合服務平臺、積極推動官方半官方交流與相互設點工作以形成有效的功能性合作平臺以及企業之間的合作(尤其是大企業合作以及與此相關的產業項目合作,如大型電腦、無線寬頻、新能源、新材料、綠能汽車等);四是透過簽署ECFA,有助於實現臺灣經濟與東亞區域經濟一體化進程的有效銜接,充分利用臺灣在拓展國際市場的經驗和大陸的優勢,結合兩岸企業向海外延伸,拓展更大的經濟發展空間。

從全球經濟走向及兩岸經濟合作趨勢看,ECFA為兩岸提供了進一步合作發展的新機遇。其背後最重要的支撐在於大陸的內需市場將實現具有劃時代意義的伸展,逐步由「世界工廠」邁入「世界工廠與世界市場並列」的新階段。大陸消

費市場的巨大發展潛力，工業化和城市化進程的加快所形成的巨大的利益空間，將為兩岸經濟合作開闢全新的天地。如果說兩岸以往的經濟合作是一種面向國際市場的「外向型」的經濟合作，那未來的合作則更多的是立足於兩岸市場、兼顧內外的模式，這對臺灣企業、臺灣經濟乃至兩岸而言都是全新的發展挑戰，不僅有助於實現產業結構升級、自主創新以及品牌與通路的建構，而且可以切實向價值鏈的高端發展。從這一角度看，兩岸若能抓住機遇，則不僅會在東亞產業分工網路中占據更有利的位置，而且也會使兩岸經濟合作實現新的突破，進而重塑世界經濟發展的格局。

第三節 ECFA 未來發展趨勢

1.兩岸合作空間將進一步拓展

目前世界貿易大部分是透過FTA進行，而在大陸與東盟10國簽訂FTA後，越來越多的亞洲經濟體之間也簽訂了FTA，亞洲地區逐漸整合的趨勢更加迅速。兩岸簽署ECFA，還為發展基於區域多邊合作的兩岸經貿合作關係創造了條件，拓展兩岸經貿合作的新空間，使兩岸經貿關係由單純的雙邊關係向雙邊與多邊關係同時並存發展轉變，兩岸經貿合作關係進入新的發展階段，具體表現就是把兩岸經貿合作融入東亞區域合作，兩岸共同參與東亞區域合作。

東亞區域經濟在2015年有可能建立成為全球最大的貿易板塊，其除了對全球經濟板塊的重組與貿易結構調整有重要影響之外，還會對置於東亞板塊內的臺灣經濟增長或產業發展造成極大衝擊。如果臺灣一直不能融入東亞區域經濟板塊內，那麼可能迫使臺灣經濟被邊緣化或產業陷入空洞化危機。

在東亞區域經濟整合中，臺灣一直扮演著投資者的角色，其投資水平僅次於日本，而同時也扮演著東亞地區產業分工樞紐的角色，臺灣的生產技術和經營模式被東亞各國及其他國家模仿。而大陸憑藉其低廉的生產要素成本優勢，已然成為東亞地區最主要的生產基地，也是最重要、增長最快的出口市場，東亞地區各國對中國大陸的依賴程度也不斷加強。所以如果臺灣與大陸一起融入東亞區域經濟的整合，則可以對整個東亞的經濟發展帶來強勁的動力。

所以融入東亞區域經濟合作中，對臺灣來說至關重要。而ECFA的簽署，則是無法避免的選擇。ECFA的簽署也可以為臺灣經濟步入國際舞臺提供良好的契機，不但表現在市場占有上，還表現在充分利用東亞地區業已形成或正在形成的產業鏈關係，透過跨國公司的生產和銷售網路在東亞地區各經濟體之間的水平分工聯繫，發揮臺灣成為跨國企業的「全球創新中心」、「亞太經貿樞紐」和「臺商運籌經營」的「營運總部」的作用。因此，ECFA的簽署是臺灣在東亞區域整合過程中，尋求較為有利策略的必然選擇。

在未來參與東亞地區區域整合過程中，臺灣可以繼續扮演促進貿易和提供資金的角色。針對區域內的各種議題，如產品規格標準相互承認、通關流程等貿易便捷化，以及電子資訊、金融合作、中小企業發展、能源環境以及人才培訓與交流等方面，臺灣也應該積極參與。臺灣的商品化及製造能力，尤其是電子資訊產品，在全球產業分工格局中占據重要地位，在全球運籌管理和研發方面也積累了相當豐富的經驗，加強區域內雙邊乃至多邊經貿合作，必定能為臺灣本身和東亞區域創造更多的經濟利益。

而大陸現在憑藉其廣闊的市場和巨大的貿易額已經在東亞地區有著極高的影響力，再加上近年來大陸已經與東亞大部分國家之間簽訂了FTA，對於整個整合趨勢有著強勁的推動作用。可以預見，在未來東亞地區經濟整合過程中，大陸必定在整個過程中起著舉足輕重的作用，為整個東亞地區的整合提供巨大的生產能力和廣闊的市場空間。藉助ECFA，臺灣可以透過大陸在東亞區域發展中占據一席之地，發揮至關重要的作用，對臺灣自身而言，可以為未來的經濟發展鋪平道路，增強國際競爭力；而對於整個東亞地區區域經濟的整體發展來說，臺灣也起著不可或缺的作用，有助於東亞地區平衡發展，引導亞洲及至世界經濟的發展。

2.兩岸產業合作新領域將進一步擴大

ECFA對未來兩岸的影響，不應該僅限於投資及貿易方面，還應該在全球產業鏈中找準方向，強化產業合作。兩岸產業交流合作的重點包括產業共同研發、共同生產、共同投資、產銷合作以及兩岸跨國企業運營管理、產業融資、金融服務、倉儲物流等方面的合作。特別是目前國際上正積極發展的各類新興產業，如

太陽能、生物科技、綠色能源以及其他科技產業，兩岸在這些方面可以有很大的合作空間。

兩岸近些年來合作密切，大陸扮演了「世界工廠」的角色，給擅長代工的臺灣企業無疑提供了最佳機會。目前，大陸已經是臺灣最大的貿易夥伴、最大的出口市場、最大貿易出超來源、最大的海外投資據點；而臺灣也早已成為大陸重要貿易夥伴。但現在大陸勞動密集產業面臨生存壓力，逐漸由「世界工廠」向「世界市場」轉型，並且由出口擴張轉為內需市場推動的發展模式，也使得臺灣代工產業面臨生存壓力，雙方都需要藉助ECFA作出調整。臺灣對大陸的直接投資促進了大陸的資本形成，同時帶來了先進的技術和管理經驗，臺灣與世界跨國大廠結盟，從全球經營戰略角度著眼，把國際產業鏈中部分加工組裝活動大規模遷往大陸，對於大陸製造能力的提升、產業結構升級、創造新的就業機會和出口擴張有著明顯的貢獻。儘管兩岸的經濟合作程度已經相當深，不過與潛在合作水平比仍有很大差距，而ECFA在很大程度上促進兩岸經貿關係正常化，經濟融合程度必將深化，對臺灣和大陸經濟發展大有裨益。

兩岸透過ECFA可以更加方便、更低成本加強各個領域的合作，未來兩岸產業分工與合作的態勢也愈來愈明確，兩岸進入產業結構調整的關鍵期，雙方均對加速產業結構升級表示出高度重視。臺灣立法部門通過「產業創新條例」，意在擴大鼓勵民間投資、引導產業發展創新、加速產業結構轉型升級。大陸2010年的《政府工作報告》提出「要把保增長與調結構緊密結合起來」，而「調結構」的重點是「加大產業結構調整力度」。為此，大陸制定並實施了「十大重點產業調整振興規劃」，並鼓勵企業加快技術改造，重點行業繼續推進兼併重組。

大陸提出，在「十二五」期間，要加快產業結構調整，鼓勵具備條件的大、中型城市和地區率先形成以服務經濟為主的產業結構；加速研究、制定、培育戰略性新興產業的政策，並在新能源、節能環保、新材料、生物醫藥、生物育種、資訊、新能源汽車、航空航天、海洋等戰略性新興產業領域實施一批市場前景好的重大工程和計劃。加速推動產業結構轉型升級已成兩岸當務之急。

兩岸要充分發揮各自優勢，搭建並充分利用兩岸產業合作平臺，推動各自的

產業結構升級與創新，豐富和完善有規劃指導、有政策支持、有產學研一起參與的兩岸新型產業合作模式。與臺灣的後工業化階段相比，大陸尚處於工業化進程中，工業在經濟中的地位較重，而服務業發展也並不充分。加速產業結構調整不僅是應對國際金融危機衝擊的有力舉措，也是順應世界經濟發展新趨勢、轉變經濟增長方式的重要內容。兩岸新型產業合作的思路和方嚮應該放在以下幾個方面：加快改造提升傳統產業、著力推進高新技術產業、及時發展戰略性新興產業、培育壯大現代服務業。

3.未來發展仍存不確定性，但發展前景光明

ECFA的簽署實施是兩岸經濟合作的里程碑。ECFA提出「進一步增進雙方的貿易與投資關係，建立有利於兩岸經濟繁榮與發展的合作機制」。這一制度性的安排是深化兩岸經濟合作的保障，也是實現互利雙贏的理性選擇。

ECFA是兩岸經濟一體化制度建設的重要開端。透過兩岸公權力之間的談判、協商，簽署制度性的協議，才能夠真正推動兩岸經濟合作進入到制度性一體化階段。從發展進程看，按照經濟一體化的理論，兩個或兩個以上的經濟體，依據關稅減讓與商品自由流動程度、共同對外關稅、生產要素自由流動及經濟政策協調情況，逐步推動制度性經濟一體化的深化和發展，其一般發展進程包括優惠貿易安排、自由貿易區、關稅同盟、共同市場和經濟同盟。兩岸簽署的ECFA既有自由貿易區的性質，而其涵蓋的內容則超越了WTO關於FTA的規範框架，包含了投資與服務領域的開發，為實現更高層次的經濟一體化創造條件。可以說，ECFA的簽署開啟了兩岸制度性經濟一體化建設之門。

今後，兩岸將在ECFA框架下，以落實「早期收穫」措施為基礎，繼續展開貨物貿易協議、服務貿易協議及其他經濟合作事項等議題的磋商，並簽署相關協議，進一步完善兩岸合作的制度性安排。依據WTO的相關規定，透過ECFA早期收穫清單的實施及後續協議的磋商、簽署與落實，兩岸大部分貨物貿易將逐步實現零關稅，兩岸服務市場將大幅相互開放，兩岸經濟交往和合作的制度化將達到一個相當高的程度，兩岸制度性的經濟一體化框架將逐步形成。在ECFA基本目標實現之後，兩岸經濟的制度性一體化發展將邁向新的階段，逐漸實現生產要素

自由流動，從而更有效地整合兩岸資源，實現經濟更持續穩定發展，為達到兩岸全面的經濟一體化奠定堅實的基礎。

儘管ECFA的簽署本身有益於強化兩岸經濟合作、進一步增進兩岸民眾福祉，但也必須認識到，ECFA的簽署只是兩岸深化經濟合作的新起點，其後，尚有諸多更加錯綜複雜的問題和涉及的領域需要克服和突破。這主要體現在兩方面：首先，ECFA屬於框架性的協議，除早期收穫計劃外，尚不涉及具體內容，因此，進程與推進尚待後續性協商的開展，其能否順利進行對ECFA的整體推進有著實質性的影響；其次，ECFA在性質上屬於FTA，但考慮到兩岸關係的特殊性及兩岸經濟合作的實際需要，而對名稱與協議內容進行了相應的調整，因此，如何使之符合WTO的規範，達到既能夠惠及臺灣全體民眾和弱勢產業，又有利於促進兩岸經濟合作的深化與合作領域的延伸，這方面的舉措與政策實施尚待進一步的完善和發展。更重要的是，ECFA是建構在兩岸互信基礎上的，不僅是規範兩岸經濟一體化關係發展的主要載體，也承載著促進和推動兩岸關係發展的功能，因此，必須立足於建立兩岸「和平發展」框架的角度來規劃和處理ECFA，使之發揮真正的作用。

從兩岸關係發展的角度看，由於ECFA在島內仍存在著較多的爭議，尤其是綠營勢力以進行「公投」為訴求，不斷鼓動與凝聚反ECFA的力量為選舉造勢，從而對ECFA的實際運行產生一定的阻礙。事實上，ECFA作為兩岸經濟合作協議，其本身的設計不僅希望能夠有效避免引發兩岸間的政治爭議，而且更是希望透過協議的實施有效解決當前臺灣經濟發展所面臨的困境，推動兩岸經濟合作的深化，探討兩岸經濟合作機制與東亞區域經濟一體化相銜接的問題，在優勢互補的基礎上共同提升兩岸的國際競爭力和在國際產業分工體系中的地位，增進民眾福祉。這是兩岸協商簽署ECFA的基本原則和總體目標，其原則是互補互利，方式是循序漸進，途徑是彼此尊重、相互協商，其目標是實現共同繁榮，這是符合兩岸民眾根本利益和兩岸經濟合作現實的，既有效反映出兩岸在經濟發展水平、規模和要素稟賦上的差異，也有效顧及臺灣民眾的關切（例如，「互惠說」與目前「不開放大陸勞工赴臺、不開放大陸農產品入臺」承諾），因此，也得到工商界和許多民眾的支持。正是基於上述原因，在馬英九與蔡英文就是否應當與大陸

簽署ECFA進行辯論後，島內對ECFA的知曉度上升至78%，支持度為48%，較辯論前上升7%[51]。而根據「旺旺中時民調」資料，參與民調的島內民眾在收看辯論後改變立場，其中81%由反對轉為支持，10%由支持轉為反對，表明ECFA在島內已獲得越來越多的民眾理解與支持。[52]

當然，對臺灣部分民眾存在的疑慮，必須予以關注和妥善解決。一方面臺灣需要透過積極的宣傳，使民眾對ECFA有更加清楚的認知，進而減少疑慮。而另一方面是透過ECFA的實踐，使民眾充分感知ECFA對臺灣經濟和民眾福祉的增進效果，使民眾從ECFA中獲得實利。這就需要注意以下三方面的問題：一是密切關注ECFA簽署後的實際推進進程與效果，使其效應切實惠及多個領域，能夠為全民所享有（儘管針對不同產業、區域、階層難免會有所差異），從而避免為泛綠勢力惡意利用，使ECFA問題出現政治性的干擾與反覆（如「公投」等）；這就需要在積極推進ECFA的同時，輔之以其他相應的配套措施（大陸擴大在臺採購、島內加快實施產業救濟與促進就業政策等），以產生更加直接的效應。二是切實推進相關的協商進展與照顧兩岸經濟發展的實際需求，避免產生政策脫節，從而影響ECFA實際效益的發揮，尤其是切實解決好臺灣經濟發展與東亞區域經濟一體化相銜接的問題，減緩臺灣經濟界對邊緣化的疑慮。三是認真細緻地做好產業損害評估與完善補償機制問題，對兩岸受到損害的產業予以積極的照顧，尤其是要注意，一方面透過ECFA實現兩岸相關產業競爭力的提升，另一方面有效解決在相關產業轉移與替代過程中所衍生的相關經濟與社會問題，其核心原則就是好事辦好，從而使ECFA的正面效應大於負面效應，也使得 ECFA 獲得更多的臺灣民眾的支持與理解，使ECFA成為推動兩岸經濟合作深化與兩岸關係發展的機制和平臺。

但需要注意的是，ECFA的實施仍存在諸多不確定因素，其後續發展將在很大程度上受制於臺灣政局變化及兩岸政治關係的互動，但畢竟兩岸經濟合作的新路徑已經開啟。諾貝爾經濟學獎獲得者諾思（1993年）曾說過，「人們過去的選擇決定了他們現在可能的選擇」，[53] 也就是所謂的路徑依賴。路徑依賴有兩種形式：一種是沿著既定的路徑進入良性循環的軌道並迅速實現優化；另一種則是順著原來的錯誤路徑往下滑，被「鎖定」在某種無效率的狀態下而導致停滯。

隨著ECFA的簽署，長期困擾兩岸經貿交流的最大癥結已經消除，兩岸經濟合作機制化成為大勢所趨。在今後的發展過程中，即使兩岸經濟合作在短期內仍會因政治因素的干擾而面臨波折，但已經不可能從根本上改變兩岸經濟「合作發展、互利雙贏」的趨勢。

第十六章 未來兩岸產業合作的發展

展望未來，兩岸產業合作面臨著諸多機遇和挑戰。在前文的第六章本文已經論述了當前大陸企業赴臺投資面臨的機遇和挑戰，其實兩岸產業合作與大陸企業赴臺投資這二者面臨的機遇和挑戰有許多共性的地方，這裡就不再贅述。本章節主要從影響產業發展的要素及發展環境視角來展開論述。

第一節 兩岸產業合作的機遇與挑戰

1.發展機遇

（1）兩岸經貿的區位優勢明顯

從地緣關係看，海峽西岸的福建及粵東、贛南、浙南與海峽東岸的臺灣一衣帶水，咫尺海峽成為相互之間社會經濟交往與聯繫的紐帶。海峽兩岸沿海港口直航的海運路程僅為從香港轉口的四分之一，費用可省一半以上。得天獨厚的地緣優勢，在實現全面的直航後，大大有利於臺資企業降低運輸費用，減少貿易成本，從而增強企業競爭力。

從人文關係看，大陸和臺灣同根、同源、同宗，具有相同的血統、歷史、語言、文化背景和生活習俗，雖然歷史與政治的因素使兩岸暫時分離，但民族認同意識使其相互間的經濟合作具有濃厚的人文與社會基礎。這種源遠流長的人文關係，為海峽兩岸經濟合作提供了天然的紐帶和橋梁。從歷史關係看，海峽兩岸經濟交往一直十分密切。即使是在兩岸對峙時期，民間的貿易活動也從來沒有中斷

過。

（2）兩岸產業結構的互補性

海峽兩岸在經濟發展的各個層次上都各具長短，互補性強，這就為在多層次上進行兩岸生產資源組合與轉換提供了條件和依據。從兩岸產業的比較優勢來看，兩岸經濟現代化的起步時間、發展路徑不同，兩岸生產水平、產業層次和產品競爭力相互交錯，各具優勢，決定了兩岸之間可透過產業分工合作實現優勢互補。

兩岸產業結構的差異性和互補性表現在以下方面：首先，傳統製造業內部結構具有互補性。大陸製造業中傳統產業所占比重相對較高，新興產業和高科技產業起步較晚，雖然發展勢頭強勁，但其所占比重仍然偏低；臺灣製造業中資本技術密集型產業主導局面已經形成，傳統產業產值所占比重較小，電子及電子器材製造業成為支柱產業。特別是表現在製造業具體部門兩岸互有競爭優勢。在傳統加工製造業中，紡織、服裝、家具、塑膠製品、金屬製品、電力及電子器材等等，大陸的競爭力顯著提高，臺灣的競爭力逐步下降，臺灣的出口市場已逐步被大陸產品所取代；化工、石油製品、機械設備製造、煙草、運輸工具、精密器械等，兩岸競爭力大致在同一水平；食品、造紙、非金屬礦物製造，兩岸在國際市場均不具優勢。在高新技術領域，大陸在航天、能源、核能等產業競爭力大於臺灣；消費性電子、資訊、自動化產業方面臺灣勝於大陸；通訊、新材料、環保、醫療保健等兩岸各具所長。其次，高科技產業的競爭優勢具有互補性。作為未來產業發展的主導，高科技產業及其對傳統產業的改造越來越影響到產業結構的調整。兩岸發展高科技及其產業，各具優勢，各有不足，同樣存在交流與合作的良好基礎。

大陸具有相對更豐裕的自然資源、勞動力，因此在資源密集型產品和勞動密集型產品上應當更具有優勢；臺灣資本、技術相對豐裕，在資本、技術產品的出口上具有比較優勢。從產業分工來看，大陸仍處於垂直分工的下游位置，輸出的原料、半成品居多，而臺灣資本、技術型產品輸往大陸較多，處於分工上游位置。為此，兩岸只有從生產的現實出發，發揮各自比較優勢，既實行適當錯位發

展,又加強產業合作,才能取得比較利益。

專欄16-1 兩岸高新技術產業優劣勢比較

1.臺灣高科技產業發展的優劣勢

　　臺灣發展高科技產業的優勢主要體現在:充裕的資金與經營人才、成功的市場拓展與經營經驗、商品化包裝與整合能力、豐富的資訊應用技術、優異的中小企業營運經驗、充足的國際行銷布局經驗等。特別是在多年國際競爭中,臺灣為了支持出口產業,一向重視應用技術和技術產業化,技術密集和資金密集型產業的增長較快,電子、資訊等產業具有較強的國際競爭力,占有相當份額的國際市場。在這一傾斜政策的長期推動下,臺灣一般科技成果的產業化程度較高,市場開拓能力強,技術管理經驗豐富。總體上看,兩岸高科技產業存在一定的位差,臺灣產品技術水平高於大陸。以當前跨海峽布局的高科技主導產業——電子資訊業為例,臺灣高科技產業中集成電路產業的發展已超過韓國而僅次於美國和日本;電腦及周邊產業的發展最初由個人電腦起家逐步形成從研發設計、生產製造到市場行銷的較完整的上、下游體系並延伸到電腦周邊產業及零部件,在世界市場具有很強的競爭力。

　　同時,臺灣高科技產業發展也存在明顯的劣勢和問題。主要是:基礎研究實力薄弱,內需市場不足;高技術人才匱乏,工資成本高漲;同業競爭激烈,產品生命週期縮短;廠地取得困難,土地廠房成本高;外來投資減少,制約了深度參與國際產業鏈合作的空間。與大陸相比,臺灣高技術、尖端技術的實力不足,特別是需要高強度的科學研究投入才能獲得的科學成果和技術成果顯得比較薄弱。儘管島內的基礎研究和應用研究取得了一定進展,但由於高科技產業研發能力不足,在關鍵技術上仍受美日的牽制,致使臺灣高科技產業仍長期採取代工生產策略。從近年來臺灣在R&D活動的費用構成來看,臺灣較側重於應用研究、試驗發展,而基礎研究經費支出占R&D活動總費用支出的份額平均在10%左右。這與發達地區及新興工業化地區相比仍有較大差距。這也是臺灣難以在高新技術前沿有

新發明和創新的主要原因,並已成為臺灣產業升級的一個亟待解決的問題。

2.大陸發展高科技產業的優劣勢

大陸的優勢主要體現在:處於工業化中期向後期發展的過渡期,經濟增長迅速,市場潛力巨大,發展前景廣闊;發展科技基礎研究實力雄厚,人才資源豐富;生產研發製造成本低;政府高度重視,各級政府都有多種優惠政策加以扶持等。大陸由於科學研究體系完整,精英薈萃,基礎研究能力很強,自主開發潛力遠遠超出臺灣,高科技產業技術來源於自有技術占絕大多數,若干基礎科學、高新技術和尖端科技方面也積累了相當實力,形成了一批具有自主知識產權的高新技術產品,在某些高技術領域已經達到了國際領先水平。然而大陸科技與經濟相脫節的現象仍十分嚴重,科學研究經費匱乏,因此企業技術創新明顯不足,許多高科技成果無法及時轉化為現實生產力。

大陸高技術產業發展面臨的主要制約因素在於,科技創新體制存在缺陷,企業在高技術產業中的主體地位不明確;R&D經費投入不足,科技成果向現實生產力的轉化速度較慢。儘管具備了完整的科技體系與工資較低的科技人力資源等優勢,但由於受科技研發機制僵化、缺乏國際市場觀、商品化與市場拓展能力不足等因素影響,研發績效並不顯著。科學技術的自有率高,但轉化成本也偏高,且市場化、商品化、國際化程度較低,科技與經濟脫節的問題比較突出。據教育部部署的一項研究課題報告顯示,由於受到缺乏內在動力機制、缺乏外在經濟載體和社會投資機制不暢等三大「瓶頸」制約,大陸高校雖然每年取得近萬項科技成果,但實現成果轉化與產業化的不到其中的六分之一。

可見,兩岸在高技術產業發展的要素條件上具有很強的互補性,大陸所富正是臺灣所缺,反之亦然。大陸基礎研究實力雄厚但應用開發不足,臺灣強於產業化應用而弱於基礎研發。一方面由於產業化能力不足,大陸的許多科學研究成果、專利未得到及時轉化應用,形成巨大的知識浪費;另一方面,臺灣每年卻要花費巨資購買技術。儘管臺灣透過大量引進先進技術和設備,使高技術產業能夠在短時間內迅速發展並初具規模,但消化吸收和自主研發能力不夠,限制了臺灣高技術產業整體水平的提高。大陸的基礎研究力量可以在很大程度上彌補臺灣先

進高新技術儲備不足的缺陷，而臺灣的經營管理水平、產品開發和產業化經驗方面的優勢則恰好可以彌補大陸在市場開拓和科學研究成果轉化方面的不足。兩岸發展高新技術產業所存在的優劣勢為實現兩岸產業分工合作奠定了的重要基礎。

資料來源：根據有關網路資料整理。

（3）「三通」的實現

2008年11月4日，海協會會長陳雲林和海基會董事長江丙坤在臺北達成了海運、空運、郵政、食品安全等四項重要協議；2009年4月，兩岸兩會又在南京簽署了三項補充協議。根據此協議，2008年12月15日，兩岸海運直航、空運直航和直接通郵開始全面啟動。此舉意味著兩岸民眾期盼30年之久的「三通」已經變成了現實，具有里程碑意義。

首先，從臺灣自身發展看，「三通」為臺灣的經濟發展注入了活力。根據臺灣著名經濟學家葉萬安的研究，近10年來，由於臺商赴大陸投資，誘發了臺灣對大陸的出口和巨額出超，擴大了對外需求，使臺灣的經濟增長率平均每年提高0.5個百分點。[54]「三通」也有利臺灣區域經濟發展定位與目標的實現。同時也為兩岸同胞的經貿交流節約了時間和經濟成本。實現「三通」後，臺灣每年僅在貨運、空中客運、電信、電匯方面即可以省下7.3億美元，而每年臺灣民眾在香港或澳門的轉機可節省許多寶貴時間。即使是臺灣行政院公布的「兩岸直航之影響評估」也不得不承認，如果兩岸實現直航，臺灣海運每年可節約8.2億元新臺幣；空運每年節省132億元、旅行時間860萬小時；貨運每年節省8.1億元、運輸時間26萬小時。[55]

其次，「三通」基本實現，有利於兩岸實現「經濟一體化」的進程。兩岸直接「三通」不僅可以大幅度降低兩岸人員與商品往來的運輸和時間成本，更可以促進解除過去兩岸資源或資金配置扭曲的問題，開創兩岸產業分工合作的新契機。具體來看，一是「三通」將開放大陸企業及人士到臺投資，改變過去投資的

單向流動,從而讓兩岸蘊藏的經濟合作潛力與能量逐步得到釋放,為兩岸產業雙向互利分工合作創造新契機,促進形成新的兩岸產業分工與合作格局。二是兩岸實現直接雙向直航帶來的交通和投資的便利性,有利於臺商深化對大陸市場的布局和開發,加快兩岸產業對接與融合,推動兩岸產業合作由目前的臺灣產業梯次向大陸轉移、以大陸作為加工出口基地為主的方式,向共同提高兩岸產業技術層次和競爭力方向升級,提升兩岸產業鏈的關聯度與融合度,並透過合作擺脫兩岸產業在全球產業分工體系中的相對弱勢地位。同時,還有利於吸引外商來臺投資,讓臺灣成為外商進入大陸市場的跳板,進而使得臺灣有更大的機會成為亞太的營運中心與運籌中心。三是「三通」標幟著兩岸開啟了制度化協商相互間經濟協作關係的新階段,為建立兩岸經濟合作常態化機制創造了基本條件,有利海峽兩岸經濟的進一步融合與一體化發展,也為兩岸關係和平發展創造更為堅實的基礎。[56]

最後,大陸和臺灣在經濟發展過程中形成了各自的特點與優勢,「三通」將使兩岸的資金、技術、資源和人才等經濟因素充分結合,實現優勢互補,推動兩岸經濟持續快速發展。具體來說,在土地、市場、勞動力、原材料和人才等方面,臺灣有極強的需求而供給不足,而大陸則有能力對其供應。相反,臺灣在資金、應用性科技、營銷能力和生產管理等方面有較大的供應,而這正是大陸需要的。因此,兩岸生產力的發展要求透過兩岸產業的轉移承接,達到各種生產要素與市場需求和供給的取長補短,實現雙贏。

(4)兩岸有關產業政策的陸續頒布,為兩岸產業合作的深度開展提供了有力支持

產業政策是國家或政府為了實現某種經濟和社會目的,以全產業為直接對象,透過對全產業的保護、扶植、調整和完善,積極或消極參與某個產業或企業的生產、經營、交易活動,以直接或間接干預商品、服務、金融等的市場形成和市場機制的政策的總稱。產業政策基本類型包括產業組織政策、產業結構政策、產業布局政策和產業技術政策。最明顯反映中國大陸產業政策的是每五年一度國家制定的國民經濟發展和社會計劃或規劃,從1950年代開始的「一五計劃」到

目前為止形成了第十二個五年規劃，強調了國民經濟與國家產業發展的布局、重點、目標等。臺灣在現代經濟發展過程中，在不同的經濟發展時期根據實際情況，為促進社會生產力發展採取了一系列不同的經濟方針和政策。從1950年代開始，臺灣制定了多個經濟建設計劃，推動了臺灣的經濟快速發展。而目前決定臺灣產業發展方向的產業政策主要有「兩兆雙芯」計劃和發展高新產業促進產業升級的《關鍵產品計劃書》。

在兩岸關係緩和兩岸交流順暢進行的背景下，第十一屆全國人大第四次會議通過的「十二五」規劃綱要在兩岸經濟政策上提出深化兩岸經濟合作，落實兩岸經濟合作框架協議，促進雙向投資，加強新興產業、金融等現代服務業合作。規劃強調了在今後一段時間兩岸產業合作的主軸是決定兩岸經濟發展制高點的新興產業與現代服務業，同時促進兩岸的雙向投資，使兩岸的產業合作更加深化。

長期以來，兩岸經濟關係尤其是在互相投資上存在嚴重的非均衡性。大陸對臺灣企業來大陸投資持歡迎鼓勵態度，但臺灣對大陸企業赴臺投資卻有嚴格的限定。臺灣在2008年7月在「深耕臺灣、連接全球」的前提下，鬆綁大陸投資金額上限，並簡化大陸投資審查程序。個人投資由現行新臺幣8000萬元，放寬為每年500萬美元；中小企業新臺幣8000萬元或淨值或合併淨值之60%。同時，為了簡化大陸投資審查程序，除取消重大投資案件須進行政策面審查之規定外，未來大陸投資金額在100萬美元以下的申請案，可於投資施行後6個月內申報；個案累計金額逾5000萬美元，始進行專案審查等。[57] 同時臺灣開始允許大陸資本赴臺灣投資，兩岸開始了雙向投資的新時代。利用兩岸產業標準、ECFA和兩岸產業政策搭建的架構平臺，就能夠為結合雙方產業優勢「共創兩岸與全球華人知名品牌」創造良好的產業政策環境。未來臺灣將採取循序漸進方式向大陸開放投資領域。臺灣先期將會以正面列表方式公布開放投資項目，主要集中在製造業、服務業和公共建設領域，以後逐漸擴大開放領域，待時機成熟時改由負面列表的方式。

（5）兩地均提出產業調整目標，重點發展戰略性新興產業

隨著兩岸經濟合作框架協議（ECFA）的簽署，未來兩岸產業分工與合作的

態勢也愈來愈明確，兩岸進入產業結構調整的關鍵期，雙方均對加速產業結構升級表示出高度重視。2010年5月臺灣領導人馬英九在就職兩週年的記者會上提出：「臺灣的產業結構一定要改變，臺灣的經濟策略也一定要調整。」大陸2010年的《政府工作報告》提出要「把保增長與調結構緊密結合起來」，而調整產業結構的重點是：加快改造提升傳統產業、著力推進高新技術產業、及時發展戰略性新興產業、大力發展節能環保產業、培育壯大現代服務業，這也為加強兩岸新型產業合作提供了具體的思路和方向。

臺灣近年來提出並重點推動的「六大新興產業」包括：生物科技、精緻農業、醫療照護、綠色能源、觀光旅遊、文化創意等產業。而大陸提出的新興戰略性產業則主要包括：節能環保、新一代資訊技術、生物、高端裝備製造、新能源、新材料和新能源汽車。國際金融危機後，美國等發達國家開始實施以先進製造業為核心的「再工業化」，大力發展新能源、新材料、電子資訊、生物醫藥等產業，意圖在新一輪技術革命中搶占未來科技和產業發展的制高點。這些產業多需要大投資和大市場，兩岸產業可以充分發揮各自優勢進行合作，強化和交流雙方在相關領域的基礎研究和新技術研究，共同探討科學研究成果進行商業轉化的體制和機制。

2.面臨挑戰

（1）臺資企業的本土化程度不高，兩岸產業融合有待深化

外資的本土化，主要是指原材料和半成品採購、經營管理幹部和人才的使用、產品銷售、技術工藝的採用等方面的當地化。一般來講，跨國企業在東道國的當地化程度越高，顯示企業與當地企業及相關產業的互動越緊密，對外資東道國的經濟效益越大，反之亦然。臺商在大陸投資的數量規模不斷擴張，而且產業層次也不斷提升，兩岸分工模式也已由1990年代以前的以垂直分工為主逐步發展到目前的多元化、混合型、功能性分工格局。如前文所述，儘管近年來臺商投資大陸出現了一些本地化有所強化的趨勢，但總的來看，臺資企業在大陸的本土化程度還並不高，兩岸產業合作的深度還有待進一步提升。臺資企業多數是以獨資方式經營，產業的外向關聯度大，雖然在原材料、零部件採購、人才任用、研

發、融資等方面出現了一定的本土化傾向，實際上並未真正融入當地經濟，從而與地方經濟缺乏內在的有機聯繫。以高科技產業為例，臺灣廠商赴大陸投資之後，基本上仍與臺灣的產業維持緊密的分工關係。有採取水平分工的，例如部分高端產品在臺灣製造，而大量低端產品移往大陸生產。也有採取產業內垂直分工方式，例如將產品製造過程切割成好幾段，依兩岸的製造優勢分工生產，最後由臺灣的母公司進行整合，這種分工模式的典型就是IC產業的兩岸布局。臺資企業投資所呈現的產業集聚也主要是集群內部企業之間以及集群內企業與臺灣島內或海外企業之間存在網路化的緊密聯繫，與島內或海外的原材料、機器供貨商等上游企業以及其他支撐體系保持相當緊密的網路聯繫，基本上可以不依賴當地的供貨商網路，與當地相關產業的關聯效應較差。這說明兩岸產業融合度還不高，多數臺資企業仍然只把大陸作為其全球生產鏈的製造加工基地，兩岸產業功能性分工的格局有待拓展。

當然，這一問題的產生，也與大陸本身的產業配套環境不夠理想有關。一方面，由於大陸企業特別是中小企業素質不高，中小企業科技發展相對薄弱，難以與臺資企業，特別是大型科技企業形成互補、有機協作的關係；另一方面，是因為大陸地方政府的招商引資政策存在誤區，往往更多地關注改善投資硬環境和提供優惠政策，而忽視構建大陸企業與臺資企業協作配套關係的重要性，對於培育產業配套環境沒有給予足夠重視。這也在客觀導致臺資企業只能從島內的其他上下游關聯企業中尋找配套支持。

（2）大陸經濟環境發生變化，大陸臺資面臨轉型壓力

近年來，隨著大陸經濟發展持續繁榮，其他跨國資本在大陸投資不斷增加，加上大陸自身產業競爭力顯著提升，大陸經濟環境已發生改變。如新《勞動合約法》頒布導致工人工資成本顯著上升；「兩稅合一」之後原先賦予臺商的稅收優惠已逐步弱化；規範國有土地出讓制度后土地成本也大幅上升；另外，人民幣匯率升值、大陸民眾環保意識的增強以及市場競爭的加劇，再加上近年來臺灣頒布了一些吸引臺資回流的政策，大陸臺資回流以及向東南亞轉移的現象增多。應該說，大陸經濟環境的變化，是經濟發展過程中不可迴避的一個過程。

但這些因素疊加在一起，使臺商在大陸的經營和發展成本明顯增加，對臺商投資大陸帶來了新的挑戰。面對這一狀況，對已在大陸運營的企業來說，要麼加大研發和創新力度，或將其在島內的研發環節轉入大陸，以形成在更激烈競爭條件下的新優勢；要麼向其他更具成本優勢的區域轉移，以延續其產品生命週期。而部分尚未到大陸投資的企業，就可能出現躊躇觀望的情形。近幾年大陸利用臺資額的持續下降，也在很大程度上與此有關。近兩年來，由於大陸投資環境的變化以及臺當局的政策鼓勵，部分中小企業臺商開始返臺投資，返臺投資項目主要為金屬加工、紡織等傳統產業，投資主要集中在臺當局稅收優惠較多的行業內。另外，大陸的對外貿易摩擦持續增多以及人民幣升值也導致了臺商向東南亞地區轉移，尤其是紡織業等傳統產業最為典型。如越南已成為繼大陸之後臺商投資增長最快的地區，臺商對越南累計投資已居越南外資首位。可以說，大陸發展條件的變化，促使大陸臺資結構悄然發生改變，其經營策略也將相應地逐步作出調整。

（3）國際金融危機和歐美主權債務危機的衝擊，給兩岸產業合作帶來壓力

自2008年下半年開始，國際金融海嘯迅速由虛擬經濟向實體經濟擴散，由發達經濟體加快向新興經濟體傳導，近年來歐美主權債務危機愈演愈烈，幾乎全世界所有國家和地區都遭受空前衝擊，兩岸也無法獨善其身。特別是長期扮演世界經濟增長火車頭和兩岸重要出口市場的美國經濟嚴重衰退，國際市場全面萎縮，兩岸經濟面臨過去二三十年中前所未有的困難，經濟下行壓力巨大，給兩岸特別是臺灣以出口為導向的經濟增長模式帶來嚴峻考驗。可以說，現階段兩岸經濟都面臨著自身經濟結構調整和國際金融危機的雙重壓力，在大陸投資的臺商也面臨20年來最嚴峻的轉型升級考驗。兩岸業已形成的「日本進口、臺灣接單、大陸製造、出口歐美」的四角貿易與投資形態面臨空前考驗。

當前，雖然歐債危機已有所緩解，但全球整體經濟仍處疲軟態勢，兩岸出口年增長率在2012年2月來到高峰後即呈現逐月下滑趨勢，尤以貿易為主體的臺灣衰退幅度最大，出口下滑主要因為資通訊產品出口持續減少，未來出口擴大前景暗淡，出口額將難以出現明顯的上升。而大陸雖然仍維持正增長，但增長幅度也

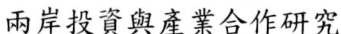

因景氣影響明顯下滑。鑒於兩岸產業結構的高度互補性和加強兩岸產業合作的良好基礎條件，雙方透過加強產業分工合作，攜手加快兩岸經濟關係轉型升級，共同為應對國際金融危機注入新的增長動力，顯得更加刻不容緩。

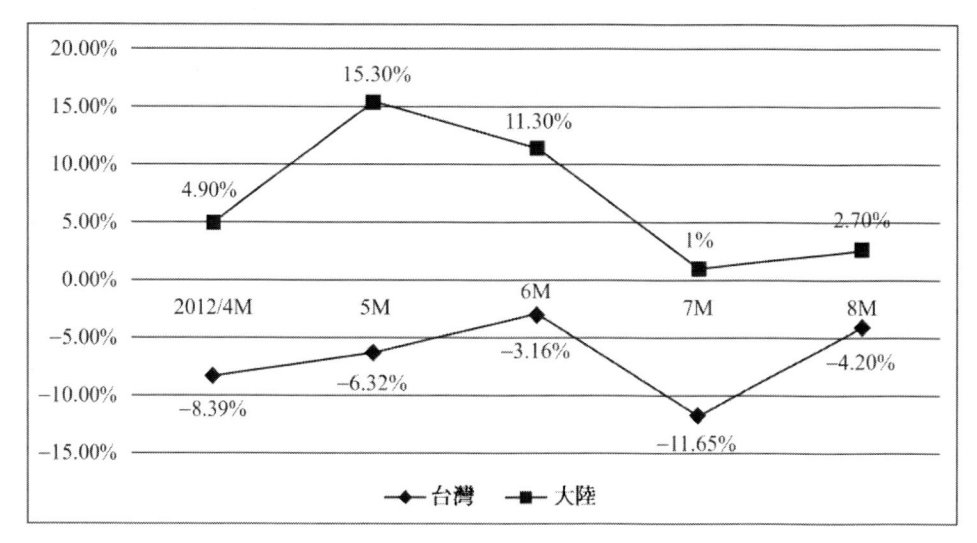

圖16-1 2012年4—8月兩岸出口總值年增長率情況

資料來源：「中華徵信所」

（4）經濟上的異質，限制了兩岸經貿合作向深層次發展

臺灣經濟已完成了向高科技產業結構的轉型，對美國的經濟融合力度得到加強。臺灣高科技企業順應國際市場變化，注重全球經營理念，努力避免兩岸關係不穩定所帶來的風險，注意分散投資，出現了經濟轉型過程中的非大陸化傾向。而大陸還處在新型工業化過程中，大陸的臺資企業面臨著進口和生產的激烈競爭，兩岸合理的產業分工格局沒有真正形成，兩岸生產技術與經濟發展水平存在著一定的差距，經濟總量與經濟實力也存在差異，雙方所獲收益可能不均。這些差異在某種程度上可能影響兩岸經貿合作的順利進行。

第二節 兩岸產業合作的重點領域

1.紡織工業

就目前來看，兩岸紡織產業的互補表現在很多方面，首先是市場的互補。臺灣基本上是一個外銷導向的行業，臺灣紡織業的產品大部分用於出口。目前全球的紡織品市場供過於求，但大陸的內需市場是全世界紡織品生產和增長的原動力。臺灣在地理位置上離大陸很近，在市場互補方面有很好的先天條件，可以跟大陸的企業進行互補和合作。大陸巨大的內需市場對於大陸本地的紡織行業來說是一個很好的發展基礎，實際上對於鄰近的臺灣而言，大陸巨大的內需市場也是臺灣紡織行業一個很好的發展基礎。伴隨著ECFA的簽署，臺灣和大陸之間已實現零關稅，這對於兩岸的紡織行業來講就是一個很好的發展誘因。可以預見，未來兩岸紡織產業在市場方面的互補會帶動整個產業合作的深入推進。

其次，是資源的互補性。臺灣紡織業的發展近十幾年來在技術方面已達到較為成熟的地步，透過相當程度的改善，積累下了很多技術資源。但臺灣基本上沒有天然原料，紡織業完全靠臺灣的石化工業維繫著。長期以來，化纖業一直是臺灣紡織業發展的主體，當然這同時也使臺灣在化纖領域中有一些技術方面的優勢。目前的現狀就是：臺灣掌握著技術資源但缺乏天然資源，與臺灣恰恰相反，大陸紡織業在天然纖維的這個領域最近十幾年發展得非常好，不管是在毛、麻還是在棉的部分都有很好的基礎，尤其是棉紡及其面料產品，在市場的推動下已經給臺灣生產同類產品的企業帶來了競爭壓力。從技術互補的程度來看，未來兩岸的投資或合作時應把握一個原則：杜絕重複投資，要找一些有差異、有「區別」的產品來實現互補。

就兩岸紡織工業的合作而言，ECFA的簽署，紡織業界可以說期盼已久。紡織業是臺灣的傳統產業之一，也是臺灣重要的民生工業。臺灣紡織業近年來業績下滑，整個產業發展的關鍵就在大陸。臺灣紡織業整體產量的三分之一銷往大陸，但大陸擁有勞動力成本優勢，臺灣勞動力成本很高，臺商想在臺灣擴大生產非常困難。因此，臺灣紡織產業除了要保持技術、創意優勢之外，還要和大陸加

強合作。另一方面，兩岸的紡織工業的合作對大陸也有利好的一面；首先，臺灣紡織產業規模不大，產能有限，無法跟大陸相提並論；其次，臺灣原材料、勞動力等各種成本較高，沒有特別的優勢，並且很多企業已經把工廠轉移到大陸。即使有部分產品進來，對大陸的紡織業來說也並不是件壞事，恰恰相反，外部壓力會促使大陸紡織業淘汰落後，不斷升級進步。與此同時，大陸紡織企業還可以學習對方的長處，臺灣紡織企業在全球資源整合、新產品研發、開拓市場、接單方面確實有許多可借鑑之處。此外，未來十年以後兩岸的紡織產業的合作主要表現為時尚品牌的推動與合作。臺灣跟大陸同根同宗，雙方應加強合作，共同打造具有文化影響力的紡織品牌。

2.電子資訊產業

臺灣自1980年代初期積極發展資訊工業，從早期的加工組裝，逐漸建立本島及海外生產體系。自1993年起的大規模投資後，臺灣的資訊產業已經發展成為非常完備的上下游供應體系，包括上游的芯片設計、芯片加工，中游的主機板、光盤機、電源供應器等零部件，下游的掃描器等配套產品。其中不少廠商在全球資訊產業中扮演著舉足輕重的角色，不但具備堅實的製造能力，產值規模更在全球名列前茅。例如筆記本電腦、主機板、電源供應器、影像掃描儀、鍵盤、鼠標等產品的產量已居世界第一，臺灣已成為國際電子資訊產品的主要供貨來源。

目前臺灣經濟已經轉型為以資訊科技（IT）產業為主導，IT產業對經濟增長的貢獻率已達約25%，臺灣經濟對IT產業的依賴程度已相當高。總之，臺灣IT產業發展了20多年，在經驗知識、銷售渠道、研發技術及全球行銷等方面具有優勢，但囿於島內市場及生產體系規模狹小、成本高、人才不足等原因，尚不能充分發揮既有的產業優勢。[58]

大陸資訊產業經過數十年的發展，網路規模和用戶規模均達到全球第一；產業規模和自主創新能力不斷提高，移動通訊、網路設備、交換機系統生產水平達到世界領先，不僅滿足自身需求，還大量出口。而大陸則在原材料、勞動力資源等方面擁有自己的優勢。

兩岸在發展電子資訊產業方面具有各自的優劣勢。根據相關資料整理與統計，兩岸電子資訊產業在生產要素和經濟條件方面具備的優勢程度及產生的需求程度是不同的，其對應的互補關係也不一樣，隨之而進行的分工合作不盡相同。兩岸電子資訊產業在勞動力、資源、內需市場、科技基礎研究、科技人才管理、市場資訊、產品結構、營銷能力和融資等方面，有著較強的互補關係，具有巨大的合作潛力和廣闊的合作前景，為兩岸未來進一步合作提供了高起點的市場基礎和產業合作機會。

3.汽車工業

2012年1—8月大陸汽車產量1338.4萬輛，產量穩步增長，較去年同期增長了8.7%，而有關數據顯示，2012年6—8月汽車產量明顯回落，較3—5月衰退了13.27%，由於大陸城市限購與鼓勵購車政策的退出效應，汽車產銷首當其衝受到影響。臺灣汽車產量2012年1—8為22.64萬輛，較去年同期小幅增長了1.98%；八月適逢農曆七月（俗稱鬼月），產量明顯較低。而2012年1—8月大陸的汽車產量規模為臺灣的59倍。

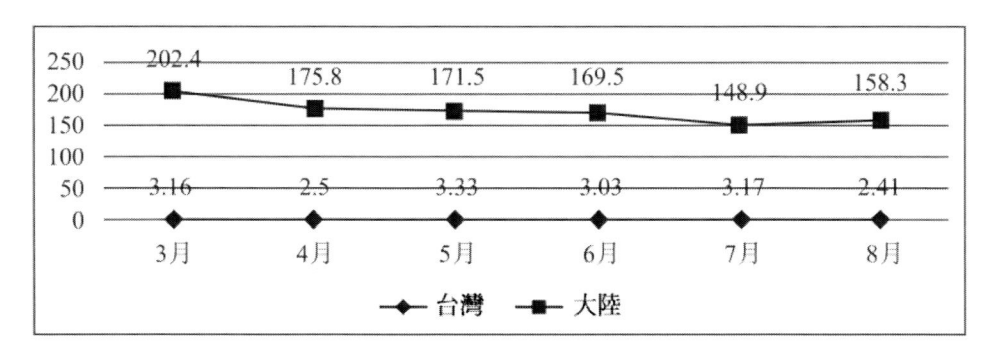

圖16-2 2012年3—8月兩岸汽車產業比較　　單位：萬輛

資料來源：「中華徵信所」。

大陸自2009年起汽車產量全球排名第一，但在汽車出口方面，卻未能同步

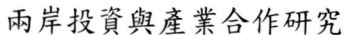

坐上龍頭寶座。近三年的車輛出口增長，更有逐年趨緩態勢。臺灣長期與日系車廠技術合作，在品質與技術上已漸受國際市場肯定，在積極拓展中東等海外市場布局下，近三年車輛出口增長率持續保持在40%以上的增長高峰；反觀大陸的汽車產銷開始進入微增長時代，今年上半年汽車出口增長率更從去年的50%下滑至17%，遠遜色於臺灣的43.6%的增長表現。

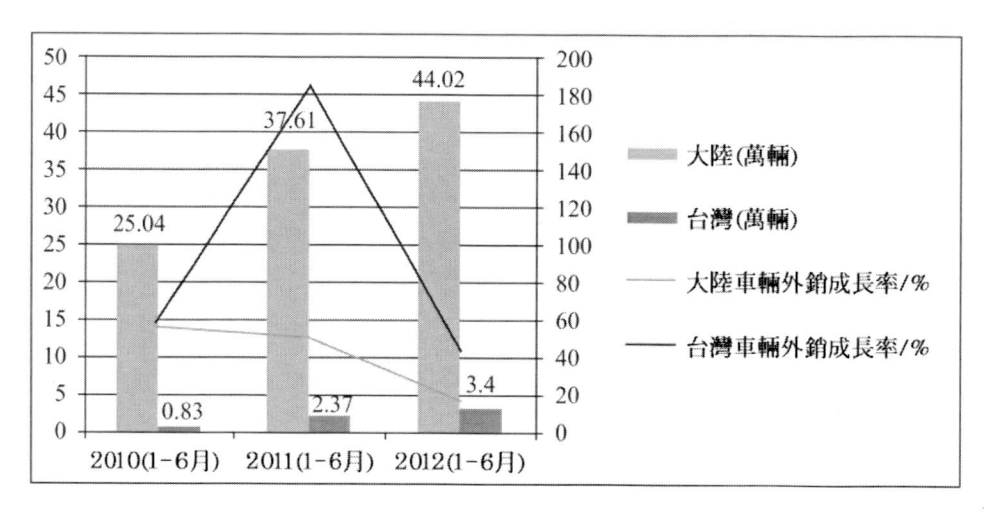

圖16-3 2010—2012年上半年兩岸汽車出口情況

資料來源：「中華徵信所」

臺灣汽車產業主要採取競爭與扶持兼容的產業政策，上游零部件體系在整車生產的帶動下，臺灣汽車零部件企業形成少量多樣、彈性製造的專業細化分工模式，零部件研發力量和製造品質已具一定的國際競爭力。與大陸汽車產業相比，臺灣汽車產業在系統化的零部件製造、電子控制器及車用電子等方面更具優勢。臺灣汽車電子的發展，呈現出功能多樣化、技術一體化、系統集成化和通訊網路化的特點，在GPS導航系統、CAN-BUS總線、自動變速控制系統、防盜系統、車載TV、汽車空調、安全氣囊、檢測總線等方面，都可以與國際汽車零部件巨頭齊頭並進。

大陸的自主品牌汽車企業在經濟型轎車的設計製造方面，透過多年來與合資企業的同臺競技，已經具備了相當的實力和基礎，對於臺灣的低端轎車市場來說，雙方有著廣闊的合作前景，完全可以打破日系車在臺的壟斷局面，可以把這塊市場空間牢固地掌握在兩岸同胞自己的手中。反之在一些關鍵零部件的攻關方面，有了臺灣企業的幫助，大陸企業也可以早日結束被日本汽車商「箝制」的局面。大陸的自主品牌企業在中低端市場有較大的價格優勢，尤其是以奇瑞、吉利為代表的民族自主品牌。總的來看，大陸民族品牌汽車一是產品線比較豐富，其產品價位均在3—8萬元人民幣，這對替代臺灣島內上千輛摩托車有著積極的作用，二是民族自主品牌車企已經在國際汽車市場上進行了多年開拓，因此，對開發同種共源的臺灣市場有著得天獨厚的優勢。

　　此外，兩岸在汽車製造和汽車零部件方面的合作，將會在很大的程度上互利互惠，取長補短。特別是在汽車製造業方面，臺灣可以把大陸從世界工廠轉變為世界市場，簽署ECFA後，臺灣有500多項貨品銷往大陸，這些產品中，臺灣具有競爭力的汽車零部件將會受益匪淺。有了與臺灣汽車市場的互動，勢必就能在一定的時間內，讓大陸汽車及零部件的製造業，建立起新的發展目標。[59]

　　海峽兩岸攜起手來，無論是對臺灣汽車工業的發展，還是對大陸製造業的新拓展，都有著非常重要的進步意義。這就會在雙方的合作與發展上，取得相得益彰的互動效果；另一方面，與國際市場的新合作，又給中國汽車製造業帶來全面國際化發展，提供了一個具有緩衝性質的預演空間。當前ECFA的簽訂將有力促進兩岸未來民族汽車工業的快速發展。

　　4.節能環保產業

　　當前及今後一個時期，大陸仍處於工業化和城市化快速發展階段，環境和資源問題面臨著巨大的壓力。目前，大陸一些河流和城市汙染程度仍處在較高的水平，環境承載能力下降和資源短缺已成為制約大陸經濟社會發展的瓶頸。大陸為確保實現「十二五」節能減排約束性目標，緩解資源環境約束，應對全球氣候變化，促進經濟發展方式轉變，建設資源節約型、環境友好型社會，增強可持續發展能力，根據《中華人民共和國國民經濟和社會發展第十二個五年規劃綱要》，

制定了《節能減排「十二五」規劃》。該規劃規定到2015年，中國萬元國內生產總值能耗下降到0.869噸標準煤（按2005年價格計算），比2010年的1.034噸標準煤下降16%（比2005年的1.276噸標準煤下降32%）。「十二五」期間，實現節約能源6.7億噸標準煤。[60] 大陸將節能減排確立為約束性指標，賦予了節約資源能源保護環境的重大歷史使命，同時也使環境保護工作乃至環保產業發展具有更加豐富的內涵，獲得前所未有的發展機遇。

加強環境整治工作極大地帶動了環保產業的市場需求，大陸將投巨資實施危險廢物和醫療廢物處置、城市汙水處理、城市垃圾處理、燃煤電廠脫硫等八大重點環境保護工程。這些工程項目的實施，無疑將極大地拉動環保產業的市場需求。「十二五」時期，大陸的環保產業將獲得更大的發展空間和市場。

大陸環保產業雖被認為是朝陽產業，但也面臨著一些困擾。一是環保產業的廣闊前景吸引了大量外資湧入，而大陸的大多數的環保企業是在鄉鎮工業基礎上發展起來的，環保產品技術含量低，與外資競爭會遇到許多困難。二是環保產業市場秩序不規範。三是科技研究和開發跟不上發展的需要，急需建立產學研相結合和以企業為中心的環保產品科學研究體制。

臺灣環保產業起步較晚，但目前來看發展勢頭良好。臺灣經濟發展過程中曾為生態環境的保護付出過慘痛代價，然而也造就了臺灣環保產業的蓬勃發展。1980年代中期以來，臺灣注重經濟發展與環境保護、生態保育的協調發展，追求兩者雙贏的發展模式。一是調整環保行政官僚體系。二是制定、頒布、實施了一系列有關環境與自然生態保護的法律規章。三是以市場經濟手段規範環保行為，建立環境稅制。四是積極鼓勵環保產業的發展。目前，臺灣環保產業已具相當規模，環保產品種類繁多，環保服務體系較為完備，環保產業呈現良好發展勢頭。但臺灣環保產業也存在一些問題，比如環保產業貿易特性強，環保產品的進口依存度高。空氣汙染防制設備、噪音汙染防制設備、振動汙染防制設備、環境監測設備、水汙染防治設備及廢棄物清理設備的零配件等大多自日本、美國、德國、丹麥及法國進口。另外，環保產業技術可持續發展存在「瓶頸」制約。主要體現在：環保產業群體仍以中小企業為主，占90%左右的比例；投入的研發、資

金、人才相對不足,產學研結合不緊密;島內環保需求市場相對狹小等等。[61]

大陸的環保產業近年來發展非常快速,有著廣闊的市場,但技術含量相對較低。臺灣的環保產業已日趨成熟,積累了豐富的管理經驗和人才。但臺灣資源缺乏,環保需求市場相對狹小。所以,未來兩岸在環保產業方面可以做到優勢互補,加強交流與合作,走出一條互利雙贏的可持續發展之路,共同打造兩岸綠色家園。

大陸環保產業對臺合作及投資的重點領域主要包括以下方面:一是發展循環經濟的支撐技術。包括資源綜合利用、廢舊物品的回收利用技術等;推進清潔生產、綠色設計、生活消費潔淨產品等;可再生能源、綠色能源等;節能、節水技術和產品等。二是環境汙染防治與生態保護領域。包括水汙染防治與回收利用技術、飲用水安全保障技術等;大氣汙染治理、清潔能源、燃煤電站脫氮脫硫、可吸入粉塵、垃圾和危險廢物焚燒煙氣淨化、機動車排氣汙染控制技術等;垃圾衛生填埋、汙染土壤恢復技術等。三是環境監測儀器領域。包括汙染源在線監測儀表和控制傳輸系統,大流量煙塵、煙氣排放口、汙水處理廠監測與過程控制系統;空氣環境質量和水環境質量監測技術及監測網系統建設技術;環境應急監測與預警技術等。

5.新能源產業

在經濟發展的進程中,隨著常規能源的日益枯竭和生態環境的日益惡化,人類面臨的可持續發展的挑戰越來越嚴峻,可持續發展已經成為當今世界共同的主題。其中,能源的可持續發展在經濟的可持續發展中扮演著重要的角色,這就需要以能源的可持續發展來滿足經濟的可持續發展,代表未來能源發展方向的新能源具有極大的發展潛力。目前兩岸都已把發展新能源作為重大戰略舉措,這為兩岸開展新能源合作創造了良好的條件,兩岸可以透過在新能源開發領域的合作,保證兩岸經濟的持續發展。此外,在現階段,新能源未能實行有效的大規模開發,原因就在於其開發技術的不成熟、開發需要的資金規模過大、在開發利用的條件上存在較高的要求等多方面的限制,這就需要兩岸在合作中實現優勢互補,透過提高開發的效率以加快發展的速度。其中,兩岸在新能源的開發上具有極為

顯著的互補性：大陸存在新能源開發的豐富資源要素和技術研發上的人才優勢，同時擁有新能源需求的巨大市場；臺灣則具有新能源開發上的技術和資金優勢以及產業化運作的經驗。

具體來看，當前，大陸極力發展新能源產業，發展太陽能、風能、電動汽車、核能，以及節能環保的LED產品等。鑒於科技的迅速發展和市場的快速養成，大陸可能將2020年太陽能發電內需市場總容量180萬千瓦的原本規劃數字變為1000萬千瓦，甚至是2000萬千瓦，最大增幅超過十倍。2020年風電的發展目標有可能從原先的3000萬千瓦提高至1億至1.5億千瓦。「十城萬盞」計劃預估總體商機高達新臺幣700億至800億元。[62] 有統計指出，全球風力發電設備2008年產值588億美元，大陸新增裝機容量增長率為1107%，居全球之冠。預估到2015年全球風力發電設備產值可達1800億美元商機，其中美國、中國大陸與印度是未來的主要風力發電市場。大陸如此龐大的市場和消費能力，加上「和平發展兩岸關係」的主旨，臺灣企業應該抓住機遇，加強兩岸節能環保、新能源產業在技術研發、產品應用、市場推廣、雙向投資等方面的合作，鼓勵兩岸企業積極研究、使用和推廣節能環保產品和新能源技術，定期召開兩岸研討會，建立溝通平臺，推動兩岸建設節能、環保社會。今後，兩岸可以在福建或高雄地區，建立新能源科技園區，加強風能、太陽能、生物燃料、煤轉油技術的研製開發；建立新能源交易所，促進新技術與資訊的交換。

6.現代服務業

毋庸諱言，ECFA的簽署有利於加深兩岸產業合作，促進兩岸的產業轉型與升級。產業合作是兩岸ECFA的一大重要特色。根據國際貿易理論，經貿正常化和整合化之後，雙方的比較優勢更會充分地顯現，而ECFA確實是能夠加快兩岸經貿的正常化以及產業的整合。兩岸建立制度化的合作機制可以幫助雙方具有比較優勢的產業獲得更大的市場發展空間。臺灣勞動力密集型產業向大陸轉移，附加值較高的高科技產業將得以更快地增長，從而帶動臺灣的產業升級。而大陸也可以藉助臺灣產業轉移的契機大力發展傳統產業，在技術及創新理念方面有所提高。另外，繼製造業後，現代服務業才是兩岸合作的新焦點。當前，大陸服務業

占GDP的比例只有40%左右，遠低於發達國家70%的比例，所以服務業將是未來大陸發展潛力巨大的產業。ECFA的簽署有利於臺灣服務業向大陸轉移，兩岸可以抓住時機共同發展現代服務業。

臺灣為適應全球經濟形勢變化和兩岸經濟合作框架協議簽署後的發展形勢，正在研究制定「黃金十年」產業規劃（「2020臺灣願景計劃」），而此產業規劃的重點即是服務業的擴大化與精緻化，同時製造業也由過去的代工、製造型產業轉型升級為營運、管理、創新、智慧、服務型產業。在臺灣產業結構演進過程中，服務業產值占GDP比重已經接近70%左右，本應替代製造業扮演拉動經濟增長的龍頭角色，但卻長期呈現低實質增長、低投資比例、低勞動投入、低研發投入、低國際競爭力、低產業關聯度等特點。[63] 主要原因在於臺灣的市場容量太小，導致其在服務產業鏈相關環節無法發揮自身的潛力，不利於未來服務業的擴大和發展。而在ECFA簽署之後，在兩岸經濟交流與合作的新形勢下，臺灣服務業拓展大陸市場已經得到鬆綁，且在大陸服務業市場增長潛力大於製造業產品市場的前景下，臺灣服務業已經具有了利用大陸市場迅速擴大經營版圖的最有利時機。臺灣應該將現代服務業作為發展重點，具體包括金融、物流、通訊、醫保、人才培訓、環境設計、文化創意、資訊、研發、環保等利用知識而產生高附加值的領域。臺商投資大陸的服務業正好滿足了大陸對物流、金融、電子商務等服務業的巨大需求。臺灣連鎖、餐飲等服務業在大陸更具優勢。特別是隨著海峽兩岸貿易與投資的擴大，對兩岸金融等服務業的需求更是迫切，臺灣金融服務業也具有百萬大陸臺商的基本市場。臺灣服務業在大陸市場以外，還可與大陸服務業加強合作，共同承接全球服務業的轉移和外包，在國際服務業分工格局中占得一席之地。服務業之間的合作最重要的是服務意識的提高與投資環境的改善，而之前兩岸在這方面的合作卻是極少的，因為兩岸之間缺少一個可以互相交流與學習的環境，兩岸在機制與制度方面都有較大不同。但ECFA的簽署卻極大地改善了以往的交流限制，兩岸可以自由地互相投資與學習，突破服務業合作的瓶頸，打造以物流和供應鏈管理為先導，面向東盟和周邊市場的生產性服務基地，完善集群功能。展望未來，兩岸服務型企業還應該在境外的品牌推廣、技術中心和市場營銷渠道等建設方面加強合作，可以共同提高兩岸服務型企業的國際競爭力。[64]

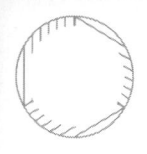

第十七章 促進兩岸產業合作的政策措施建議

第一節 主要政策建議

1.加強對臺商產業轉移和企業轉型的引導與扶持

　　針對當前臺商投資大陸產業向大陸中西部轉移的趨勢，以及部分臺資企業轉型升級的迫切需求，大陸有關部門應積極予以支持。一是工信部等政府部門應繼續加大陸中西部地區的公共設施建設的投資力度，改善西部地區招商引資的軟硬環境，提升相關配套能力建設，為臺資企業產業轉移提供便利。二是應積極主動地在有關地區籌建臺資企業產業轉移的示範基地、示範園區或臺商投資園區，宣傳和引導臺資湧向具有競爭力的產業承接地，提高其產業市場競爭力。三是為體現國家產業政策導向，建議中央財政設立一定數額的產業轉移風險基金，支持符合國家產業轉移政策導向的東部臺資企業向西部轉移，同時，由財政擔保，以信貸方式向轉移西部的臺資中小企業提供融資。四是東部區域各行政主體應根據本區域產業轉型升級形勢，在省級行政區稅收權限內實施對臺資企業轉移的激勵性政策，動員和鼓勵適合於在西部發展的勞動密集型臺資產業轉移。而西部作為弱勢區域，其對產業轉移所承擔的成本，除體現在為臺資產業發展提供低廉的土地、資源、勞動力和優惠稅收外，更主要的則在於優化區域投資環境，減少臺商投資西部的不確定性，降低其機會成本。五是針對臺資企業迫切的轉型需求，工信部應積極頒布各項政策予以扶持和幫助，幫助其實現轉型升級，大陸各級政府應積極幫助臺資企業在大陸開拓市場，建立銷售渠道。

2.提高本地企業對臺資企業的產業配套能力，促進本地企業產品進入臺資企業的採購系統

　　針對大陸的產業配套環境不夠理想，特別是本地企業對臺資科技型企業的配套能力較弱的問題，大陸應在產業規劃上主動對接臺灣IC、光電等優勢產業的發展和轉移趨勢，加快發展本土原輔材料、零組件、組裝等配套企業，提升本地企業對臺資企業的協作、滲透、配套能力。經過多年的發展，大陸沿海地區產業技

術水平和產品質量不斷提升，相當一部分產品已達到或接近臺資企業的技術標準和產品質量要求。而臺資企業為降低生產成本和擴大市場份額，不斷加快推進本土化策略。本地企業應順應這一趨勢，建立與臺資企業統一的技術標準和產品規格，使本地企業產品加快進入臺資企業的營銷網路和採購系統，大幅增加臺資企業對本地企業生產的原輔材料和零部件、半成品的採購，以促進兩岸產業在價值鏈中的融合。

3.加強對臺資的政策性引導，優化臺資的投資結構與布局

為優化臺商直接投資對大陸產業結構調整的正向效應，促進大陸產業結構向合理化及高級化方面發展，促進產業結構的優化升級，當前關鍵要加強對臺資的政策性引導。一是有針對性地吸收臺資，提升臺資企業帶來的資本形成效應，引導臺資直接投向資金與技術密集型產業，特別是電子資訊、石化等行業，把吸收臺資與大陸產業結構調整的方向相結合，改善投資結構，優化投資質量，引入優質資本，改造傳統行業；二是引導臺商向廣大的中西部地區投資，促進產業結構區域布局的合理化，中西部地區應根據當地的比較優勢，確定較為合理的引資方向，可重點引進勞動密集型企業，改善當前臺商投資的區域布局；三是持續吸引臺商投資於先進製造業，引導臺商優先投資於高新技術產業，大力發展電子資訊行業，提高製造業的自主創新能力，加快粗放型經濟增長方式的轉變，鼓勵臺商更多地在資本密集型和技術密集型行業投資，提高投資質量，優化投資結構，促進大陸第二產業內部結構的合理化與高級化，逐步轉變大陸第二產業大而不強的局面，由製造業大國向製造業強國轉變。

4.為兩岸產業合作提供人力資源方面的支持

在新的歷史時期，兩岸應該實施更加積極靈活的人才政策，滿足兩岸產業合作中對人才的需求。一是工業和訊息化部應積極鼓勵大陸的國有企業、民營企業建立現代企業制度，並對此予以充分重視，在用人制度上有所突破，大膽聘用具有良好口碑、有廣泛行業影響力的臺灣職業經理人；二是建立在「信用機制與共同利益」基礎上的經理人合作機制，以實現兩岸產業的深度融合，可以在半導體、光電等人才缺乏但又急需突破的領域聘用臺灣職業經理人；三是由工業和訊

息化部牽線推動建立兩岸共同的科技人才庫，透過各種形式加強兩岸高層次人才的合作與交流。

第二節 其他措施建議

1.建立兩岸相關產業合作新機制

在新的歷史時期，特別是在「十二五」時期，為推進兩岸在工業化和資訊化領域的深度合作，應考慮建立兩岸在工業和資訊化領域的合作新機制。一是透過工業和訊息化部和臺灣「經濟部」的主導和推動，構建兩岸產業合作的雙向機制，制定兩岸建制性合作產業的發展目標，如在高新技術產業，兩岸可探討共同建立研發基地，並在某些研究領域進行分工；加強兩岸科技園區的合作，促進園區之間的技術轉移，合作開發技術含量高的品牌產品；合作建立創業風險投資公司，為兩岸的高科技廠商提供融資渠道；逐步形成大陸企業主要負責生產、研發，臺灣企業主要負責營銷的新型產業鏈，共同開發國際市場等。二是伴隨著ECFA的簽署實施，下一步兩岸經濟制度化合作發展的重要目標是建立高度整合的兩岸經濟合作機制或經濟一體化建設，即著手「兩岸經濟共同體」（兩岸共同市場）的建設。

2.強化兩岸經濟合作委員會的功能

根據ECFA第五章的規定，兩岸已於2011年1月6日宣布成立兩岸經濟合作委員會（下稱「經合會」），這是兩岸首次在所達成的協議框架下共同成立的組織，是兩岸經濟合作從功能性一體化向制度性一體化轉換中的重大體制性突破。但從所能發揮的功用上看，作為監督與解釋、推進ECFA的一個臨時性組織，「經合會」現階段仍以臨時性、應急性和事務性為主，每半年在兩岸輪流舉行協商，這種運行機制只能發揮處理ECFA後續發展過程中出現的相關問題的機能，而無法造成提升兩岸合作層次、推進兩岸合作深化、共同應對區域經濟一體化進程加快所帶來的挑戰的作用。因此，作為第一個兩岸共同組成的促進經濟合作的機構，若從推動兩岸經濟合作從功能性一體化向制度性一體化的發展的角度分析，「經合會」應盡快向專業化、專職化、專門化方向發展，從而推動兩岸經濟

合作的機制化建構，為今後兩岸合作的深化形成更有利的機制保障。

3.深化兩岸製造業功能性分工，提升兩岸國際分工地位

兩岸製造業應順應兩岸產業結構轉型升級的需要，透過深化分工、加強合作，著力推動分工模式由此前的臺灣產業梯次向大陸轉移、以大陸作為加工出口基地為主的方式，向共同提高兩岸產業技術層次和競爭力方向升級，突破目前為先進國家代工的分工體系。大陸由於經濟發展的多樣性，具有在高科技基礎研究方面的雄厚基礎，而臺灣在技術研發及品牌創造方面具有較豐富的經驗，雙方具備在各層面進行多元化分工的條件。雙方應重視加強在技術研發、品牌創造及營銷策略等產業鏈高端的合作。對於臺灣企業來說，應利用大陸內需市場優勢和臺灣企業的全球化生產銷售網路優勢，推動實施國際品牌戰略，擺脫對代工生產模式的依賴。大陸應在承接臺灣製造端轉移的同時，更注重藉助和汲取臺灣在研發和行銷方面的優勢，把人才、科技的潛在優勢轉化為技術研發的現實優勢，促進製造業向高附加值方向延伸，努力從「製造大國」向「製造強國」的轉變。

4.加強宣傳推廣活動，促進兩岸產業合作深入開展

工業和訊息化部和臺灣的「經濟部」中的相關機構要加強聯合宣傳推廣，聯合舉行招商和貿易推廣、「產業搭橋會」活動，為兩岸企業優勢互補、合作互動牽線搭橋。兩地主管部門和相關服務機構要多形式、多渠道、大範圍宣傳推廣，使兩地企業方便獲取所需資訊，促進雙方的合作與互動。當前，一是應鼓勵大陸和臺灣同胞共同攜手「走出去」，兩岸的企業可以一造成境外開設經濟開發區，大陸企業和臺資企業聯手開拓市場渠道，收購境外的商業網路，對此，兩岸相關部門應做好資訊服務工作；二是加強兩岸中介服務機構的合作，讓中介機構成為行政主管部門和企業之間聯繫的橋梁，在兩岸企業與企業、企業與行政主管部門之間牽線搭橋，扮演一個溝通平臺的角色，今後，應該鼓勵兩岸的中介機構進一步攜手合作，促進和深化兩岸企業間的聯繫。

注　釋

[1].1996, OECD, Benchmark Definition of FDI, 3rd Edition, Paris.

[2].Hymer. S. F. (1976) The International Operation of National Firms: A Study of Direct Foreign Investment, MIT Press.

[3].Bucklcy. P. J. and Casson. M. (1976) The Future of the Multinational Enterprise. Macmillan.

[4].Raymond Vernon. International Investment and International Trade in the Product Cycle, Quarterly Journal of Economic. May 1966. pp190-207.

[5].Knickerbocker. F. T. (1973) Oligopolistic Reaction and the Multinational Enterprise, Harvard Graduate School of Business Administration.

[6].Kojima. K. (1978) Direct Foreign Investment: a Japanese model of Multinational Business Operation. Croom Helm.

[7].Mundell R. A. International Trade and Factor Mobility. American Economic Review. June. 1957. pp321-335.

[8].Dunning J. H. (1977). Trade. location of Economic Activity and the Multinational Enterprise: A Search for an Electric Approach. London: Macmillan.

[9].Dunning J. H. (1981). International Production and the Multinational Enterprise. Allen and Unwin. pp109-141.

[10].Steven Brakman. Marry Garretsen. Charles van Marrewijk. (2001). An introduction to Geographical Economics. Cambridge University press.

[11].Rugman. A. M. (1981). Inside the Multinational: the Economics of Internal Markets. Croom Fielm.

[12].參見保羅‧克魯格曼等：《國際經濟學》，北京：中國人民大學出版社，1998年版。

[13].Michael E.Porter, (1998). Clusters and the new economics of competition, Harvard Business Review; Boston; Nov/Dec.

[14].參見H. 錢納畢，M. 塞爾奎因：《發展的模式（1950—1970）》，北

京：經濟科學出版社，1988年版。

[15].參見曾建權：《對臺灣工業發展模式的探討》，《臺灣研究》，1997年第1期，第51—55頁。

[16].參見「臺灣科技研發經費比率 要追上日韓」。

[17].參見「臺灣產業轉型經驗的啟示」。

[18].參見投資臺灣入口網。

[19].參見梁茹等：《臺灣中衛體系的發展經驗及對廣東省專業鎮轉型升級的啟示》，《科技管理研究》，2012年第16期，第139頁。

[20].參見臺灣「行政院主計處」網站。

[21].參見「虎年發虎威：臺灣經濟邁入穩健發展期」。

[22].參見「唐永紅：臺灣經濟復甦初現 但任重道遠」。

[23].參見陳曉東：《透析臺灣製造業國際競爭力的衰退》，《國際貿易問題》，2002年第12期，第59頁。

[24].參見「盛九元：馬英九經濟新『內閣』與『黃金十年』挑戰」。

[25].數據來源於朱磊，張曉楹：《投資臺灣指南》，北京：中國經濟出版社，2012年版，第26、106頁。

[26].黃立軍：《臺灣中小企業發展面面觀》，《發展研究》，2000年第3期，第53—54頁。

[27].周志懷：《臺灣中小企業的特點與未來發展方向》，《亞太經濟》，1987年第3期，第43—45頁。

[28].參見「臺灣中小企業創新與融資及兩岸產業合作」。

[29].莊榮良：《海峽兩岸產業分工的發展階段、模式演進和發展機遇》，《福建論壇·人文社會科學版》，2009年第5期，第137—139頁。

[30].李非：《本期話題：兩岸產業合作研究》，《福建師範大學學報（哲學

社會科學版）》，2010年第5期，第69頁。

[31].李鵬：《海峽兩岸經濟互賴之效應研究》，北京：九州出版社，2010年版，第22—23頁。

[32].周志懷主編：《臺灣研究優秀成果獎獲獎論文彙編2008 卷》，北京：九州出版社，2009年版，第54頁。

[33].兩岸經濟合作委員會的來龍去脈。

[34].參見盛九元：《兩岸經濟合作的路徑選擇與機制建構——基於一體化理論的研究視角》，長春：吉林人民出版社，2011年版，第135—136頁。

[35].參見盛九元：《兩岸經濟合作的路徑選擇與機制建構——基於一體化理論的研究視角》，長春：吉林人民出版社，2011年版，第136—137頁。

[36].參見《產業搭橋推動兩岸產業交流》，臺灣：《經濟日報》，2010年3月19日。

[37].參見盛九元：《ECFA的後續發展：趨勢、路徑與步驟》，《亞太經濟》，2012年第1期，第129頁。

[38].參見李友華：《當前兩岸建立經濟介作機制的癥結及對策》，《安徽師範大學學報》，2008年第1期，第31頁。

[39].參見《兩岸共同市場基金會正式啟動》，臺灣：《聯合報》，2001年3月27日。

[40].參見《錢其琛副總理在紀念江澤民同志「關於發展兩岸關係、推動祖國和平統一的八項主張」發表七週年大會上的講話》，《人民日報》，2002年1月23日。

[41].參見「盛九元：CECA——臺灣低迷經濟的選擇」。

[42].參見劉旭：《後危機時代臺灣經濟的發展趨勢》，《中國經濟時報》，2010年4月27日。

[43].參見盛九元：《ECFA對兩岸經濟合作的影響：進展與前景》，《世界

經濟與政治論壇》，2010年第4期，第30頁。

[44].參見「盛九元：ECFA——兩岸關係發展的新起點。

[45].參見「朱磊：對兩岸經濟合作路線圖的思考」。

[46].參見盛九元：《ECFA的後續發展：趨勢、路徑與步驟》，《亞太經濟》，2012年第1期，第126頁。

[47].參見「朱磊：對兩岸經濟合作路線圖的思考」。

[48].參見謝志忠，林天時：《海峽兩岸經濟合作協議對臺灣經濟之影響》，《財經科學》，2012年第5期，第71—74頁。

[49].參見「ECFA 簽署將滿兩週年兩岸獲得良好的經濟、社會效益」。

[50].參見臺灣「經濟部」工業局編印：《臺灣製造業白皮書》，2008年版，第72頁。

[51].參見《「英雙會」後民眾對ECFA的支持度攀升》，臺灣：《聯合報》，2010年4月25日。

[52].參見「中國時報聲明：公布民調檔案，不要再迴避」。

[53].參見王宙：《制度變遷與經濟增長——諾貝爾經濟學獎得主諾思的經濟思想評述》，《國際經濟評論》，1996年增刊第3期，第59頁。

[54].參見「周志懷：海峽兩岸的『三通』現狀與發展趨勢」。

[55].參見胡軍，馮邦彥，陳恩主編：《經濟全球化格局下的兩岸產業分工與合作》，北京：經濟科學出版社，2006年版，第393頁。

[56].莊榮良：《海峽兩岸產業分工的發展階段、模式演進和發展機遇》，《福建論壇·人文社會科學版》，2009年第5期，第140頁。

[57].參見：「鄭曉舟：臺灣放寬臺企投資大陸限制」。

[58].參見黃梅波：《海峽兩岸的投資互動及其前景》，《國際經濟合作》，2002年第7期，第18頁。

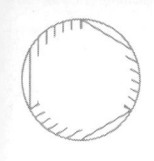

[59].參見「ECFA將為海峽兩岸汽車工業發展掛上高速擋」。

[60].參見「中國2015年全國萬元GDP能耗較之2010年再降16%」。

[61].參見杜強：《臺灣環保產業現狀與發展趨勢》，《中國環保產業》，2003年第11期，第40—41頁。

[62].參見張遠鵬：《臺灣六大新興產業規劃和兩岸經濟合作》，《世界經濟與政治論壇》，2009年第6期，第89頁。

[63].參見曹風歧：《兩岸金融合作「大戲」》，《資本市場》，2012年第6期，第20頁。

[64].參見「朱磊：後ECFA時代加速推動兩岸產業合作與轉型升級」。

參考文獻

一、中文論著

福建省地方稅務局編：《中國臺灣稅收制度》，北京：中國稅務出版社，2007年版。

經濟日報社編：《臺灣經濟年鑒》，北京：經濟日報出版社，2009年版。

臺灣「經濟部」工業局編印：《臺灣製造業白皮書》，2008年版。

周志懷主編：《臺灣2009》，北京：九州出版社，2010年版。

中國企業投資協會，臺灣併購與私募股權協會，匯盈國際投資公司編：《投資臺灣——大陸企業赴臺投資指南》，北京：九州出版社，2012年版。

李鵬：《海峽兩岸經濟互賴之效應研究》，北京：九州出版社，2010年版。

周志懷主編：《臺灣研究優秀成果獎獲獎論文彙編2008　卷》，北京：九州出版社，2009年版。

李閩融主編：《海峽兩岸競爭力論壇論文集》，長春：長春出版社，2011年版。

朱磊，張曉楹：《投資臺灣指南》，北京：中國經濟出版社，2012年版。

朱磊：《臺灣產業與金融研究》，北京：九州出版社，2012年

版。

　　石正方主編：《兩岸經濟合作與海西建設》，北京：九州出版社，2011年版。

　　唐永紅：《兩岸經濟制度性合作與一體化發展研究》，北京：九州出版社，2010年版。

　　林則奘：《成功赴臺投資——臺灣投資法規與實務》，北京：臺海出版社，2009年版。

　　黃紹臻：《走向整合——海峽經濟區發展報告》，北京：經濟管理出版社，2011年版。

　　黃梅波，莊宗明：《海峽兩岸的產業合作》，北京：人民出版社，2007年版。

　　石正方主編：《臺灣研究新跨越·經濟分析》，北京：九州出版社，2010年版。

　　戴淑庚：《海峽兩岸和其他臺商投資相對集中地區的經濟發展——基於兩岸經濟整合的視角》，北京：北京大學出版社，2012年版。

　　〔美〕邁克爾·波特：《國家競爭優勢》，北京：中信出版社，2007年版。

　　李非：《21世紀初期海峽西岸經貿關係走向與對策》，北京：九州出版社，2002年版。

　　陳麗瑛等：《兩岸產業分工政策執行成效之評估》，臺灣「經濟部」工業局委託研究報告，1997年版。

　　盛九元：《兩岸經濟合作的路徑選擇與機制建構——基於一體化理論的研究視角》，長春：吉林人民出版社，2011年版。

　　李非：《海峽西岸經濟合作問題研究》，北京：九州出版社，

2000年版。

李非：《海峽西岸經貿關係》，北京：對外貿易教育出版社，1994年版。

史惠慈：《製造業廠商赴大陸投資行為轉變及政府因應政策之研究——以電子資訊業為例》，臺灣「行政院研究發展考核委員會」編印，2003年版。

李保明：《兩岸經濟關係20年——突破與發展歷程的實證分析》，北京：人民出版社，2007年版。

朱華晟：《浙江產業群——產業網路、成長軌跡與發展動力》，浙江：浙江大學出版社，2003年版。

仇保興：《小企業集群研究》，上海：復旦大學出版社，1999年版。

段小梅：《臺商投資大陸的區位選擇及其投資環境研究》，北京：中國經濟出版社，2006年版。

臺灣區電機電子工業同業工會：《2008年中國大陸地區投資環境與風險調查：脫變躍升謀商機》，臺北：商周編輯顧問股份有限公司，2008年版。

李非：《加入WTO與兩岸經貿發展》，廈門：廈門大學出版社，2003年版。

鄧利娟主編：《臺灣研究25年精粹——經濟篇》，北京：九州出版社，2005年版。

李非主編：《臺灣研究25年精粹——兩岸篇》，北京：九州出版社，2005年版。

胡軍，馮邦彥，陳恩主編：《經濟全球化格局下的兩岸產業分工與合作》，北京：經濟科學出版社，2006年版。

黃梅波：《兩岸經貿關係回顧與展望》，北京：人民出版社，2007年版。

曹小衡：《2000年以來臺灣經濟與兩岸經濟合作回顧與展望》，《2005—2006年度臺灣經濟與兩岸經濟合作研究報告》，北京：九州出版社，2006年版。

易剛，許小年：《臺灣經驗與大陸經濟改革》，北京：中國經濟出版社，1994年版。

李非：《臺灣經濟發展通論》，北京：九州出版社，2004年版。

許振明：《經濟全球化及區域化下兩岸產業的競爭與分工探討》，《經濟全球化格局下的兩岸產業分工與合作》，暨南大學臺灣經濟研究所編，北京：經濟科學出版社，2006年版。

林漢川，魏中奇：《中小企業發展的國別比較》，北京：中國財政經濟出版社，2001年版。

劉建興，黃文真：《臺灣經濟介評》，北京：中信出版社，1993年版。

李家泉：《臺灣經濟是怎樣發展起來的》，北京：人民日報出版社，1989年版。

林漢川，邱紅：《中小企業管理教程》，上海：上海財經大學出版社，2006年版。

陳恩：《臺灣經濟結構分析——從產業結構角度切入》，北京：經濟科學出版社，2003年版。

沈祖良，陳繼勇：《南朝鮮臺灣香港新加坡經濟述評》，武漢：湖北人民出版社，1990年版。

呂桐生，裴浩林：《臺灣香港經濟研究》，北京：農村讀物出版社，1989年版。

中國社會科學院臺灣研究所編：《轉型期的臺灣經濟與社會》，北京：時事出版社，1991年版。

於宗先，王金利：《臺灣中小企業的成長》，臺中：聯經出版事業公司，2000年版。

李國鼎：《臺灣經濟高速發展的經驗》，南京：東南大學出版社，1993年版。

〔日〕 中村哲：《東亞近代史理論的再探討》，北京：商務印書館，2002年版。

〔美〕 何保山：《臺灣的經濟發展》，上海：上海譯文出版社，1981年版。

陳碧笙：《臺灣地方史》，北京：中國社會科學出版社，1982年版。

王家驥：《臺灣金融與經濟發展》，北京：中國經濟出版社，1992年版。

李國鼎：《臺灣經濟發展中的科技與人才》，南京：東南大學出版社，1994年版。

〔日〕 隅谷三喜男，劉進慶，塗照彥：《臺灣經濟發展的成就與問題——新興工業化經濟群體的典型分析》，廈門：廈門大學出版社，1996年版。

保羅·克魯格曼等：《國際經濟學》，北京：中國人民大學出版社，1998年版。

邁克爾·波特：《競爭戰略》，陳小悅譯，北京：華夏出版社，2001年版。

袁奇：《當代國際分工格局下中國產業發展戰略研究》，成都：西南財經大學出版社，2006年版。

（臺）翁嘉禧：《臺灣的發展：全球化、區域化與法制化》，臺北：巨流圖書公司，2006年版。

（臺）張亞中：《全球化與兩岸統合》，臺北：聯經出版事業有限公司，2003年版。

（臺）高長：《大陸經改與兩岸經貿》，臺北：五南圖書出版公司，2008年版。

伊啟銘：《臺灣經濟轉折時刻》，臺北：商周出版社，2004年版。

石正方：《臺灣研究新跨越·經濟分析》，北京：九州出版社，2010年版。

嚴正主：《臺灣產業結構升級研究》，北京：九州出版社，2003年版。

張玉冰：《大陸沿海與臺灣競爭力比較研究》，北京：九州出版社，2007年版。

高希均等主編：《兩岸經驗20年——1986年以來兩岸的經貿合作與發展》，臺北：臺灣天下文化出版社，2006年版。

張傳國：《臺商投資大陸問題研究》，上海：商務印書館，2007年版。

鄧麗娟，石正方：《海峽西岸經濟區發展研究》，北京：九州出版社，2008年年版。

王建民，張冠華，曹小衡：《海峽兩岸經濟貿易與投資大全》，北京：東方出版社，1993年版。

劉震濤：《臺資企業個案研究》，北京：清華大學出版社，2005年版。

李國鼎：《臺灣經濟發展背後的政策演變》，南京：東南大學出

版社，1998年版。

（臺）高長：《兩岸經貿關係之探索》，臺北：臺灣天一圖書公司，1997年版。

徐滇慶：《臺灣經驗與海峽兩岸發展策略》，北京：中國經濟出版社，1996年版。

盛九元：《東亞經濟格局變動與兩岸經貿關係發展》，吉林：吉林人民出版社，2006年版。

北京：《臺灣研究》（歷年），中國社會科學院臺灣研究所編印。

《臺灣經濟年鑑》（歷年），臺灣經濟日報社編印。

《海關統計月報》（歷年），中華人民共和海關總署編。

《中國統計年鑑》（歷年），中華人民共和國統計局編，中國統計出版社。

《中國外商投資報告》（歷年），中華人民共和國商務部（外經貿部）編。

《臺灣：製造業多角化暨國際化調查報告》，臺灣「經濟部」統計處編印（歷年）。

《中小企業白皮書》（歷年），臺灣「經濟部」工業局編印。

《製造業赴大陸投資行為轉變與政府因應政策之研究：以電子資訊業為例》，臺北：「中華經濟研究院」編印，2003年版。

楊家彥：《兩岸經貿新局下的產業合作方向》，「兩岸經貿浦東論壇」會議論文，浦東臺灣經濟研究中心，2009年版。

段小梅：《臺商投資大陸的區位選擇及其投資理論研究》，北京：中國經濟出版社，2006年版。

二、期刊論文

熊俊莉：《「陸資入島」的新進展及前景展望》，《兩岸關係》，2011年第5期。

林銀木：《「陸資入臺」可能面臨的投資風險及其應對之策》，《福建法學》，2010年第2期。

俞毅：《大陸企業對臺投資的現狀、障礙及對策》，《國際經濟合作》，2011年第6期。

李友華：《當前兩岸建立經濟合作機制的癥結及對策》，《安徽師範大學學報》，2008年第1期。

劉相平：《2008臺灣「大選」後的兩岸關係走向預測》，《世界經濟與政治論壇》，2008年第3期。

李非：《兩岸產業合作研究》，《福建師範大學學報》，2010年第5期。

陳德升：《經濟全球化與臺商投資大陸：策略與布局》，「經濟全球化與臺商投資大陸」研討會論文，主辦單位：臺北市兩岸經貿文化交流協會。

殷存毅：《大陸經濟轉型與臺商投資演變趨勢》，《臺灣研究集刊》，2007年第3期。

張傳國：《臺商直接投資對大陸沿海地區經濟效應的實證分析》，《臺灣研究集刊》，2003年第4期。

張傳國：《臺商在大陸的研發投資問題研究》，《臺灣研究》，2004年第4期。

方志堅，鄭勝利：《臺商大陸研發創新的特點與趨勢分析》，《臺灣研究》，2007年第6期。

鄭勝利：《複製群居鏈——臺商在大陸投資的「集群」特徵分

析》，《決策參考》，2002年第7期。

鄭勝利，周麗群，朱有國：《論產業集群的競爭優勢》，《當代經濟研究》，2004年第3期。

李非，李繼翔：《臺商投資中國大陸區位選擇的實證研究》，《廈門大學學報（哲學社會科學版）》，2004年第6期。

鄧利娟：《大陸臺資企業研發創新問題淺析》，《臺港澳與經濟特區研究》，2007年第13期。

王雅琳：《政府與集群內自主創新：國際經驗與崑山的實踐》，《江蘇經貿》，2008年第7期。

張傳國：《臺商對大陸直接投資的地域分異與成因分析》，《世界經濟》，2003年第10期。

《「英雙會」後民眾對ECFA的支持度攀升》，臺灣：《聯合報》，2010年4月25日。

黃德春：《臺商在大陸投資的區位比較研究》，《軟科學》，2002年第6期。

賴鈕城，林婉婷：《由海峽兩岸勞動力結構來看臺灣競爭優勢》，《臺灣經濟金融月刊》，2005年第3期。

吳迎春：《與世界接軌——地方競爭力崛起》，臺灣：《天下雜誌》，2003年第280期。

宋玉珍：《城市競爭力評比初探》，臺灣：《臺灣經濟論衡》，2005年第7期。

李非，熊俊莉：《略析臺灣產業技術發展策略的轉變》，《臺灣研究》，2009年第20—24期。

李月：《臺灣大陸投資的新特點及對臺灣經濟的影響》，《當代經濟研究》，2008年第8期。

李杏：《臺商對大陸投資特點及發展趨勢研究》，《商業研究》，2004年第7期。

張銳鋼：《臺商對大陸投資趨向》，《中國投資》，2002年第12期。

郝望：《從兩岸經濟實力對比看中國統一前景》，《臺灣研究》，2003年第4期。

張傳國：《廈門港與高雄港綜合競爭力的定量化比較研究》，《臺灣研究》，2005年第2期。

臺灣「經濟部投資審議委員會」：《核准對中國大陸投資分年分業統計表》（2010年和2011年報、2012年1—11月報）。

陳曉東：《競爭優勢弱化下的大陸臺資企業問題分析》，《臺灣研究》，2009年第1期。

肖文：《臺商在浙江、江蘇投資區位分布比較分析》，《臺灣研究》，2007年第1期。

王興化：《世界製造業中心發展新趨勢與臺灣製造業轉型問題研究》，《臺灣研究》，2006第6期。

張冠華：《從因素變動探討兩岸產業分工關係之發展》，《臺灣經濟金融月刊》，1995年第6期。

陳麗瑛，呂惠敏，林宗慶：《兩岸產業分工模式：20家企業之個案研究》，《勞工行政》，1997年第11期。

鄧利娟：《兩岸產業分工合作模式之探討——評「兩岸產業垂直分工論」》，《福建學刊》1996年第4期。

史惠慈：《自貿易結構推論兩岸產業分工》，《臺北銀行月刊》，2000年第27卷12期。

翁嘉禧：《兩岸經貿關係及其展望——比較利益觀點的分析》，

《第十屆海峽兩岸關係研討會論文集》，2001年。

曹小衡：《變動中的東亞經濟格局與兩岸經濟關係前景》，《臺灣研究》，1999年第1期。

張冠華：《兩岸經濟關係的轉型趨勢與影響》，《臺灣研究》，2006年第3期。

王海東：《世界經濟大趨勢與海峽兩岸經濟合作發展前景》，《亞太經濟》，2000年第4期。

林長華：《世紀之交的臺灣經濟形勢分析》，《亞太經濟》，2001年第2期。

裴長洪：《構建兩岸合作的新格局——論多元化分工結構的演進》，《國際貿易問題》，1995年第4期。

李非：《臺灣高科技產業與兩岸產業合作趨勢》，《廈門大學學報》，2003年第3期。

許振明：《對外直接投資之角色——臺灣與大陸間之經濟整合》，兩岸經貿發展研討會暨中華國際經貿研究學會年會論文，2003年。

潘文卿，李子奈：《大陸經濟對臺商直接投資的依存研究：一個基於聯接模型的分析》，《世界經濟》，2001年第10期。

吳進泰：《跳板乎？黑洞乎？中國大陸在臺灣經濟發展角色》，《臺灣經濟研究月刊》，2001年第24卷第3期。

林灼榮：《WTO架構下兩岸經貿關係之展望》，《臺灣經濟研究月刊》，2002年第25卷第8期。

高長：《兩岸電子產業分工現狀與合作展望》，《經濟前瞻》，2001年第7期。

高長：《臺灣電子產業兩岸分工與全球布局策略》，《經濟前

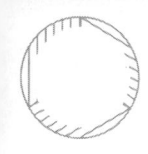

瞻》，2002年第9期。

　　郭國慶等：《論臺灣科技產業發展的缺陷與兩岸合作模式》，《中國科技論壇》，2001年第6期。

　　王鳳生等：《從高科技產業動態發展模式解析兩岸產業競合策略》，《科技管理學刊》，2003年第8期。

　　張厚明，劉世磊：《以調整創新融合加快我國工業轉型升級》，《中國經濟時報》，2012年8月6日。

　　張厚明：《內地與香港經濟合作前景與對策》，《亞太經濟》，2011年第3期。

　　陳信宏，史惠慈，高長等：《臺商在大陸從事研發趨勢對臺灣科技創新之影響及政府因應策略之研究》，臺灣「經濟部」委託研究報告，2002年版。

　　張傳國：《臺商直接投資對大陸沿海地區經濟效應的實證分析》，《臺灣集刊》，2003年第4期。

　　周力，張楠等：《促進我國新一輪重化工業發展的方略思考》，《當代財經》，2005年第9期。

　　黃松玲，易志雲：《海峽兩岸產業分工的現狀和發展途徑》，《天津師大學報（社科版）》1996年第3期。

　　葉萬安：《臺灣產業發展和向大陸轉移及其展望》，《海峽科技與產業》，2006年第4期。

　　石正方：《臺灣經濟「四化」問題與兩岸經濟合作》，《臺灣研究集刊》，2005年第1期。

　　王永龍，鄭勝利：《臺商投資從集聚到集群的對策分析》，《經濟問題》，2002年第9期。

　　張冠華：《臺灣　IT產業大陸投資格局與兩岸產業分工》，《臺

研究》，2003年第1期。

黃景順，胡日東：《臺商投資大陸的經濟效應分析》，《臺灣農業探索》2004年第1期。

李非：《臺灣高科技產業投資大陸走向》，《臺聲》，2005年第2期。

張繼軍，鄭遠強：《中國大陸與臺灣經濟結構變遷比較》，《生產力研究》，2005年第11期。

俞震：《臺資對大陸經濟影響的經濟學分析》，《社會科學家》，2005年第9期。

葉日松，郭麗華：《投資大陸對臺灣經濟的影響與展望》，《中華管理評論》，2006年第9卷1期。

陳恩，汪書軍，羅睿：《臺商投資大陸的區位選擇分析與實證研究》，《世界經濟研究》，2006年第8期。

殷存毅：《兩岸經濟合作目標願景及其影響》，《海峽科技與產業》，2006年第3期。

郭慧：《兩岸經貿對經濟共同繁榮的影響》，《中國統計》，2006年第9期。

段小梅：《臺商投資大陸的規模結構演變分析》，《改革與戰略》，2006年第3期。

李月：《臺灣大陸投資的新特點及對臺灣經濟的影響》，《當代經濟研究》，2008年第8期。

洪財隆：《兩岸經貿關係的拓展與正常化》，《臺灣經濟研究月刊》，2008年第31卷。

韓清海：《進口替代時期臺灣企業的成長環境與發展概況》，《臺灣研究集刊》，2002年第2期。

吳傳清：《臺灣中小企業發展問題探析》，《中國製筆》，2000年第4期。

劉彥生，梁永郭：《臺灣中小企業的發展及其對大陸的啟示》，《東南學術》，1999年第2期。

徐宗玲，李艷華：《臺灣中小企業發展的政策環境與啟示》，《開發研究》，2004年第6期。

黃立軍：《臺灣中小企業發展面面觀》，《發展研究》，2000年第3期。

楊大楷，常定輝：《臺灣中小企業海外直接投資研究》，《世界經濟研究》，2002年第1期。

張為付：《國際產業資本轉移的基礎、規律及趨勢》，《國際貿易問題》，2005年第6期。

鄒德發：《當前臺灣經濟發展的問題與前途》，《中國經濟問題》，2006年第6期。

戴淑庚，金虹：《大陸經濟崛起對臺灣出口發展影響的實證分析》，《經濟與社會發展》，2006年第12期。

（臺）謝邦昌：《兩岸新興產業合作「十二五」展望》，《財經界》，2011年第1期。

（臺）謝邦昌：《ECFA對兩岸經貿的影響》，《財經界》，2010年第11期。

林毅夫，易秋霖：《海峽兩岸經濟發展與經貿合作趨勢》，《國際貿易問題》，2006年第2期。

林祖嘉，譚瑾瑜：《開放大三通對臺灣經濟的影響》，《海峽科技與產業》，2009年第1期。

黃慶森，魯明泓：《臺灣大型企業投資大陸途徑模式之調研》，

《現代管理科學》，2006年第9期。

王鵬：《海峽兩岸產業合作的互補關係及發展策略》，《海峽科技與產業》，2005年第3期。

黃勁草，蔣如洋，陳乃彬：《建立海峽兩岸自由貿易區必要性及可行性分析》，《發展研究》，2011年第1期。

朱鐘棣：《對臺灣產業資本外移的幾點判斷》，《亞太經濟》，2001年第1期。

李非：《當前臺灣產業轉移的特點與對大陸投資趨勢》，《兩岸關係》，2005年第9期。

王鳳生：《在ECFA下推動海峽兩岸經貿特區產業合作發展之機會》，《理論參考》，2009年第7期。

張傳國：《臺商直接投資對大陸沿海地區經濟效應的實證分析》，《臺灣研究集刊》，2003第4期。

張玉冰：《臺灣產業結構升級與兩岸經濟合作關係的實證研究》，《亞太經濟》，2007年第5期。

張遠鵬：《東亞經濟格局的變動及其對兩岸經貿關係的影響》，《亞太經濟》，2007年第2期。

張遠鵬：《臺灣六大新興產業規劃和兩岸經濟合作》，《世界經濟與政治論壇》，2009年第6期。

陳永誌，郝鑫：《兩岸經貿發展與海峽經濟區構建》，《福建論壇（人文社會科學版）》，2007年第4期。

胡鞍鋼，常黎：《兩岸經貿關係對臺灣的影響》，《國際經濟評論》，2006年第1期。

高長，陳威如：《臺商赴大陸投資所有權進入模式決定因素的分析》，《管理學報》，1998年第15期。

莊宗明：《兩岸經貿合作的現實選擇——兩岸共同市場的構建》，《兩岸關係》，2007年第8期。

黃紹臻：《海峽兩岸經濟一體化的發展趨勢和目標定位》，《福建論壇（人文社會科學版）》，2005年第10期。

鄭勝利，黃茂興：《從集聚到集群——大陸吸引臺資的新取向》，《世界經濟與政治論壇》，2002年第3期。

殷存毅：《大陸經濟轉型與臺商投資演變趨勢——以崑山市為例》，《臺灣研究集刊》，2007年第3期。

俞震：《臺灣對大陸經濟影響的經濟分析——以江蘇省蘇州市為例》，《社會科學家》，2005年第5期。

王成超，黃民生：《臺商投資大陸地區的區位選擇及空間拓展研究》，《人文地理》，2008年第6期。

呂玉寶，程前鋒，鄒春瑩：《臺商大陸投資的發展歷史與結構現狀分析》，《當代經濟》，2008年第23期。

洪世鍵，朱銀嬌：《臺商在大陸投資產業的演變與展望》，《華僑大學學報》，2005年第4期。

唐永紅：《當前兩岸制度性經濟一體化的經濟可行性考察》，《臺灣研究集刊》，2007年第1期。

薛榮久：《兩岸經貿關係發展現狀及瞻望》，《國際經濟探索》，2007年第6期。

王直：《中國臺灣在經濟一體化中面臨的挑戰與契機》，《國家經濟評論》，2004年第5期。

石正方：《臺灣企業集團投資大陸現況與策略研究》，《臺灣研究集刊》，2006年第2期。

臺灣：《臺經》（歷年），臺灣經濟研究院編印。

臺灣：《前瞻》（歷年），臺灣「中華經濟研究院」編印。

臺灣：《統計月報》（歷年），臺灣「經建會」編印。

臺灣：《兩岸經貿》（歷年），海基會編印。

臺灣：《中國大陸地區投資環境與風險調查》（歷年），臺灣電電公會編印。

莊榮良：《海峽兩岸產業分工的發展階段、模式演進和發展機遇》，《福建論壇（人文社會科學版）》，2009年第5期。

陳曉東：《透析臺灣製造業國際競爭力的衰退》，《國際貿易問題》，2002年第12期。

鄧利娟：《現階段兩岸關係的進展與障礙》，《臺聲》，2001年1月。

吳慶春，舒均治：《海峽兩岸經貿交流的現狀及未來展望》，2005年8月，第96頁。

趙曉霞，徐楠：《中國大陸勞動力成本的變化趨勢對臺商投資的影響》，《當代經濟研究》，2009年第5期。

李月：《臺灣大陸投資的新特點及對臺灣經濟的影響》，《當代經濟研究》，2008年第8期。

曾建權：《對臺灣工業發展模式的探討》，《臺灣研究》，1997年第1期。

梁茹，張展生，伍曉玲，劉洋，林雄：《臺灣中衛體系的發展經驗及對廣東省專業鎮轉型升級的啟示》，《科技管理研究》，2012年第16期。

黃立軍：《臺灣中小企業發展面面觀》，《發展研究》，2000年第3期。

周志懷：《臺灣中小企業的特點與未來發展方向》，《亞太經

濟》，1987年第3期。

李非：《本期話題：兩岸產業合作研究》，《福建師範大學學報（哲學社會科學版）》，2010年第5期，第69頁。

劉旭：《後危機時代臺灣經濟的發展趨勢》，《中國經濟時報》，2010年4月27日。

盛九元：《ECFA對兩岸經濟合作的影響：進展與前景》，《世界經濟與政治論壇》，2010年第4期。

謝志忠，林天時：《海峽兩岸經濟合作協議對臺灣經濟之影響》，《財經科學》，2012年第5期。

王宙：《制度變遷與經濟增長——諾貝爾經濟學獎得主諾思的經濟思想評述》，《國際經濟評論》，1996年增刊第3期。

黃梅波：《海峽兩岸的投資互動及其前景》，《國際經濟合作》，2002年第7期。

曹鳳歧：《兩岸金融合作「大戲」》，《資本市場》，2012年第6期。

杜強：《臺灣環保產業現狀與發展趨勢》，《中國環保產業》，2003年第11期。

三、網站資料

中華人民共和國中央人民政府網站；

全國臺灣研究會網站；

華夏經緯網；

中國投資指南網；

世界銀行，世界發展指數數據庫；

國務院臺灣事務辦公室網站；

新華網；

華夏網網站；

國家商務部臺港澳司站；

國家統計局網站；

投資臺灣網；

中國臺灣網；

〔美〕戰略與國際研究中心網站；

〔美〕傳統基金會網站；

〔美〕布魯金斯研究院網站；

「兩岸共同市場基金會」網站；

「中華經濟研究院」臺灣WTO中心網站；

WTO官方網站；

（臺灣）投資臺灣入口網；

（臺灣）陸資來臺服務網；

（臺灣）工業用地資訊網；

（臺灣）投資臺灣全球招商網；

（臺灣）「財政部」網站；

（臺灣）行政院網站；

（臺灣）「行政院經濟建設委員會」網站；

（臺灣）「行政院國科會」網站；

（臺灣）「行政院陸委會」網站；

（臺灣）「經濟部」網站；

（臺灣）「經濟部」投資業務處網站；

（臺灣）「經濟部」工業局網站；

（臺灣）「經濟部投資審議委員會」；

（臺灣）「經濟部」技術處網站；

（臺灣）「經濟部」中小企業處網站。

四、外文文獻

Gary, Gereffi（1998）.Commodity Chains and Regional Division of Labor in East Asia, Economic Development and the Global Political Economy.

Francis Hutchinson（2004）.Globalization and the「Newer」International Division of Labor.Labor and Management in Development Journal（6）.

Michael E.Porter（1998）.Clusters and the New Economics of Competition, Harvard Business Review；Boston；Nov/Dec.

M.Shahid Alam（1989）.Government and Market in Economic Development Strategies：Lessons from Korea, Taiwan and Japan, New York：Praeger.

Wade R.and Gordon White（eds.）, 1984.Developmental States in East Asia：Capitalist and Socialist, Sussex：IDS Bulletin No.15.

Wade, R.（1991）.Governing the Market：Economic Theory and the Role of Government in East Asia Industrialization Princeton：Princeton University Press.

World Bank,（1993）.The East Asian Miracle：Economic Growth and Public Policy, New York：Oxford University Press.

Flash, David.1989.Vertical Restraints in Taiwan, The World

Economy.

Lockwood, William, (1965).「Taiwan's New Capitalism」In William Lockwood, The State and Economic Enterprise.Princeton, N.J.：Princeton University Press.

Pempel, T.J.(1978).Regime Shift：Comparative Dynamics of the Taiwan's Political Economy.Ithaca, N.Y.：Cornall University Press.

Hymer.S.F.(1976).The International Operation of National Firms：A Study of Direct Foreign Investment, MIT Press.

BuckIcy.P.J.and Casson.M.(1976).The Future of the Multinational Enterprise.Macmillan.

Raymond Vernon.International Investment and International Trade in the Product Cycle, Quarterly Journal of Economic.May 1966.

Knickerbocker.F.T.(1973).Oligopolistic Reaction and the Multinational Enterprise, Harvard Graduate School of Business Administration.

Kojima.K.(1978).Direct Foreign Investment：a Japanese Model of Multinational Business Operation.Croom Helm.

Mundell R.A.(1957).International Trade and Factor Mobility.American Economic Review.June.

Dunning J.H.(1977).Trade, Location of Economic Activity and the Multinational Enterprise：A Search for an Eclectic Approach.London：Macmillan.

Dunning J.H.(1981).International Production and the Multinational Enterprise.Allen and Unwin.

Steven Brakman.Marry Garretsen.Charles van Marrewijk.(2001).An

Introduction to Geographical Economics.Cambridge University Press.

Rugman.A.M.（1981）.Inside the Multinational：the Economics of Internal Markets.Croom Fielm.

Michael E.Porter.（1998）.Clusters and the New Economics of Competition，Harvard Business Review；Boston；Nov/Dec.

Chu-Yuan Cheng.（1998）.Economic Relations Across the Taiwan Straits：Mutual Dependence and Conflicts，Paper presented for the 16th International Conference on Asian Affairs at St.John's University on October.

Chao-Cheng Mai，Chine-Sheng Shin.（1986）.Taiwan's Economic Success Since 1980，In Associate with the Chung-Hua Institution for Economic Research.

Tain-Jy Chen，Ying-Hua Ku，The Effect of Overseas Investment on Domestic Employment，East Asian Seminar on Economic，2003（4）.

後記

　　筆者曾長期從事兩岸經濟合作相關課題的研究，並為國家工業和訊息化部港澳臺處提供業務支撐工作。本書是筆者近年來從事兩岸經濟合作理論研究的一些思考。改革開放三十多年來，兩岸關係跌宕起伏，風雲變幻。伴隨著近年來臺灣打開大陸企業赴臺投資的大門，兩岸關係進入了一個良好的歷史發展機遇期。在此背景下，海峽兩岸如何深刻把握當前來之不易的投資與合作的機會，共同應對雙方面臨的問題與挑戰，採取積極應對措施，加強經濟合作，推動兩岸投資與產業合作進入更高的層次和水平，加強此方面的研究，目前來看，具有極大的理論和實踐意義。

　　本書的成稿，得益於眾多機構和人士的幫助和支持，在此一併表示感謝。首先感謝中國電子訊息產業發展研究院羅文院長、王鵬副院長的一貫的支持、引導和關懷，感謝國家工業和訊息化部國際合作司趙文智副司長、文勇副巡視員、原港澳臺處杜曉雁處長、王超楠等人的幫助和業務指導，感謝中國電子訊息產業發展研究院文芳所長、曾建平博士等人的指導、幫助和支持，感謝湯文仙所長、郭志偉博士、姚霞博士等人提供了大量的資料和素材。還要感謝與我合作過的其他領導和同事們，與他（她）們的合作和交流經常使我從中得到很多啟迪。

　　理論探索離不開相關研究成果的積累。本書的撰寫無疑也是「站在無數前輩的肩膀上」，借鑑並參考了業內外眾多學者和專家的研究成果，在此一併表示感謝。對於引用的相關成果，我都儘量在書中標註，但是，由於疏忽原因，可能會有個別引用沒有明確註釋，在此一併表示歉意。

　　最後，要感謝我的愛人任佳女士默默的付出，沒有她的一再督促和堅定支持，本書的完成時間可能還要拖後。感謝我的岳父和岳母對我生活上的無微不至的照顧，使得我有大量的時間撰寫書稿。感謝我遠在家鄉的父親和母親，謝謝你

們一如既往的支持和關懷，有了你們作為我的堅強後盾，我更加有勇氣去面對來自生活的任何困難與挑戰。

張厚明

國家圖書館出版品預行編目(CIP)資料

兩岸投資與產業合作研究 / 張厚明 著. -- 第一版. --
臺北市：崧博出版：崧燁文化發行, 2019.02
　　面；　　公分
POD版
ISBN 978-957-735-657-4(平裝)

1.經濟合作 2.兩岸經貿 3.產業發展

559.8　108001806

書　　名：兩岸投資與產業合作研究
作　　者：張厚明 著
發 行 人：黃振庭
出 版 者：崧博出版事業有限公司
發 行 者：崧燁文化事業有限公司
E-mail：sonbookservice@gmail.com
粉絲頁　　　　　　網　　址：
地　　址：台北市中正區重慶南路一段六十一號八樓815室
8F.-815, No.61, Sec. 1, Chongqing S. Rd., Zhongzheng
Dist., Taipei City 100, Taiwan (R.O.C.)
電　　話：(02)2370-3310　傳　真：(02) 2370-3210
總 經 銷：紅螞蟻圖書有限公司
地　　址：台北市內湖區舊宗路二段121巷19號
電　　話：02-2795-3656　傳真：02-2795-4100　網址：
印　　刷：京峯彩色印刷有限公司（京峰數位）

　　本書版權為九州出版社所有授權崧博出版事業股份有限公司獨家發行電子書及繁體書繁體字版。若有其他相關權利及授權需求請與本公司聯繫。
定價：650 元
發行日期：2019 年 02 月第一版
◎ 本書以POD印製發行